畅销13年的股市

零基础学炒股

从入门到精通

张昆◎编著　孙杰◎视频制作

第四版

人民邮电出版社

北京

图书在版编目（CIP）数据

零基础学炒股从入门到精通 / 张昆编著. -- 4 版.
北京 ： 人民邮电出版社，2025. -- ISBN 978-7-115
-66003-9

Ⅰ. F830.91

中国国家版本馆 CIP 数据核字第 2025YA9427 号

内 容 提 要

本书基于新股民的学习需求，介绍了股票操作的入门知识。全书共 13 章，分别讲解了股票的基础知识、如何开户、股票常见术语、K 线图基础知识、盯盘必须注意的细节、如何根据大盘情况决定自己的操作、如何根据成交量进行判断和操作、如何根据涨停板情况进行操作、如何看懂技术指标、如何判断主力动向、怎样投资基金、如何进行短线炒股、如何进行中长线炒股等。新股民可通过本书学到炒股必备的各种知识。

本书图文并茂，内容全面，适合广大新股民学习和参考，同时也可作为股票投资短训班的培训教材或参考书。

◆ 编 著 张 昆
　　责任编辑 贾鸿飞
　　责任印制 王 郁 胡 南

◆ 人民邮电出版社出版发行　　北京市丰台区成寿寺路 11 号
　　邮编 100164　电子邮件 315@ptpress.com.cn
　　网址 https://www.ptpress.com.cn
　　北京市艺辉印刷有限公司印刷

◆ 开本：700×1000　1/16
　　印张：16.5　　　　　　　　　2025 年 7 月第 4 版
　　字数：350 千字　　　　　　　2025 年 10 月北京第 6 次印刷

定价：49.90 元

读者服务热线：(010)81055410　印装质量热线：(010)81055316
反盗版热线：(010)81055315

前　言

2012 年 4 月，《零基础学炒股从入门到精通》出版；2018 年 9 月，《零基础学炒股从入门到精通（第二版）》出版；2021 年 9 月，《零基础学炒股从入门到精通（第三版）》（以下简称为"第三版"）出版。在 13 年时间里，承蒙广大读者的厚爱，前三版共印刷了近 80 次，总印数近 30 万册。我们也收到了非常多热心读者发邮件提出的宝贵建议，在此我们向这些读者表示衷心的感谢。

在"第三版"出版后的几年里，国家关于股市的政策有了一些变化；2021 年 9 月 3 日，北京证券交易所（简称"北交所"）成立；"第三版"中的不少例子涉及的时间、数据等信息有些过时。另外，上证指数于 2019 年初达到近年来的最低点——2440.91，在随后的两年里震荡向上，又于 2022 年初开始渐行渐低并在 2024 年 9 月开始新一轮的上涨。基于前述的种种因素，我们决定出版"第四版"，以期给广大读者更好的阅读体验。

股票市场是一个高收益与高风险并存的市场，任何高收益的背后都潜藏着高风险，而且往往收益越高风险越大。在进入股市之前，我们必须做好相应的心理准备，尤其是要摆正炒股的心态。

沃伦·巴菲特在《聪明的投资者（第 4 版）》的序言中写道：要想在一生中获得投资的成功，并不需要顶级的智商、超凡的商业头脑或秘密的信息，而是需要一个稳妥的知识体系作为决策的基础，并且有能力控制自己的情绪，使其不会对这个体系造成侵蚀。由此可以看出，具备相对完整的炒股知识以及正确的炒股心态，对遨游"股海"非常重要。

另外，需要正确地区分投资与投机，保持清醒的头脑。正如价值投资理论的开山鼻祖本杰明·格雷厄姆所说：投资操作是建立在透彻分析的基础之上的，目的是要保证本金的安全并获得适当的回报。因此，炒股要用正确的分析方法，要小心保护本金的安全，适度追求回报，不要过度贪婪。

知名投资人查理·芒格曾说：所谓投资这种游戏就是比别人更好地对未来做出预测，这需要投资者不仅善于学习，而且要积极拓宽自己的知识面。

本书将带领读者进入股票的世界，让读者逐步熟悉股票市场的基础知识、交易操作细节、各种技术分析方法等。除了介绍股票交易的相关知识之外，本书还介绍了基金投资方面的知识。

本书特点

本书从零开始，介绍了炒股中需要使用的绝大部分知识，可使读者轻松加入炒股者的行列。本书还介绍了很多炒股技巧，可帮助读者快速提高操作水平，提升盈利能力。本书具有以下特点。

- 内容全面：除了详细地介绍了股票操作中常用的 K 线、均线、MACD、RSI、BOLL、成交量等技术指标外，本书还介绍了基金的相关操作，让读者了解更多的投资知识。
- 语言易懂：本书使用通俗的语言解释许多财经专业术语，方便读者快速理解其具体的含义。
- 实例讲解：在全书的编写过程中，几乎所有操作都结合股市中的实战案例进行介绍，并且在实例中给出了所引用股票的名称、代码及引用数据对应的时间段。读者可以一边阅读本书，一边在计算机中调出实例数据进行参照学习。

配套资源

本书配有 K 线图讲解视频，旨在帮助读者更快更直观地理解 K 线图，提升实战能力。扫描下方的二维码，关注"作者孙杰"公众号，发送"66003"可获取视频。

股票市场本身的变化非常复杂，涉及的相关知识非常多。尽管我们竭尽全力，但难免存在疏漏之处，敬请广大读者发送电子邮件至 *jiahongfei@ptpress.com.cn*，给予批评指正，并多提宝贵意见。

目　　录

第1章

炒股前问自己：
准备好了吗

　　你是否经常听说周围的某某朋友又在股市中赚了一大笔，或者靠投资基金挣了不少钱？你是不是心动了，也想将股市作为你的"提款机"？股票市场是一个高收益与高风险并存的市场，在进入这个市场之前，你做好准备了吗？

1.1 为什么炒股

"股市有风险，入市须谨慎"，这是股市中经常看到的警句。因此，准备入市的新股民，首先应该知道为什么要炒股。

1.1.1 什么是通货膨胀

如果我们经常留意财经类新闻，就大概率会从电视、报纸或互联网上看到一个词——通货膨胀，那么什么是通货膨胀？下面简要地进行介绍。

通货膨胀（简称"通胀"）指在纸币流通条件下，因货币供给大于货币实际需求，即现实购买力大于产出供给，导致货币贬值，而引起的一段时间内物价上涨的现象。

为什么会出现通货膨胀呢？需求拉动和成本推动都可能引起通货膨胀。

需求拉动的通货膨胀是指总需求过度增长所引起的通货膨胀，即"太多的货币追逐太少的货物"，按照经济学领域的解释，如果总需求上升到大于总供给的地步，过度的需求能引起物价水平的普遍上升。所以，任何使总需求增加的因素都可以是造成需求拉动通货膨胀的具体原因。

成本推动的通货膨胀又称为供给型通货膨胀，这是由于生产厂商的成本增加而引起的一般价格总水平的上涨，造成成本增加的原因大致有以下几种情况。

- 工资上涨。
- 利润过度增加。
- 进口商品价格上涨。

下面通过一个示例来理解通货膨胀。

假设现在大米的价格为每斤 2.5 元，5 年后上涨至 4 元。现在手中的 100 元可以买 40 斤大米，5 年后只能买 25 斤，购买力下降。

更准确的评估通货膨胀的指标是国家统计局发布的消费者物价指数（Consumer Price Index，CPI）。

CPI 是基于反映与居民生活有关的商品及劳务价格统计出来的物价变动指标，通常被作为观察通货膨胀水平的重要指标。简单地说，当 CPI 增幅高于 3%时，则可认为产生了通货膨胀；而当 CPI 增幅高于 5%时，则可认为产生了严重的通货膨胀。

1.1.2 用投资抵御通货膨胀

从上面的例子可以看出，如果在 5 年前有 100 元现金准备用来购买大米，而这笔钱放到 5 年后再去买大米（同一种商品），则其购买力下降了 37.5%，也就是说，对于大米而言这 100 元钱的实际购买力缩水了，被通货膨胀"吃掉"了。

怎么抵御通货膨胀呢？

还是以上面的例子来说，如果能让这 100 元钱在这几年中不断地增值，增幅与 CPI 一致（或者高于 CPI），则可以达到抵御通货膨胀的目的。

你放在柜子里的钱会自动增加吗？如果会，恭喜你，你有了"聚宝盆"，要好好守着。但现实情况是，我们谁都没有这个能生钱的"聚宝盆"。要想让钱能生钱，需要我们付出一定的智慧。

让钱生钱通常有以下这些方式。

- 将钱存银行，获取固定的利息收入。这种方式基本上没有风险，但收益太低，很多时候收益率低于 CPI 的涨幅。
- 购买国债。这种方式风险也很低，收益比存银行要高一些，但总的收益仍很低。
- 买基金。买基金适合没时间炒股的投资者。一般情况下，如果股市上涨，基金也会上涨，但股市下跌的话，大部分基金也会下跌。买基金具有一定的风险。
- 炒黄金。买黄金可作为资金避险的方式，但黄金价格受多重因素影响，甚至可能短期内剧烈波动。
- 炒股票。股票的流动性强，在 T+1 交易制度下，卖出股票的第二天就可以取现。部分有经验的股民一年的投资收益率甚至可以达到 100%。一般股民经过一段时间的学习，收益率也应该能超过 CPI 的涨幅。

1.1.3　炒股的好处

炒股有什么好处？首先想到的应该是可以赚钱，也许还可以赚很多钱（当然也有可能会亏很多钱）。其实，这只是其中的一个方面，炒股还有很多好处，下面简单列举几点。

第一，炒股可以使你关心时事。股市和政治、经济形势息息相关。例如，国家相关部委发布消息要支持某个行业的发展，则相关股票可能就会有一波上涨行情。因此，要想成为股市赢家，必须要关注时事政治、经济形势等方面的新闻，从中发现投资的机会。

第二，炒股可以锻炼人的心态。K 线的不规律震荡会让股民的心态不断地变化。在股市中，能沉着、冷静面对各种变化，才能最大限度保证不盲目操作、不冲动操作。经过股市的锻炼，你的心态会变得更成熟、稳重。

第三，培养勇于承担责任的意识。在股市中，没有谁能真正知道一只股票未来的走势，都是根据积累的经验对后市进行预测，既然是预测，就不能保证百分之百准确。股民买入股票之后，如果亏损，就得自己承担，因为没有人会为你的亏损负责。因此，炒股可以培养勇于承担责任的意识。

1.2　资金准备

炒股需要多少钱？这是新入市的股民最关注的一个问题。因为新手通常都希望用较少的资金来试水，训练出操盘的技术和感觉以后，再投入更多的资金。

1.2.1　多少资金合适

把多少钱投入股市合适？这是一个仁者见仁、智者见智的问题。下面从最小金额和风险控制两方面来分析一下。

首先从最小金额方面来分析。从理论上来说，股民投入的资金多少没有限制，但在股票市场中有一个规定，就是股民买卖股票的最小单位为手，即一次最少要买入 1 手，100 股为 1 手，也就是说，进入股市操作，至少需要有能买入 1 手股票的资金（当然还要加上手续费）。

查看一下目前（写作本节时）价格最低的股票是多少钱 1 股？

打开股票分析软件，可看到 2024 年 10 月 18 日非 ST 股票股价最低的是海航控股（600221），股价为 1.11 元。购买 1 手海航控股，需要的资金为 111 元，交易费用不足 5 元按 5 元收费，则总共需要 116 元。也就是说，投入 116 元即可买入 1 手股票了。

这是购买股票的交易，如果你不是购买股票，而是买入封闭式基金或 ETF 基金等基金产品，则需要的资金量可能更少。

但是，以最小的资金投入，交易时交易费用所占的比例很高，使得交易成本很高。例如，在上面的案例中，买入 1 手股票的交易费用为 5 元，占总费用的 4.31%，卖出时也有 5 元的交易费用，如果买卖多次，可能费用就比本金还要高了。

其次从风险控制方面来分析，看看投入多少资金到股市比较合适。

从理论上来看，投入资金少，当股票上涨时赚的钱就少，但当股票下跌时亏损也少。那么，在风险控制方面该怎么来操作呢？

这要视个人的经济能力而定。对于大多数普通股民来说，投入股市的资金必须是自己家中一段时间闲置不用的资金，通常可以占到存款的一定比例（各人视具体情况而定），大部分的钱用来存入银行或购买债券（风险较低）为宜。这样就不至于在操作失误时造成重大损失，导致在需要用钱时拿不出来。孤注一掷地将全部资金投入炒股甚至借钱炒股是非常危险的。

就一般情况而言，开始时投入 1 万～2 万元为宜，万一赔掉一部分也不会太心疼。等有了经验后再逐渐增加投入。

当然，投入股市的资金量还与股民所处的年龄阶段有一定的关系，通常股民承担风险的能力与年龄成反比，即年龄越大，其承担风险的能力就越小。投入股市的资产比例，一般应该是全社会平均年龄减去股民当前的年龄得到的数值除以 100，如果社会平均年龄 75 岁，股民为 30 岁，则可投入全部资金的 45%［(75-30)÷100］。例如，若你有 10 万元储蓄，那么投入股市的资金可以为 4.5 万元，这样比较符合风险控制的要求。

1.2.2　大投入博取大收益

当投入股票市场的资金较少时，就算股市大幅上涨，而且上涨的幅度很大，收益的绝对值仍然很小。

例如，若投入 1000 元到股市中，经过努力操作，一年内资金增加 100%（这是绝大部分股民达不到的收益率），但其收益绝对值只有 1000 元。想一想，你辛苦一年的时间，仅赚 1000 元，这可能还没一年的上网费用多，并且这还是以年收益率 100% 来计算的。

试想，如果投入到股市中的资金是 100 万元，年收益率是 30%，收益绝对值可以达到 30 万元，如果收益率真能达到 100%，那收益绝对值可以达到 100 万元。

这样看来，大投入才能博取大收益。

但是，股市有风险，入市须谨慎！有高收益，当然就有高风险。这也是还要把这个问题放在这里讨论的原因。股市有上涨就有下跌，投入资金多，上涨时赚的钱多，相反，当股市下跌时，亏损的金额也会很大。仍以上面的例子来说，如果投入 100 万元，当亏损 10% 时，亏损的金额就达到 10 万元。

因此，再次提醒股民，特别是新入市的股民，投入多少资金到股市中，一定要根据自己的风险承受能力来决定，不能将所有资金全部投入股市，更不能带着"赌"的心态去炒股。

不能与自己辛苦赚来的钱过不去！

1.3　心理准备

股市交易看起来是不同资金的进出、不同股票的买卖，但其实质是股民心理较量的过程。在心理较量的过程中，股民首先要认清最大的敌人就是自己，清楚自己的弱点并克服它，才能在投资市场上获利。

1.3.1　克服对市场的恐惧

华尔街有一句座右铭：恐惧和贪婪主宰着市场。作为证券市场的散户，必须学会克服心理障碍，才能在股票市场中有所收获。

恐惧主要会造成以下两种情况发生。

- 在股价正下跌时把股票卖掉，因为担心股价会继续下跌从而使获利变少甚至变成负数。
- 错过最佳买入点。因为股价处于低位时，股民由于对前期下跌时的恐惧还没消除，或虽有意买进，理智却使自己不采取行动。

要克服以上的恐惧情绪，可以考虑从以下几方面进行训练。

1. 专注于事实，不要为自己的行为找借口

在现实生活中，人们总会很容易地被借口、希望或恐惧的情绪所误导。不管做什么决定，最重要的就是要尽可能以事实为基础。股价下跌时，总是希望股价涨回来，但如果能正视事实，也许就可以减少损失。

2. 列出利多和利空因素

将搜集到的利多、利空因素用笔写下来，检查一下前期买入时的客观条件是否发生改变。通常，当人在害怕时，恐惧情绪就会使人处于想赶快摆脱险境的心理状态，会往坏的方面去想。所以，越是出现坏的情况，股民越是要集中精力思考好的一面。

将利多、利空因素列在纸上进行对比，再仔细检查。这样，通过几分钟（最多半小时）的时间来对情况进行对比考虑，股民可以理清思路，减少盲目操作引起的损失。

3. 培养客观的观察力

当人们沉溺于局部情况时，通常会丧失对整体情况的长期判断。在股票市场中也一样，股民在买入股票时，总是只关注利好一面的消息，而当股市出现大跌时，又会在心中夸大利空的一面，从而产生恐惧情绪。

要克服这种心理，必须扩大视野：不要只看股市眼前的涨跌，而要从更广的宏观经济及金融角度去思考股市问题。

4. 预测未来发展

对于股市已经发生的事，股民都能说得头头是道，但那是过去的事。如果能对股市未来的发展进行较为准确的预测，股民将做到心里有底，也就不会产生不必要的恐惧。

要对股市未来发展做出较为准确的预测，股民需要在操作过程中逐步积累经验。

1.3.2 常见的股民心理

对于普通股民来说，通常或多或少具有以下一些心理，新股民了解这些心理，可逐步使自己在股市中变得更加理性。

1. "羊群"心理

"羊群"心理就是盲目从众心理，往往会使股民损失惨重。当市场低迷时，往往是买入的最好时机，但是由于市场上绝大多数股民都显现出悲观情绪，各类媒体也发表各种看空言论，大多数股民因为受"羊群"效应的影响，即使看到了被大幅低估的最优质股票，也不敢买入。

当市场行情变好时，则正好相反。对那些市场热烈追捧的热门股票，即使投机性很强，而且价格也已经很高了，很多股民仍然会不顾一切地买入。而被市场低估的真正优质的股票，变成了冷门股，很少有股民买入。

2．一夜暴富心理

希望一夜暴富是普遍存在的心态，大多数股民都希望股票买入后马上就能上涨。如果自己买入的股票没有上涨，而其他的股票却在不停上涨，心里就会着急，想马上割肉出局，换成正在上涨的股票。通常情况是，股票在刚抛出后就开始上涨，而自己刚买入的股票却开始跌。

股民想获取投资收益是理所当然的，但不可太贪心，很多时候，股民的损失就是由过分贪心造成的。在股票市场上，这种贪心的投机者并不少见，他们往往不能控制自己的贪欲，每当股票价格上涨时，总不肯果断地抛出自己手中所持有的股票，而是在心里告诉自己：一定要坚持到胜利的最后一刻，不要放弃，有更多盈利的机会！这样往往就错过了抛售股票的好机会。想入手的股票价格下跌的时候，他们又都迟迟不肯买进，总是盼望股价跌了再跌。这种无止境的欲望，反倒会使本来已经到手的获利一下子消失。他们只想到高风险中有高收益，很少想到高收益中有高风险。

3．侥幸心理

在股票市场中总有些股票在连续大涨，股民经受不住诱惑，结果往往是一败涂地、血本无归。偶然性中包含必然性，侥幸心理是获胜的最大敌人。不少股民恨不能捉住一只或几只股票，让自己能一本万利，而一旦在股市投资中获利，就会像赌徒一样频频加注，甚至把自己的全部资产都押到股市上。这类股民经常想的是"万一我成了呢"。

股票市场不是赌场，股民必须要分析风险，建立投资计划，尤其首先一定要建立投资资金比例的计划。在股票市场不要赌气，不要昏头。

4．过于自信

一些股民自以为是，总希望能独辟蹊径，却误入歧途，其结果可想而知。过于自信主要是由信息幻觉造成的。不少股民认为信息的增加能使预测的准确性提高，从而增加决策的正确度。现在，普通股民通过互联网可以获得不亚于专业人士的海量信息，但他们普遍没有受过专业的信息处理训练，所以分析出的结果往往不恰当，随着解读信息次数的不断增加，他们往往不自觉地步入过于自信的心理误区。

5．缺乏自信

自负和自信是相对的。不能自负，也不能不自信。自信建立在自己的能力基础上，如果对企业信息有深度透彻的研究，我们就应对自己的判断有信心，不要因为其他信息的干扰或者股票价值暂时被市场低估就推翻自己的结论。

6．犹豫不决

股民已经制订好了投资的计划和策略，但到了股票市场时，却常常被外界环境所左右。

例如，有人计划当某只股票的价格继续下跌时就立即买进，但一看市场大家都在抛售，他买股票的手又缩了回来。

因此，在投资股市时，不能光重视股市动态，还要密切关注政治与经济形势以及行业与龙头企业的动向，把对形势的估计和对股价走势的技术分析结合起来，才能及时捕捉买入或卖出信号，该买时果断买，该卖时果断卖。

7. 厌恶损失

心理学研究证明，损失所带来的痛苦远比同样程度的获利带来的快乐强烈。因此，股民有一种尽力回避损失的潜意识。这种心理在投资活动中的表现就是对损失的强烈厌恶，只要亏损一点点，心里就不能忍受，从而做出非理性的杀跌行为。

8. 捡便宜

当股票价格涨得很高时买入，肯定会带来不良后果。但股民若只想去买绝对价格低的股票，往往也会造成损失。这是因为股票的价格是由多种因素决定的，一些成长性好、盈利能力强的股票，其价格往往较高，股价波动幅度往往也较大，这正好可为股民提供套利的机会。而一些绩差股、低价股，虽然其绝对价格很低，但由于公司业绩和成长性差，反而会给股民带来风险。

1.4 时间的准备

新股民除了资金准备和心理准备，还需要时间的准备。这里所说的时间的准备，主要指交易的时间安排。

1.4.1 确定投资方式

股民可根据自己的时间安排、资金周转周期、性格等各方面的因素确定自己的投资方式。

一般来说，股票投资可分为长期、中期和短期。经常听到的长线、中线和短线就对应这三种投资方式，这些投资方式主要是根据股民持股时间来进行区分的，一般的规则如下。

- 短线：持股时间为几天、一周或一两个月。
- 中线：持股时间为几个月，不超过一年。
- 长线：持股时间在一年以上。

当然，这些持股时间也不是绝对的。

通常每天都有时间看盘的股民可采用短线投资方式，每天根据盘面的变化进行买入、卖出操作。这种方式见效快，短期内就可看到利润。

如果投资股市只是正常工作之外的一项投资，没有专门的时间进行股票分析，则可采用中线投资方式。通常可利用业余时间对股市进行分析，从中选出具有投资价值的股票，在一个相对低位时买入，买入之后不用太关注股票短期的涨跌，持股几个月时间，当股票的上涨波段走得差不多时择机卖出。

如果时间、精力有限，不能经常关注股市的走势，则可采用长线投资的方式，选择一些业绩优良、有长期稳定发展潜力的上市公司，买入这些股票后长期持有。一方面，由于公司业绩好，每年有比较稳定的股息分红，这部分分红通常比银行存款利息要高；另一方面，由于公司有发展潜力，从长期趋势来看，股价是稳步上涨的。例如，贵州茅台（600519）2001 年 8 月上市，上市首日的收盘价为 35.55 元，如果当日以收盘价买入并一直持有此股，到 2024 年 10 月 18 日，其复权后价格为 9360.09 元，则可获得很高的收益。

股民选择哪种投资方式并没有限制，结合自己的实际情况来选择即可。每次买入某只股票之前，应制订一个计划，包括买入价格、持股时间、目标价格、止损价格，然后按这个计划进行操作。应避免这种情况：以短线的思路买入一只股票，当股价一路下跌后，不是按原定计划止损，而是不断地找些理由调整持股时间，使短线投资变为中线持股，再由中线持股再变成长线持股，形成炒股炒成股东的情况。

1.4.2 交易时间

就交易时间来说，上海证券交易所、深圳证券交易所和北京证券交易所是相同的，都是每个交易日的 9:30—11:30 和 13:00—15:00，每天共 4 个小时的交易时间。股民只能在这个时间段内进行股票的买卖操作。

普通股民投入到股市中的资金量不是很大，一般通过一单或几单买入就可以满仓，因此，真正用于交易的时间很短，几秒至几分钟就够了。当然，在买入股票之前，股民还需要进行买入前的分析。如果股民每天都有时间看盘，准备交易的时间就足够充分。

如果股民平常上班时间比较忙，没多少时间看盘，则在交易时间之外进行准备。例如，在晚上或空闲时间看看历史成交数据，并对关注的个股进行分析，决定第二天是否买入、在哪个价位买入。第二天开盘后，股民再抽出时间查看关注个股的走势，并适时挂单买入；也可以做预埋单，在未开盘前就将委买单挂上。如果条件允许，股民也可以在休息时间通过手机炒股软件进行买卖操作。

1.5 每年的目标

股民花费精力和资金到股市中是希望获取收益。对于新股民来说，希望一年的盈利目标是多少？有了目标再根据自己的目标制订操作计划，才能逐步完成任务。

1.5.1　投资收益对比

目前，常见的投资方式有银行定期存款、购买债券、购买黄金、购买基金、购买股票等。各种方式的风险不同，投资收益率也不相同。

银行定期存款比较稳定，这种方式储户的本金不会损失，还可获取一定的利息收入。若物价不断上涨，CPI不断走高，钱存在银行很可能就是在不断地贬值。

购买债券的收益率其实也不高，只是属于保值类的投资方式。

购买黄金则需要专业知识和大批量的资金，专业投资人士一般都是投资百万元以上进行操作。

购买基金算是一种较好的投资方式，如果股票市场走势好，投资基金的收入也不错。不过，投资基金也是有风险的，如果股票市场下跌，基金的本金也有损失的可能。

购买股票是可以获得高收益的，但是风险也比较高。

1.5.2　你心里的目标是多少

大概了解了各种投资方式的投资收益后，接下来，作为新股民的你，应该对进入股市的年收益率制订一个可实现的目标。

少数操盘手有时一年的收益达本金的五六倍，甚至十几倍，这种收益对散户（特别是新股民）来说是可望而不可即的。股民应根据自己的风险承受能力、投资目的等多项因素综合考虑，制订切合实际的投资目标。

如果厌恶风险，不愿承担较大的风险，投资股市的目的仅仅是使财富保值，能跟上通货膨胀的步伐，年收益率超过银行同期存款利率，那么可将年收益率定在CPI的2~5倍。若CPI在5%左右，股市年收益率定在10%~25%是比较可行的。目标定得不高，操作起来压力就较小。首先可减少操作的频率，一年做3~5只股票即可，每只股票能达到5%的收益率就可完成目标。这样，股民可减少投入股市的时间，从而将更多的精力投入自己的本职工作中，以创造更多的价值。

若有较多的时间，并愿意承担较高的风险，则可将目标定得高一点。例如，将年收益率的目标定为30%~50%。针对此目标，股民就需要投入更多的精力，精选多只股票进行操作。对于新股民来说，完成这个目标并不容易。新股民选股成功率比较低，可能需要选择十几只甚至更多的股票进行操作，并要掌握好操作节奏，该止盈时不贪，该止损时不怕，能遵守既定原则，按制订的计划操作。

如果是老股民，有较熟练的操作技巧，则可以将目标定得更高，如将目标定在50%以上，这也有可能完成。

如果目标定得高，通常需要将目标进行细分。从实战来看，在一年的交易时间中，90%以上的交易日市场中都有涨停（通常指涨幅达到10%）的个股，如果买入的个股每天都涨停，则8个交易日的收益率就可达到100%以上。但实际上这种可能是不存在的，谁能保证买入的个股每天都涨停呢？

　　其实，不一定要追求每天都涨停。股民可以将操作周期放大，比如用一周时间操作一只个股，这只个股盈利率达到 3%，再连本带利全部买入下一只盈利率达 3% 的个股即可。通常情况下，涨幅 3% 以上的个股每天有上百只，从理论上来说，每周盈利 3% 是可能的，扣除交易费用，周收益率应该在 2.5%～2.7%，每周按这个收益率计算，一年的收益率可达到 200%以上。表 1-1 所示的是按本金为 1 个单位、每年交易时间为 48 周（扣除国庆、春节等长假，按 48 周计算）计算的每周的账面资金（结果四舍五入保留 3 位小数）。

表 1-1　　　　　　　　　　　　　　　周收益率表

时间	每周账面资金		时间	每周账面资金	
	周收益率 2.5%	周收益率 2.7%		周收益率 2.5%	周收益率 2.7%
第 1 周	1.025	1.027	第 25 周	1.854	1.947
第 2 周	1.051	1.055	第 26 周	1.900	1.999
第 3 周	1.077	1.083	第 27 周	1.948	2.053
第 4 周	1.104	1.112	第 28 周	1.996	2.108
第 5 周	1.131	1.142	第 29 周	2.046	2.165
第 6 周	1.160	1.173	第 30 周	2.098	2.224
第 7 周	1.189	1.205	第 31 周	2.150	2.284
第 8 周	1.218	1.238	第 32 周	2.204	2.346
第 9 周	1.249	1.271	第 33 周	2.259	2.409
第 10 周	1.280	1.305	第 34 周	2.315	2.474
第 11 周	1.312	1.341	第 35 周	2.373	2.541
第 12 周	1.345	1.377	第 36 周	2.433	2.609
第 13 周	1.379	1.414	第 37 周	2.493	2.680
第 14 周	1.413	1.452	第 38 周	2.556	2.752
第 15 周	1.448	1.491	第 39 周	2.620	2.826
第 16 周	1.485	1.532	第 40 周	2.685	2.903
第 17 周	1.522	1.573	第 41 周	2.752	2.981
第 18 周	1.560	1.615	第 42 周	2.821	3.062
第 19 周	1.599	1.659	第 43 周	2.892	3.144
第 20 周	1.639	1.704	第 44 周	2.964	3.229
第 21 周	1.680	1.750	第 45 周	3.038	3.316
第 22 周	1.722	1.797	第 46 周	3.114	3.406
第 23 周	1.765	1.846	第 47 周	3.192	3.498
第 24 周	1.809	1.895	第 48 周	3.271	3.592

表 1-1 中的数值实际上表示本金与总收益的和，用投入的本金乘以表中的数值就可得到截至该周周末的本利总额。例如，按周收益率 2.5% 计算，若初期投入本金为 10 万元，则第 1 周结束时账面资金为 10×1.025＝10.25（万元），第 48 周结束时账面资金为 10×3.271=32.71（万元）。

由于复利的作用，越到后面，总收益越高。

每周选出一只涨幅为 3% 的股票，对有点经验的股民也许不算难，但难就难在长期连续选中涨幅超 3% 的股票，这需要在不断的实践中吸取教训、积累经验，股民经过一年、两年或更长时间的学习与练习，收益应该会越来越可观。

第 2 章

走，开户去

在明白了进入股市所需的准备工作，并做好各项准备后就可以进入股市进行实战了。股民要进入股市，首先必须到证券公司开户，然后才能进行交易。

2.1 如何选择证券公司

该到哪里去开户？这是新股民首先需要知道的问题。这还得从证券市场的总体架构说起。证券交易所设有很多交易席位，这些交易席位通常供大机构和证券公司使用，普通股民则委托证券公司进行交易；因此，普通股民开户其实是在证券公司进行的。

2.1.1 证券交易市场

证券交易市场也称为二级市场、次级市场，是指对已经发行的证券进行买卖、转让的市场。在二级市场上，销售证券的收入属于出售证券的投资者，而不属于发行该证券的公司。也就是说，股民日常的股票交易是在此进行的。

1. 证券交易所

证券交易所是证券交易市场发展到一定阶段的产物，也是集中交易制度下证券市场的组织者和一线监管者。

我国《证券交易所管理办法》规定，证券交易所是指经国务院决定设立的证券交易所，由中国证券监督管理委员会监督管理，职能包括提供证券交易的场所、设施和服务；制定和修改证券交易所的业务规则；依法审核公开发行证券申请；审核、安排证券上市交易，决定证券终止上市和重新上市；提供非公开发行证券转让服务；组织和监督证券交易等。与证券公司等证券经营机构不同，证券交易所并不从事证券买卖业务。

我国境内有三个证券交易市场，即上海证券交易所（简称上交所或沪市）、深圳证券交易所（简称深交所或深市）、北京证券交易所（简称北交所或京市）。

2. 交易席位

交易席位原指交易所交易大厅中的座位，席位上有电话、计算机等通信设备，经纪人可以通过它传递交易与成交信息。证券商参与证券交易，必须首先购买席位。拥有了交易席位，就拥有了在交易大厅内进行证券交易的资格。

随着科学技术的不断发展以及通信手段的日益现代化，交易方式也由手工竞价模式发展为计算机自动撮合，交易席位的形式也已逐渐演变为与交易所撮合主机联网的计算机报盘终端。

证券交易所都会向证券公司提供交易席位，如美国纽约证券交易所 2006 年改革之前的席位为 1366 个。

证券交易所为证券公司提供的交易席位有两种，即有形席位和无形席位。有形席位指设在交易所交易大厅内与撮合主机联网的计算机报盘终端。无形席位指证券公司利用现代通信网络技术，将证券营业部里的计算机终端与交易所撮合主机直接联网，直接将交易委托传送到交易所的撮合主机，并通过通信网络接收实时行情和成交回报数据。

2.1.2 选择证券公司开户

证券交易所内能提供的交易席位是有限的，证券交易所面对众多需要进行交易的股民，应该怎么办呢？这时，通常采用一种代理机制。在证券交易所，由一家证券公司使用一个交易席位，而普通股民到证券公司去开户，进行股票交易时向证券公司发出买卖指令，再由证券公司将股民发送的委托指令通过交易所的交易席位提交给交易所。

因此，股民要炒股，首先必须选择一家证券公司进行开户。

面对众多的证券公司，新股民该怎么选择呢？下面列出选择证券公司进行开户时需要考虑的一些重要因素。

- 公司的实力和信誉。由于股民本人不能进入证券交易所从事股票的买卖，同时也无法全面了解股票交易的有关信息，因此，在变化无常的证券市场上从事股票交易，选择一家实力强大、信誉好的证券公司，将是保证资产安全、进而能够盈利的重要前提。

- 证券公司是否有证券交易所的席位。证券公司只有取得了证券交易所席位才能派员进入证券交易所从事股票的买卖，否则只能再委托其他获得席位的经纪人代理买卖，如果这样将会增加委托买卖的中间环节，增加股民买卖股票的时间成本和费用。

- 资讯服务。证券公司如何帮客户赚钱才是最重要的。客户能够及时获得信息，是一家证券公司资讯服务水平的重要体现。在选择证券公司时，这一点是最需要考虑的。能否每天提供重要信息，包括股票的推荐、大盘的分析等，甚至每天的电子邮件或手机短信能否接收到关于股票市场的资讯，都是值得考虑的。

- 选择好的客户经理。选择客户经理很重要，股民在股票交易过程中有什么疑难问题，都可以通过客户经理得到专业的回答和帮助。

- 是否有增值服务。增值服务是证券公司提供一些收费（也有一些是免费）服务，为客户定制相关股市信息或进行技术培训。

- 交易成本。在股票交易过程中，股民买卖股票都会产生佣金、印花税、过户费等交易费用，有的证券公司撤单也是要收费的；所以，选择一家收费合理的证券公司可以节约不少钱。

- 交易方式是否多样。证券公司提供的交易方式有营业部交易大厅柜台交易、电话委托、网上交易、手机交易等多种形式。证券公司提供的交易方式越多，股民在炒股过程中的操作就越方便。例如，如果提供手机交易方式，则只要在手机能上网的地方，股民就可以进行股票的买卖操作。

2.2 开户需要带什么资料

当股民选定了一家证券公司作为买卖股票的经纪人之后，接下来就是在证券公司开户。开户就是股票的买卖人在证券公司开立委托买卖的账户。其主要作用在于确定股民信用，表明该股民有能力支付买股票的价款和佣金。

2.2.1 开户的资料

普通股民一般以个人名义开户，开户时必须持本人身份证亲自到证券公司营业部办理开户手续。包含但不限于以下人员不能进行开户操作。

- 未满 18 周岁的未成年人及未经法定代理人允许者。
- 证券主管机关及证券交易所的职员与雇员。
- 党政机关干部、现役军人。
- 证券公司的职员。
- 被宣布破产且未恢复者。
- 法人委托开户未能提出该法人授权开户证明者。
- 曾因违反证券交易的案件在查未满 3 年者。

如果不是以个人投资者的名义，而是以一家企业（或其他机构）的名义开户，则需要准备以下资料。

- 机构营业执照副本原件。
- 机构营业执照正本复印件（加盖公章）。
- 法人代表证明书。
- 法人代表授权委托书。
- 法人代表身份证。
- 代理人身份证原件。
- 预留印鉴卡及回款账户。

2.2.2 开立股票账户

股民要在某家证券交易所进行交易，就需要在该交易所开设一个股票账户。对于普通投资者来说，最常用的是上交所与深交所，所以需要分别开设深圳证券账户卡和上海证券账户卡。而北交所的门槛较高且专业性较强，可以积累一定经验后再决定要不要开户。

股票账户类似于股票存折，既是股民的代码卡，又是股民分红派息、买卖股票的有效凭证。每一个股民只能建立一个代码，股民在认购新股、委托买卖、代理股票过户时，必须在有关凭证上填写自己的代码。

一般来说，在我国境内，证券开户本身是免费的，不收取开户费用。这包括在上海证券交易所、深圳证券交易所和北京证券交易所的开户。

2.2.3 开立资金账户

开立资金账户，即委托买卖的账户，其主要作用在于确定股民信用，表明该股民有能力支付买股票的价款和佣金。

股民开设资金账户，是股民委托证券商或经纪人代为买卖股票时，与证券商或经纪人签订委托买卖股票契约，确立双方为委托与受托的关系。

资金账户只需开设一个，沪深两市的股东账户卡可对应一个资金账号（或客户号）。通常情况下，股民只需记住资金账号，平时在网上交易时通过这个账号和密码即可登录。

此后，股民凭资金账号和交易密码进行委托交易。

另外，根据规则，凡要进行股票交易者，都必须首先到任意一家专业银行或综合性银行开设一个三方存管银行账号作日后分红派息之用。此账号也可以作为委托买卖的资金专户，以便清算交割的顺利进行。

> **提 示**
>
> 在去银行开设账户之前，最好先咨询证券公司，确定该银行是否为支持银证业务的银行。

2.2.4 开通网上交易和手机交易

股民若准备使用网上交易（即网络炒股），在开户时可同时申请开通网上交易。申请网上交易时，股民还需要填写相关申请和签署《网上证券交易委托协议书》等，并根据需要获取网上交易的认证程序。

与此类似，如果股民准备使用手机进行炒股交易，在开户的同时也可申请开通手机交易功能。

2.3 炒股都要交什么费用

在进行股票交易时，将产生相关的交易费用，如印花税、证券公司的佣金等。下面简单介绍一些主要费用，以便股民在进行交易时计算成本。

2.3.1 印花税

印花税是股民在买卖成交后支付给国家税务部门的税种。自2023年8月28日起，证券交易印花税由出让方单边缴纳成交金额的 0.1%调整为由出让方单边缴纳成交金额的 0.05%。即印花税税率由千分之一降低至万分之五。

印花税由券商代扣后再由交易所统一代缴，债券与基金交易均免缴印花税。需要说明的是，作为一个税种，印花税是可能会调整的。

2.3.2　佣金

这是股民在委托买卖成交后需支付给证券公司的费用。券商佣金是双向收取的，即买入和卖出都要交。不同券商可能有不同的佣金收费标准，通常在万分之 2.5 到千分之 3 之间，具体费率可在开户前与券商协商确定。佣金起点为五元，即如果实际计算佣金不足五元，将统一按照五元进行收取。

2.3.3　过户费

过户费是指股票成交后进行过户所需支付的费用。由于我国境内的两家交易所采用不同的运作方法，沪市股票采用的是"中央登记、统一托管"方式，所以此费用只在股民进行沪市股票、基金交易时才支付，深市交易时无此费用。此费用按照成交金额的 0.001%（即万分之 0.1）双向收取，即买入和卖出都要交。

2.3.4　转托管费

转托管费是办理深市股票、基金转托管业务时所支付的费用。此费用按户计算，每户办理转托管时需向转出方券商支付 30 元。

2.4　佣金是可以谈的

从 2.3 节介绍的炒股需要的费用可以看出，交易费用有很多种类，其中有的费用是证券公司代收的，如印花税是按财政部的相关规定进行征收的。对于这些费用，股民只有按规定缴纳。证券公司在交易过程中收取的主要费用是佣金，很多证券公司为了吸引客户，都会推出佣金的优惠方案。

根据规定，股民支付给券商的佣金最高可达交易金额的 0.3%，买入 1 万元的股票，需支付 30 元的佣金，看起来数额不是很大。但如果你是一个交投活跃的股民，喜欢做短线，可估算一下一年交给券商的佣金是多少；为方便计算，全部按 10 万元的投入资金计算，忽略操作过程中账面资金的增加或减少。

对于短线股民来说，一周至少要做两次交易（即满仓买入，然后又全部卖出），这样，两次交易的交易额为 20 万元，一年按 48 周交易时间计算，则全年的交易额为 960 万元，按 0.3%的佣金计算，要支付给券商的佣金为 28800 元。如果以 960 万元这个交易额来看，

28800 元这个数值不算大，但实际操作的金额为 10 万元，全年的佣金达到投入金额的 30%！想一下，你投入 10 万元到股市中，一年的目标是多少？30%的利润可能是大多数股民都不容易达到的目标。

实际操作中，除了以上计算的佣金之外，还有印花税等硬性支出。因此，交易成本是一笔不小的支出。

不能忽视佣金的比例！如果你的交投活跃，喜欢做短线，年交易额较大，或者你开户后初次投入的金额较大，是可以和证券公司谈佣金比例的。现在，证券公司之间的竞争也很激烈，都想吸引股民加入。一般证券公司对新开户的股民都有礼物赠送，如送手机、送炒股机等。对于佣金，也可以进行不同幅度的优惠。

2.5　股票的交易时间

股票的交易时间包括交易日和每个交易日的交易时间区间两个方面。

2.5.1　交易日

股票交易日首先必须是在工作时间，周末、国家规定的节假日，股市都休市，不进行交易。一般在年底就会公布下一年度节假日休市的安排；在节假日来临之前，也会在证券交易所的网站上公布节假日的休市安排（同时也会通过不同的媒体公布休市时间）。

通常，股市休市都是按照国家假日安排进行的。例如，2024 年国庆节的 7 天长假（10 月 1—7 日），股市也同步休市。在有些情况下，股市休市的时间比国家安排的长假更长。例如国庆节假期之前的 9 月 30 日是星期六、之后的 10 月 8 日是星期日，股市在这两天同样休市，所以股市休市时间为 9 天。

2.5.2　每日交易时间

根据规定，在股市的每个交易日中，交易时间分为以下两段。
- 上午：9:30—11:30，共 2 小时。
- 下午：13:00—15:00，共 2 小时。

全天共 4 小时交易时间。

除了以上 4 小时交易时间外，每天开盘前 5 分钟为集合竞价时间，即早上 9:25 将产生集合竞价，成为当天的开盘价，5 分钟之后（即 9:30）开始当天的正式交易。

2.6 根据券商选择炒股软件

计算机、智能手机和互联网的普及使股民的操作越来越方便，股民需要选择一款炒股软件。在开户后，证券公司通常会提示股民到其网站去下载和安装炒股软件，不同证券公司提供的软件名称有所不同。不过，无论是哪种炒股软件，其提供的基本功能都是相同的。下面介绍证券公司使用比较多的两款炒股软件。

2.6.1 通达信

通达信行情交易软件是很多证券公司采用的炒股软件之一，不同证券公司为其设置了不同的名称。

通达信行情交易软件集各类证券分析软件之所长，其功能强大、操作方便、界面友好，支持互联网接收实时行情，适合各类证券投资者使用。许多证券公司提供给股民使用的是通达信软件的改版，通常是其基础上添加本证券公司的交易系统。

登录通达信行情分析软件后，首先看到的是行情报价界面。该界面的正中间是多只股票的行情报价，上下分别由上面的菜单栏和下方的状态栏组成，如图 2-1 所示。

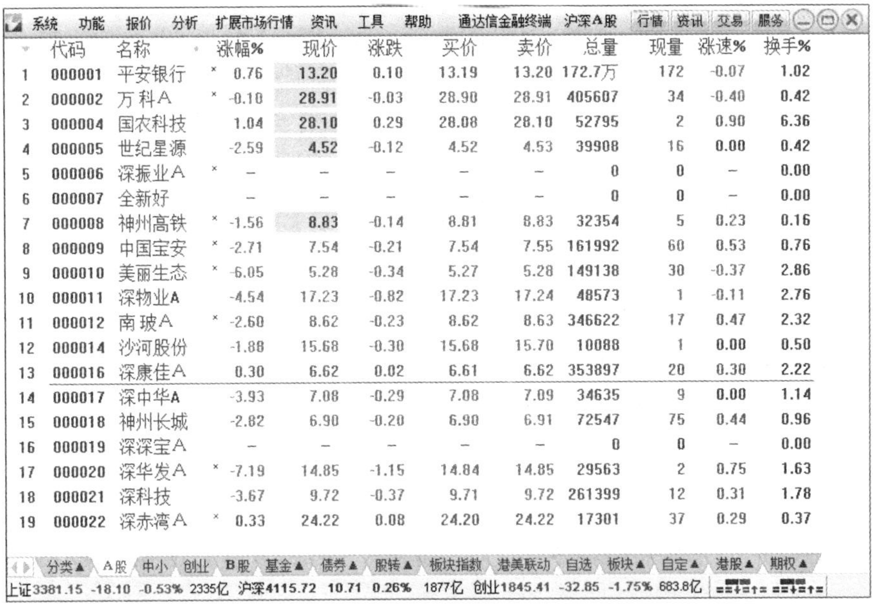
系统 功能 报价 分析 扩展市场行情 资讯 工具 帮助 通达信金融终端 沪深A股 行情 资讯 交易 服务

	代码	名称		涨幅%	现价	涨跌	买价	卖价	总量	现量	涨速%	换手%
1	000001	平安银行	×	0.76	13.20	0.10	13.19	13.20	172.7万	172	-0.07	1.02
2	000002	万科A	×	-0.10	28.91	-0.03	28.90	28.91	405607	34	-0.40	0.42
3	000004	国农科技		1.04	28.10	0.29	28.08	28.10	52795	2	0.90	6.36
4	000005	世纪星源		-2.59	4.52	-0.12	4.52	4.53	39908	16	0.00	0.42
5	000006	深振业A	×	–	–	–	–	–	0	0	–	0.00
6	000007	全新好		–	–	–	–	–	0	0	–	0.00
7	000008	神州高铁	×	-1.56	8.83	-0.14	8.81	8.83	32354	5	0.23	0.16
8	000009	中国宝安	×	-2.71	7.54	-0.21	7.54	7.55	161992	60	0.53	0.76
9	000010	美丽生态	×	-6.05	5.28	-0.34	5.27	5.28	149138	30	-0.37	2.86
10	000011	深物业A		-4.54	17.23	-0.82	17.23	17.24	48573	1	-0.11	2.76
11	000012	南玻A	×	-2.60	8.62	-0.23	8.62	8.63	346622	17	0.47	2.32
12	000014	沙河股份		-1.88	15.68	-0.30	15.68	15.70	10088	1	0.00	0.50
13	000016	深康佳A		0.30	6.62	0.02	6.61	6.62	353897	20	0.30	2.22
14	000017	深中华A		-3.93	7.08	-0.29	7.08	7.09	34635	9	0.00	1.14
15	000018	神州长城		-2.82	6.90	-0.20	6.90	6.91	72547	75	0.44	0.96
16	000019	深深宝A		–	–	–	–	–	0	0	–	0.00
17	000020	深华发A	×	-7.19	14.85	-1.15	14.84	14.85	29563	2	0.75	1.63
18	000021	深科技		-3.67	9.72	-0.37	9.71	9.72	261399	12	0.31	1.78
19	000022	深赤湾A	×	0.33	24.22	0.08	24.20	24.22	17301	37	0.29	0.37

分类▲ A股 中小 创业 B股 基金▲ 债券▲ 股转▲ 板块指数 港美联动 自选 板块▲ 自定▲ 港股▲ 期权▲
上证3381.15 -18.10 -0.53% 2335亿 沪深4115.72 10.71 0.26% 1877亿 创业1845.41 -32.85 -1.75% 683.8亿

图 2-1

行情、资讯、交易的所有功能均可在菜单栏里实现，而其中的重要功能单独组成工具栏；状态栏反映了当前大盘行情、多空对比、网络连接状态、预警功能状态和系统状态。

通达信行情交易软件的一个特色功能是定制面板，股民可将不同的看盘界面组合在一起。例如，在一个界面中可以同时看到指数的分时、K 线走势图，个股的分时、K 线走势图，A 股涨幅排行等信息。

2.6.2　同花顺

同花顺是一个强大的资讯平台，能为股民提供信息地雷、财务图示、紧急公告、滚动信息等多种形式的资讯信息，能提供多种不同的资讯产品（如大智慧资讯、巨灵资讯等），能与券商网站紧密衔接，向股民提供券商网站上的各种资讯。而且个股资料、交易所新闻等资讯都经过预处理，让股民能轻松浏览、快速查找。丰富的资讯信息与股票的行情走势密切结合，使股民能方便、及时、全面地享受全方位的资讯服务。

系统预置了近两百个经典技术指标，并且为了满足一些高级股民的需求，还提供指标、公式编辑器，供他们随意编写和修改各种公式、指标、选股条件及预警条件。

图 2-2 所示为“同花顺”的行情报价界面。同花顺行情报价的一个主要特点是有一列“星级”，把鼠标指针指向其中的图标，将显示评级的具体数据。

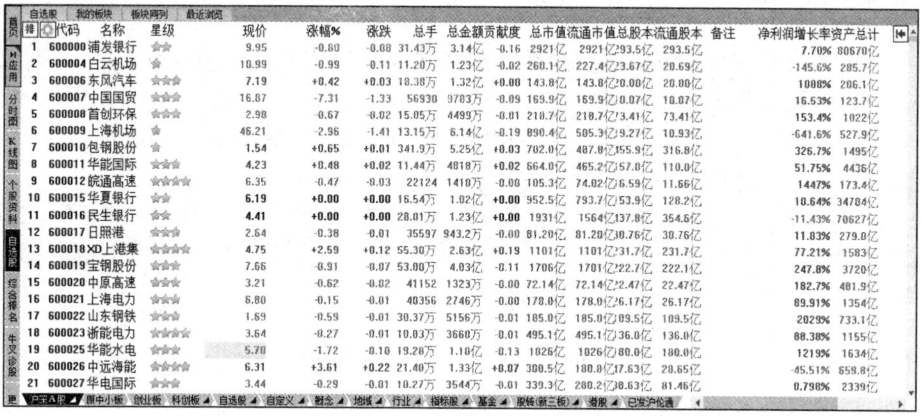

排	代码	名称	星级	现价	涨幅%	涨跌	总手	总金额	贡献度	总市值	流通市值	总股本	流通股本	备注	净利润增长率	资产总计
1	600000	浦发银行	★★	9.95	-0.80	-0.08	31.43万	3.14亿	-0.16	2921亿	2921亿	93.5亿	293.5亿		7.70%	80670亿
2	600004	白云机场	★	10.99	-0.99	-0.11	11.20万	1.23亿	-0.02	260.1亿	227.4亿	3.67亿	20.69亿		-145.6%	285.7亿
3	600006	东风汽车	★★★	7.19	+0.42	+0.03	18.38万	1.32亿	+0.00	143.8亿	143.8亿	0.00亿	20.00亿		1088%	206.1亿
4	600007	中国国贸	★★★	16.87	-7.31	-1.33	56930	9783万	-0.09	169.9亿	169.9亿	0.07亿	10.07亿		16.53%	123.7亿
5	600008	首创环保	★★★	2.98	-0.67	-0.02	15.05万	4499万	-0.01	218.7亿	218.7亿	3.41亿	73.41亿		153.4%	1022亿
6	600009	上海机场	★	46.21	-2.96	-1.41	13.15万	6.14亿	-0.19	890.4亿	505.3亿	9.27亿	10.93亿		-641.6%	527.9亿
7	600010	包钢股份	★	1.54	+0.65	+0.01	341.9万	5.25亿	+0.03	702.0亿	487.8亿	155.9亿	316.8亿		326.7%	1495亿
8	600011	华能国际	★★★	4.23	+0.48	+0.02	11.44万	4818万	+0.02	664.0亿	465.2亿	57.0亿	110.0亿		51.75%	4436亿
9	600012	皖通高速	★★★★	6.35	-0.47	-0.03	22124	1410万	-0.00	105.3亿	74.02亿	6.59亿	11.66亿		1447%	173.4亿
10	600015	华夏银行	★★	6.19	+0.00	+0.00	16.54万	1.02亿	+0.00	952.5亿	793.7亿	53.9亿	128.2亿		10.64%	34704亿
11	600016	民生银行	★★	4.41	+0.00	+0.00	28.01万	1.23亿	+0.00	1931亿	1564亿	137.8亿	354.6亿		-11.43%	70627亿
12	600017	日照港	★★★	2.64	-0.38	-0.01	35597	943.2万	-0.00	81.20亿	81.20亿	30.76亿	30.76亿		11.83%	279.0亿
13	600018	XD上港集	★★★★	4.75	+2.59	+0.12	55.30万	2.63亿	+0.19	1101亿	1101亿	31.7亿	231.7亿		77.21%	1583亿
14	600019	宝钢股份	★★★	7.66	-0.91	-0.07	53.00万	4.03亿	-0.11	1706亿	1701亿	22.7亿	222.1亿		247.8%	3720亿
15	600020	中原高速	★★★	3.21	-0.62	-0.02	41152	1323万	-0.00	72.14亿	72.14亿	2.47亿	22.47亿		182.7%	481.9亿
16	600021	上海电力	★★★	6.80	-0.15	-0.01	40356	2746万	-0.00	178.0亿	178.0亿	6.17亿	26.17亿		89.91%	1354亿
17	600022	山东钢铁	★★★	1.69	-0.59	-0.01	30.37万	5156万	-0.01	185.0亿	185.0亿	09.5亿	109.5亿		2029%	733.1亿
18	600023	浙能电力	★★★★	3.64	-0.27	-0.01	10.03万	3660万	-0.01	495.1亿	495.1亿	36.0亿	136.0亿		88.38%	1155亿
19	600025	华能水电	★★★	5.70	-1.72	-0.10	19.28万	1.10亿	-0.13	1026亿	1026亿	80.0亿	180.0亿		1219%	1634亿
20	600026	中远海能	★★★★	6.31	+3.61	+0.22	21.40万	1.33亿	+0.07	300.5亿	180.8亿	17.63亿	28.65亿		-45.51%	659.8亿
21	600027	华电国际	★★★	3.44	-0.29	-0.01	10.27万	3544万	-0.01	339.3亿	200.2亿	38.63亿	81.46亿		0.798%	2339亿

图 2-2

同花顺提供了简单易用的“选股平台”，如图 2-3 所示，股民只需按要求输入条件，即可进行选股。

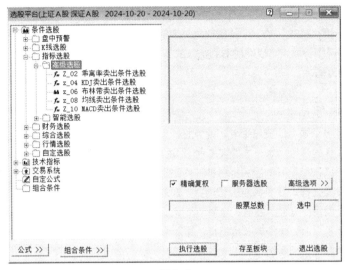

图 2-3

2.7 在网上买第一只股票

通过炒股软件，股民可以在家里看盘，并发出交易委托指令进行股票的买卖。本节为新股民演示通过网络炒股的方式下单购买股票的过程。

股民办好开户手续后，就可到券商指定的网站下载交易下单程序，一般交易下单程序都与行情软件一起下载。

图 2-4 所示为国信证券的网上交易登录界面，在图中所示的窗口中输入在券商处开设的资金账号和交易密码，单击"登录"按钮即可进入网上交易窗口。下面简单介绍买入和卖出的相关操作。

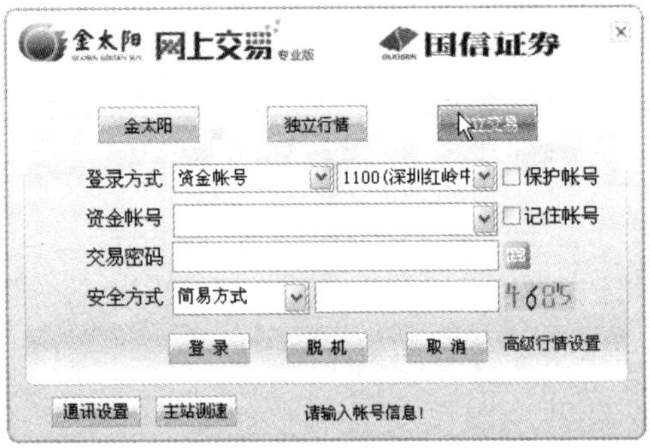

图 2-4

（1）买入。进入交易界面后，单击左侧功能列表中的"买入"项，右侧窗口将显示买入的界面，如图 2-5 所示；在其中输入要买入的证券的代码，系统自动根据账户资金计算可买入的最大数量。输入买入数量和价格后，单击"买入下单"按钮即可完成买入委托操作。

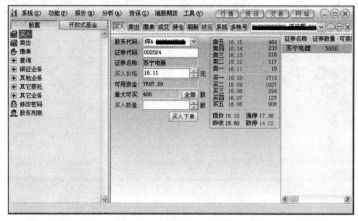

图 2-5

（2）卖出。单击左侧功能列表中的"卖出"项，右侧窗口将显示卖出的界面，在其中输入要卖出的证券的代码，系统自动根据当前的实际价格填写卖出价格，股民可修改卖出价格，然后输入卖出数量，单击"卖出下单"按钮即可完成卖出委托操作，如图 2-6 所示。

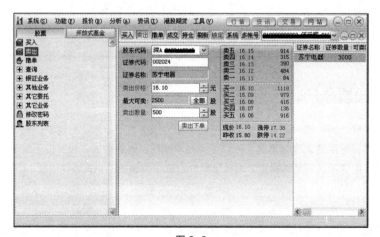

图 2-6

（3）查询。单击左侧功能列表中的"查询"项，将显示查询子项，从中可查询资金股份、当日委托、当日成交等多项账户数据。图 2-7 所示为查询"资金股份"的界面，显示账户中现有证券数量、可用资金等数据。

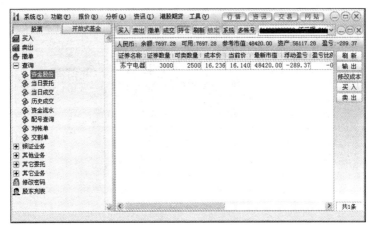

图 2-7

通过网上交易系统还可撤单（撤销还未成交的委托单）、进行新股申购、进行银证转账等业务。

提　示

不同的证券公司提供的网上交易程序界面可能会有所不同，本节只演示了一种交易程序的操作界面。用户在实际操作时可先咨询证券公司，了解相关注意事项。

2.8　股票账户转户与销户

由于各种原因，股民工作、生活的城市可能会发生改变，为了方便以后到证券公司办理相关事项，股民通常需要将股票账户进行转户操作。有些时候，股民出于服务、佣金等因素，也可能需要进行转户操作。本节简单介绍转户与销户的相关操作流程。

2.8.1　转　户

转户是指将在一家证券公司开设的股票账户转移到另一家证券公司。这里的转户，其实就是股民资金账户的改变，而沪市、深市的股东账户不需要改变。

办理股票转户时，股民持有的股票可以不卖出，继续持有。办理股票账号转户的流程如下。

（1）办理转户前需要把资金账户中的全部剩余资金转到银行卡；办理转户当日不能交易股票，也不能进行委托和申购新股。

（2）股民携带本人身份证、股东卡于股票交易时间在原开户的证券公司处办理转户手续。

（3）在原证券公司办理沪市的撤销指定交易。

（4）在原证券公司办理深市转托管，需提供持有的股票代码、数量及欲转入证券公司的全称、深圳 A 股席位号，有些信息需要提前与新证券公司联系获取。如果股民的股东账户里没有股票，则不需要办理深市的转托管。

（5）原账户撤销完成后，股民携带本人身份证及股东卡到新证券公司营业部办理转入手续，办理沪市指定交易和深市股票转入，开设资金账号。

（6）最后还需要办理资金第三方存管协议，股民应提前与新证券公司取得联系，了解能使用第三方存管的银行，并开设好银行卡。

2.8.2 销户

股民开户之后通常很少销户，即使不操作，开设的账户也不会被收取任何费用。但总有些股民由于各种不同的原因需要进行销户，因此，这里也简单介绍一下销户的流程。

在销户之前，股民需要将股票账户内的股票全部卖出，并将资金全部转出。股民办理完销户业务至少需两个连续交易日，且办理销户当天及前一个交易日内不能有任何交易及转账业务。

销户的流程如下。

（1）股民提供身份证、股东账户卡（沪市和深市）、第三方存管的银行卡等资料给证券公司。

（2）证券公司工作人员审核资料、查验密码后送主管签批。

（3）结清股东的资金和股份，办理销户手续。当天进行结息、撤销沪市指定交易等操作。

（4）第二个交易日注销资金账户、股东账户，股民交回股东代码卡。

若股民有场外基金账户，则办理销户业务至少需要连续 3 个交易日。

股民销户后，其资料在证券公司还将保留两年。

第3章

听懂老股民的话

　　股票市场是一个专业的市场，有许多专业术语。对于新股民来说，刚开始可能听不懂老股民或媒体上股票分析师的话。别担心，本章专门为新股民准备了这些专业术语的解释，让新股民也能听懂老股民的话。

3.1　最常见的词：指数

在财经新闻中经常出现上证多少点、深证多少点这样的播报，这些是什么意思呢？下面介绍股市中最常见的词语——指数。

3.1.1　什么是股票指数

股票指数是由证券交易所或金融服务机构编制的用来表明股票行市变动的一种供参考的指示数字。

由于股票的价格变化是不确定的，股民必然面临市场价格变化带来的风险。在实际操作中，对于一只股票的价格变化，股民可以跟踪了解，但是，如果想对市场中所有股票（或大批量股票）价格的变化趋势进行了解，就显得很困难了，即使在普遍使用计算机的今天，这个任务也不易完成。

为了能跟踪了解到市场中众多股票的变化趋势，一些金融服务机构利用自己的业务知识和熟悉市场的优势，编制出股票价格指数公开发布，作为市场价格变动的指标。而一般的股民只需通过这些指数来分析市场的变化趋势即可。这种股票指数，代表股票行市的价格平均水平。

编制股票指数，通常以某一个交易日为基础，将这一天的股票价格水平定为100，用以后各期的股票价格和基期价格水平相比较，根据一定的算法计算出一个数值，此值就是该期的股票指数。股民根据指数的升降，就可以判断股票价格的变动趋势。

为了能实时地向股民反馈股市的动向，几乎所有的股市都是在股价变化的同时公布股票价格指数。

3.1.2　上证指数

媒体经常报道上证多少点，其中"上证"就是指上证指数，是一种股票指数。其全称是"上海证券交易所综合股价指数"，简称为"上证综指"或"上证综合指数"。一般股民和分析师说的大盘指数，就是指上证指数。

上证指数最初是由中国工商银行上海分行信托投资公司静安证券业务部根据上海股市的实际情况，参考国外股价指标的生成方法编制而成。上证指数以1990年12月19日为基期，从1991年7月15日开始公布。上证股价指数以上海股市的全部股票（各股权重不尽相同）为计算对象，计算公式如下：

股价指数 ＝（当日股票市价总值 ÷ 基期股票市价总值）×100

由于采用全部股票进行计算，因此，上证指数可以较为贴切地反映上海证券交易所股价整体水平和变化情况。

如果有新股上市、股票退市或上市公司扩股，可采用"除数修正法"修正原固定除数，以保证指数的连续性。2007年1月，上海证券交易所规定，新股于上市第11个交易日开始计入上证综指。

3.1.3　深证指数

深证指数，全称为"深圳证券交易所成分股价指数"，简称"深证成指"，是深圳证券交易所的主要股指。它是按一定标准选出40家（2015年扩充至500家）有代表性的上市公司的股票作为成分股，用成分股的可流通数作为权数，采用加权平均法编制而成。成分股指数以1994年7月20日为基准日，基准日指数为1000点，1995年1月23日开始试发布。

计算深证成指的基本公式为：

股价指数＝现时成分股总市值÷基期成分股总市值×1000

为保证成分股样本的客观性和公正性，成分股不搞终身制，深交所定期考查成分股的代表性，及时更换代表性降低的公司，选入更具代表性的公司。当然，变动不会太频繁，考查时间为每年的1月、7月的第一个交易日。

根据调整成分股的基本原则，参照国际惯例，深交所制定了科学的标准和分步骤选取成分股样本的方法，即先根据初选标准从所有上市公司中确定入围公司，再从入围公司中确定入选的成分股样本。

1．确定入围公司

确定入围公司的标准包括上市时间、市场规模、流动性3方面。

- 有一定的上市交易日期，一般应当在3个月以上。
- 有一定的市场规模。将上市公司的流通市值占市场的比例（3个月平均数）按照从大到小的顺序排列并累加，入围公司居于90％之列。
- 有一定的市场流动性。将上市公司的成交金额占市场的比例（3个月平均数）按照从大到小的顺序排列并累加，入围公司居于90％之列。

2．确定成分股样本

根据以上标准确定入围公司之后，再结合以下各项因素确定入选的成分股样本。

- 公司的流通市值及成交额。
- 公司的行业代表性及其成长性。
- 公司的财务状况和经营业绩（考察过去3年）。
- 公司两年内的规范运作情况。

对以上各项因素赋予科学的权重，并进行量化，就选择出了各行业的成分股样本。

3.1.4　我国股市常见的其他指数

除了上面介绍的上证指数、深证指数之外，我国股票市场中还有很多股票指数，下面再介绍几个常用指数的概念。

- 上证 180 指数。又称"上证成分指数"，是上海证券交易所对原上证 30 指数进行了调整并更名而来的，其样本股是在沪市所有 A 股股票中抽取的最具市场代表性的 180 种样本股票，自 2002 年 7 月 1 日起正式发布。作为上证指数系列核心的上证 180 指数的编制方案，目的在于建立一个反映上海证券市场的概貌和运行状况、具有可操作性和投资性、能够作为投资评价尺度及金融衍生产品基础的基准指数。
- 上证 50 指数。2004 年 1 月 2 日，上海证券交易所发布了上证 50 指数。上证 50 指数是根据流通市值、成交金额对股票进行综合排名，从上证 180 指数样本中选择排名前 50 位的股票组成样本。上证 50 指数以 2003 年 12 月 31 日为基准日，基数为 1000 点。
- 沪深 300 指数。简称"沪深 300"。为反映我国证券市场股票价格变动的概貌和运行状态，并能够作为投资业绩的评价标准，为指数化投资及指数衍生产品创新提供基础条件，中证指数公司编制并发布了沪深 300 统一指数。目前境内股指期货的交易就是以沪深 300 指数为标的合约。

3.1.5　纳斯达克指数

纳斯达克（NASDAQ）是美国全国证券交易商协会于 1968 年着手创建的自动报价系统的英文简称。

纳斯达克指数在 1971 年第一个交易日时为 100 点。大约 10 年后，指数翻番到了 200 点；又过了 10 年，到了 1991 年，指数突破 500 点。1995 年 7 月，指数达到了第一个具有里程碑意义的值——1000 点。

随着科技股收益的增长，纳斯达克指数也在上升。仅在 3 年后，指数就翻番到了 2000 点。1999 年的秋天，科技的飞速发展将纳斯达克送入了上升的轨道：指数从 1999 年 10 月初的约 3000 点上升到 2017 年 11 月的 6806 点的高位，创下当时的历史新高。

3.2　股票类型与板块划分

股票板块主要是按行业、概念和地区分类。其中，行业板块是根据上市公司所从事的领域划分的，如煤炭、纺织、医药等；地区板块主要是根据省级行政区划分的，如上海本地板块、成渝板块等；概念板块是根据权重、热点、特色题材划分的，如低碳概念板块。

本节简单介绍几种常见的股票。

3.2.1 什么是 ST 股

ST 是英文 Special Treatment 的缩写，意思是"特别处理"。对于出现财务状况或其他异常状况的上市公司，在其股票名称的前面加上 ST 标志，这类股票称为 ST 股。

沪深证券交易所在 1998 年 4 月 22 日宣布，根据 1998 年实施的股票上市规则，将对财务状况或其他状况出现异常的上市公司的股票交易进行特别处理。

1. 财务异常情况

这里所说的财务状况异常主要包括以下几种情况。

- 最近一个会计年度经审计的净利润为负值，且扣除非经常性损益后营业收入低于 1 亿元。
- 若净利润为负，但营收高于 1 亿元，则不会被 ST。
- 最近一个会计年度经审计的期末净资产为负值（即所有者权益合计为负）。
- 最近一年财务报告被会计师事务所出具无法表示意见或否定意见的审计报告。
- 最近一年内部控制被出具无法表示意见或否定意见的审计报告（仅深市主板适用）。
- 公司存在大额资金（超 1000 万元或最近一期经审计净资产的 5%）被控股股东或关联方违规占用，或违规担保且未在 1 个月内解决。其中，沪市规定为金额超过 1000 万元或者达到最近一期经审计净资产的 5% 以上；深市规定为向关联方提供资金的余额在人民币 1000 万元以上，或占上市公司最近一期经审计净资产的 5% 以上，或者对外提供担保的余额（担保对象为上市公司合并范围内的除外）在人民币 5000 万元以上，且占上市公司最近一期经审计净资产的 10% 以上。

2. 其他异常情况

上市公司出现其他异常情况时，其股票名称前也会加上 ST 标志。这里所说的其他异常情况包括以下几种。

- 自然灾害、重大事故等导致上市公司主要经营设施遭受损失，致使公司生产经营活动基本中止，在 3 个月以内不能恢复的。
- 公司涉及负有赔偿责任的诉讼或仲裁案件，按照法院或仲裁机构的法律文书，赔偿金额累计超过上市公司最近经审计的净资产值的 50% 的。
- 公司的主要银行账号被冻结，影响上市公司正常经营活动的。
- 公司出现其他异常情况，董事会认为有必要对股票交易实行特别处理的。
- 人民法院受理公司破产案件，可能依法宣告上市公司破产的。
- 公司董事会无法正常召开会议并形成董事会决议的。
- 公司的主要债务人被法院宣告进入破产程序，而公司相应债权未能计提足额坏账准备金，公司面临重大财务风险的。
- 证监会或交易所认定为状况异常的其他情形。

3．ST 股的交易规则

在上市公司的股票交易被实行 ST 处理期间，其股票交易应遵循下列规则。

- 股票交易日涨跌幅最大为 5%。
- 股票名称改为在原股票名前加"ST"，如"ST 工智"。
- 上市公司的中期报告必须经过审计。
- 如果上市公司经营连续 3 年亏损，则在其股票名称上加上*ST 标记，称为"退市预警"。对这类股票股民需要特别小心，如果该上市公司继续亏损，则该股票将从交易所退市。

另外，在股市中还可以看到，有的股票前面还有 SST 或 S*ST 这些字符。SST 表示上市公司经营连续两年亏损，进行特别处理，且还没有完成股改；S*ST 表示上市公司经营连续 3 年亏损，进行退市预警，且还没有完成股改。

4．ST 股的摘帽规定

如果上市公司最近年度的财务状况恢复正常，并且审计结果表明其财务状况异常的情况已消除，公司运转正常，公司净利润扣除非经常性损益后仍为正值，公司可向交易所申请撤销特别处理。撤销特别处理的股票代码前不再有 ST 标记，俗称"摘帽"。摘帽后的公司恢复正常交易，股票名称取消 ST 标记。

3.2.2　什么是大盘股

大盘股常指发行在外的流通股份市值较高的上市公司股票，小盘股就是指发行在外的流通股份市值较低的上市公司股票。我国现阶段一般称总市值在 500 亿元及以上的股票为大盘股，称总市值在 100 亿元及以上、不足 500 亿元的股票为中盘股，称总市值不足 100 亿元的股票为小盘股。

从流通盘或总股本的角度看，上市公司的流通盘或总股本有可能逐步增大。例如，苏宁易购（002024）虽然是在中小板市，2004 年上市时其流通股份为 2500 万股，但经过每年的送配股、增发新股等运作，现在其流通股已达到 93.1 亿多股，可以算是大盘股了。

3.2.3　什么是低碳概念股

低碳概念股就是证券市场里以节能环保为题材的上市公司股票。低碳经济是以低能耗、低污染、低排放为基础的经济模式，是人类社会继农业文明、工业文明之后的又一次重大进步。低碳经济实质是能源高效利用、清洁能源开发、追求绿色 GDP，核心是能源技术和减排技术创新、产业结构和制度创新以及人类生存发展观念的根本性转变。

低碳经济概念主要包括以下两大类。

- 新能源板块：包括风电、核电、光伏发电、生物质能发电、地热能、氢能等。

- 节能减排板块：包括智能电网、新能源汽车、建筑节能、半导体照明节能、变频器、余热锅炉、余压利用、清洁煤发电和清洁煤利用（包括CDM项目）等。

3.3 针对特定股票的术语

股票市场中有一些特定的术语，如市盈率、市净率，这些与上市公司的财务指标有关；而涨幅、振幅这类术语，则与盘面成交数据有关。

3.3.1 市盈率

市盈率又叫作本益比，它是股民必须掌握的一个重要财务指标。市盈率反映了在每股盈利不变的情况下，当派息率为100%时，即所得股息没有进行再投资的条件下，经过多少年，股民的投资可以通过股息全部收回。

一般情况下，某只股票的市盈率越低，表明投资回收期越短，投资风险就越小，股票的投资价值也就越大；反之，则结论相反。

市盈率有以下两种计算方法。

- 股价与过去一年每股盈利的比例。
- 股价与本年度每股盈利的比例。

前者称为静态市盈率，以上年度的每股收益作为计算标准，它不能反映股票因本年度及未来每股收益的变化而使股票投资价值发生变化这一情况，因而具有一定的滞后性。后者称为动态市盈率，买股票就是买未来，因此，上市公司当年的盈利水平具有较大的参考价值，它反映了股票现实的投资价值。因此，如何准确估算上市公司当年的每股盈利水平，已成为把握股票投资价值的关键。

上市公司当年的每股盈利水平不但和企业的盈利水平有关，而且和企业的股本变动与否也有着密切的关系。在上市公司股本扩张后，平均分配到每股里的收益就会减少，企业的市盈率会相应提高。因此，在上市公司发行新股、送红股、公积金转送红股和配股后，必须及时摊薄每股收益，计算出正确的有指导价值的市盈率。

3.3.2 市净率

市净率指的是每股股价与每股净资产的比例。市净率可用于投资分析。一般来说，市净率较低的股票，投资价值较高；反之，则投资价值较低。但在判断投资价值时还要考虑当时的市场环境以及公司的经营情况、盈利能力等因素。

市净率的计算公式如下：

市净率=股票市价 ÷ 每股净资产

每股净资产是公司资本金、资本公积金、资本公益金、法定公积金、任意公积金、未分配盈余等项目的合计，它代表全体股东共同享有的权益。净资产的多少是由股份公司经营状况决定的，股份公司的经营业绩越好，其资产增值越快，净资产就越多，因此，股东所拥有的权益也就越多。

3.3.3 涨幅

涨幅是指目前这只股票的上涨幅度，通常是拿当前股价与上一个交易日的价格进行比较，计算出其上涨的百分比。计算公式如下：

涨幅 =（现价 - 上一个交易日收盘价）÷ 上一个交易日收盘价 × 100%

如果涨幅为 0，则表示今天既没涨也没跌，价格和前一个交易日持平；如果涨幅为负，则表示该股当天是处于下跌状态。

自 1996 年 12 月 16 日起，深交所、上交所对上市的股票、基金的交易实行涨跌幅限制，在正常情况下，股票和基金价格的上涨、下跌幅度都不能超过 10%，ST 股票价格的上涨、下跌幅度则不能超过 5%。根据规定，超过涨跌限制的委托为无效委托，当日不能成交。自 2020 年 8 月 24 日起，创业板涨跌幅限制调至 20%。

涨跌幅限制最直接的作用是对市场一天之内的暴涨暴跌情况进行抑制，预防短期市场风险；但另一方面，涨跌幅限制也具有一定程度的助涨助跌作用，同时也容易受到大笔资金的控制。从总体上看，涨跌幅限制只能改变短期大盘和个股走势，对中长期市场的波动没有太大的影响。

3.3.4 振幅

振幅是指开盘后最高价和最低价之差的绝对值与股价的百分比，它在一定程度上表现了股票的活跃程度。如果一只股票的振幅较小，说明该股不够活跃；反之，则说明该股比较活跃。

股票振幅有日振幅、周振幅、月振幅等类型。

由于有涨跌幅的限制，通常情况下，股票的下跌和上涨都限制在 10%之内，因此，股票的日振幅为 20%，创业板股票日振幅最大值为 40%。同理可知，ST 股的日振幅最大值为 10%。

3.3.5 涨停与跌停

作为新股民，经常听到"涨停板"一词，但你知道什么是涨停板吗？涨停板中又有哪些讲究？要想在实战中抓住涨停板，股民首先就必须了解这些基础知识。

什么是涨停板？为了防止交易价格非正常地暴涨暴跌，抑制过度投机现象，我国境内的交易所对各种股票当天价格的涨跌幅度设置了一定的限制，当股价涨幅到达涨幅限制位置时，要买入这只股票的股民出价只能在这个价格之下，也就是说买入价不能超过这个限制涨幅对应的价格；高于此价格的卖单的挂单被全部"吃"掉，在规定价格之下没有卖单，想买的股民就无法买入该股，那么在这个价位就形成了涨停板。当然，在涨停板形成后，如果有股民以低于涨幅限制的价格卖出股票，仍然能成交；如果以低于涨停价格卖的人多了，涨停板就会被打开。

类似地，当某只股票的价格下跌到跌幅限制的位置时，要卖出这只股票的股民不能低于限制价格挂单卖出，低于此价格的挂单被全部"吃掉"，在这个价位就形成了跌停板。

例如，某只股票的涨幅、跌幅限制为10%，上一个交易日收盘价格为每股10元，当天股价涨到11元时，如果仍然有很多股民愿意以11元的价格买入该股，则所有卖单都会被"吃"掉（由于有涨幅的限制，价格超过11元是不能委托卖出的），最终就可以看到有很多11元的委托买入单，而没有卖出单，这就是涨停板；反之，如果该股价格下跌到9元，则看不到买入的委托单，只看到在9元的位置有很多委托卖出单，这就形成跌停板。

A股市场现行的涨跌停板制度是1996年12月13日发布的。实行涨跌停板制度主要为了保护广大股民利益，保持市场稳定，进一步推进市场的规范化。该制度规定，除上市首日之外，股票（含A、B股）、基金类证券在一个交易日内的交易价格相对上一交易日收盘价格的涨幅或跌幅度不得超过10%，超过涨跌幅度限制的委托为无效委托。名称以S、ST、*ST、S*ST开头的股票，涨幅和跌幅均不得超过5%。

2019年7月29日起，科创板股票价格涨幅和跌幅限制为20%；2020年8月24日，创业板股票价格涨幅和跌幅限制为20%。

> **提 示**
>
> 以S开头的股票是还未完成股改的股票，以ST、*ST开头的股票是被特别处理的股票（通常是连续一年、两年亏损的股票，也有其他原来被特别处理的股票），而以S*ST开头的股票是指还未完成股改且被特别处理的股票。

涨停价格的计算公式如下（以涨幅限制为10%为例）：

涨停价格 = 前一交易日收盘价 × （1 + 10%）

计算结果按照四舍五入原则取至价格最小变动单位（分）。对S股、ST股等，将公式中的10%替换为5%即可。跌停价格计算公式与此类似，只需将1+10%改为1−10%即可。

在A股市场涨跌停板制度下，股价达到涨/跌停价后，交易并不是完全停止，在涨/跌停价位及低于涨停价、高于跌停价范围内的交易仍可继续进行，直到当日收市为止。

图3-1所示是京山轻机（000821）2024年10月25日涨停板形成时的盘口数据。从图中可看到，该股的卖一至卖五位置没有一手卖出委托单，而买一位置以13.32元委托买入的委托单交易数量则达到37740手。

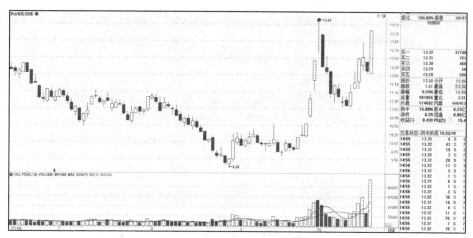

图 3-1

图 3-2 所示是烽火电子（000561）2024 年 10 月 9 日跌停板形成时的盘口数据。从图中可看到，在买一至买五位置没有一手买入委托单，这时想卖出的股民没办法卖出该股，而在卖一位置以价格 7.52 元委托卖出的委托单交易数量为 1281 手。

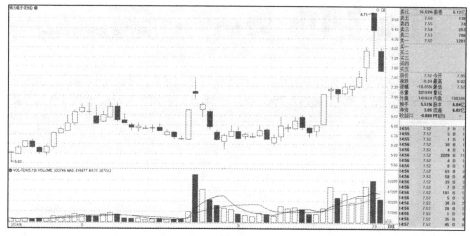

图 3-2

在浏览股市行情时，我们经常可以看到有些股票的涨幅或跌幅超过 10% 甚至是 20%，这些股票是不是有什么特别之处？

在 A 股市场，不受涨停/跌停限制的情况主要有以下几种。

　　⬤　沪深主板、创业板、科创板，新股上市后的前 5 个交易日。

　　⬤　北交所新股上市首日。

- 股改股票完成股改，复牌首日。
- 增发股票上市当天。
- 某些公司重大资产重组，其股票复牌当天。
- 退市股票恢复上市首日。

例如，宏盛华源（601096）于 2023 年 12 月 22 日正式上市交易，开盘价为 5.60 元，盘中最高价 9.90 元，涨幅约为 77%，最后收盘于 7.49 元，涨幅约为 34%，如图 3-3 所示。

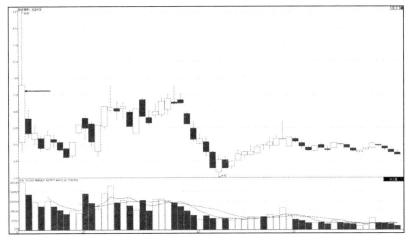

图 3-3

又例如，达梦数据（688692）于 2024 年 6 月 12 日上市，开盘价为 310.00 元，盘中最低价 232.57 元，盘中最大跌幅约为 25%，收盘价 240.80，跌幅约为 22%，如图 3-4 所示。

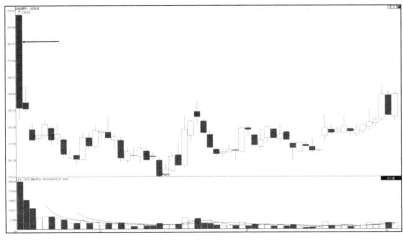

图 3-4

3.4　关于涨跌预测的术语

在股市中，每个交易日每只股票的价格都在涨涨跌跌。关于涨跌预测方面的专业术语也有很多，本节简单介绍这些术语的含义。

- 多方：股民对股市前景看好，认为股价将上涨，于是买进股票待价而沽。这种先买后卖的人称为多方。
- 空方：股民对股市前景看跌，认为股价现在太高，先卖掉股票，等股价跌到预期程度时再买进，以赚取差价。这种先卖后买的人称为空方。
- 牛市：股市在较长一段时间里都处于上涨趋势。在牛市中，股民的买入热情很高，股票供不应求，股价上涨，对多方有利。
- 熊市：股市在较长一段时间里处于下跌趋势。在熊市中，股票供过于求，股价下跌，对空方有利。
- 利空：对空方有利，将促使股价下跌的因素或信息。
- 利好：对多方有利，将促使股价上涨的因素或信息。
- 盘整：股价经过一段快速上升或下降后，遭遇阻力或支撑而呈小幅涨跌变动的情况。
- 跳空：股市受到利好或利空消息的强刺激，股指开始大幅度跳动。当天开盘价在高于前一天最高价的叫跳空高开，当天开盘价低于前一天最低价的叫跳空低开。
- 反弹：在空头市场上，股价处于下跌趋势中，会因股价下跌过快而出现回升，以调整价位，这种现象称为反弹。
- 打压：主力利用手中的筹码将股价大幅度压低，然后在低价位买入和操作。
- 诱多：主力有意制造股价上涨的假象，诱使股民买入股票，结果股价不涨反跌，让跟进做多的股民被套牢的一种市场行为。
- 诱空：主力有意制造股价下跌的假象，诱使股民卖出股票，结果股价不跌反涨，让卖出的股民踏空的一种市场行为。
- 封单：当股票价格达到涨停价位时，会有大量的买单挂在涨停价位上，这些买单的数量巨大，以至于少量的卖单无法轻易打开涨停板，这种情况被称为买盘封单。相反，当股票价格达到跌停价位时，会有大量的卖单挂在跌停价位上，形成卖盘封单。

3.5　与股权相关的术语

股市的主要目的是为广大股民提供投资渠道，股民将自己手中的钱投入上市公司，成为上市公司的股东，就可从公司的经营中获利。这种获利的方式有股息分红、送配股等方式，由此引出了分红、送配股、除权除息等专业术语。

3.5.1 送配股

送配股是两个概念，即送股和配股。

送股是指上市公司将利润（或资本金转增）以红股的方式分配给股民，使股民所持股份增加而获得投资收益。

配股是股份有限公司在扩大生产经营规模、需要资金时，通过配售新股票向原有股东募集资本金的一种办法。配股赋予企业现有股东对新发股票的优先取舍权。按照惯例，公司配股时新股的认购权按照原有股权比例在原股东之间分配，即原股东拥有优先认购权。

使用配股这种方式可以保护现有股东合法的优先认股权。股东也可以放弃优先认股权，允许企业向新股东发行新股。

配股最主要的特点是，新股的价格是按照发行公告发布时的股票市价做一定的折价处理来确定的，这是为了鼓励股东出价认购。在市场环境不稳定的时候，确定配股价是非常困难的。

3.5.2 分红

股份公司经营一段时间后（一般为半年或一年），如果产生了利润，就要向股东分配股息和红利。其交付方式一般有以下3种。

- 以现金的形式向股东支付。这是最常见、最普通的形式。
- 向股东送红股。采取这种方式主要是为了把资金留在公司以扩大经营，从而追求公司发展的远期利益和长远目标。
- 实物分派，即把公司的产品作为股息和红利分派给股东。

在分红派息前，持有股票的股东一定要密切关注与分红派息有关的4个日期，这4个日期分别如下。

- 股息宣布日，即公司董事会将分红派息的消息公布于众的时间。
- 股权登记日，即统计和确认参加股息红利分配给股东的日期。
- 派息日，即股息正式发放给股东的日期。
- 除息日，即不再享有本期股息的日期。

提 示

很多股民对于这4个日期的含义没有理解清楚。在这4个日期中，股权登记日是最重要的，只要在这一天收盘后还持有该股，就享有该股分红的权利。在股权登记日的次日卖出股票，不影响分红，到派息日，股息仍然会自动转到账户。

对于现金分红，只要是在股权登记日收盘后持有该股的账户，在派息日都会自动由交易单位将相应红利金额划转到股东账户，不需要股东进行任何操作。

对于送红股也是类似的，只要是在股权登记日收盘后持有该股的账户，都会由交易单位自动将对应数量的股份划入股东账户中。根据规定，沪市所送红股在股权登记日后的第一个交易日——除权日，即可上市流通；而深市所送红股在股权登记日后的第三个交易日才可上市。

3.5.3　除权除息

公司给股东分红之后，要决定一个除权除息日，表示这一天以后，持有该股票的股民已经完成分红，不再享有本股的分红权利（因为现金红利或转增股数已经转到股东的账户了）。

凡是进行过分红的股票，都要设置一个除权除息日。除权或除息的产生是因为公司原股东在除权或除息日之前已经持有该公司股票，与在除权除息日购买该公司股票的股民对比，两者买到的虽然是同一家公司的股票，但是内含的权益不同（前者已得到了分红），显然相当不公平。因此，股价必须在除权或除息日当天向下调整，成为除权或除息参考价。

如果只是除息，可按以下公式计算除息价：

> 除息价 = 股权登记日的收盘价 – 每股所分红利现金额

例如，中国国贸（600007）2019 年分红方案是 10 派 3.8，股权登记日是 2020 年 7 月 9 日，除权除息日是 2020 年 7 月 10 日。7 月 9 日这天的收盘价为 14.51 元，则 10 日的除息价为：

> $14.51 - 3.8 \div 10 = 14.13$（元）

如果只是送红股或转增股，则计算除权价的公式如下：

> 送红股后的除权价 = 股权登记日的收盘价 ÷（1 + 每股送红股数）

若既送红股又派现金红利，则计算除权除息价的公式如下：

> 除权除息价 =（股权登记日的收盘价 – 每股所分红利现金额 + 配股价 × 每股配股数）
>
> ÷（1 + 每股送红股数 + 每股配股数）

提 示

对现金红利，需按红利金额的 10% 纳税；对于送红股，每股按 1 元面值计算，同样按 10% 征税，即每股应缴 0.1 元的税。送红股的税一般在现金红利中扣除。所以一般分配方案中有送股的，肯定也有现金分红，其现金金额至少应足够扣税。

沪市股票在除权或除息日当天会在股票名称前出现 XR、XD 或 DR 标志，这些前缀的意思分别如下。

- XR：除权，对送红股或转增股除权。
- XD：除息，对现金派息进行除息。
- DR：除权除息，对送红股或转增股除权，同时对现金派息进行除息。

3.6 打新股

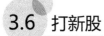

打新股指的是新股申购。股民平常买卖股票的市场称为二级市场，而新股申购则在一级市场。在大多数情况下，一级市场的风险要远小于二级市场（大部分新股上市后若干交易日内会有 100% 左右的涨幅）。因此，大量的资金在一级市场中专门从事申购新股。普通股民也可以通过二级市场申购新股。本节介绍新股申购的方法。

3.6.1 获取新股资料

股份公司要上市发行股票，必须首先通过相关监管机构的审核。通过审核后，上市公司将发布招股说明书，并公布新股发行的日程安排。普通股民只能参与新股的网上发行，因此，股民需关注网上发行的日期，只有在这一天的交易时间进行申购才有效。

很多财经网站都专门开设一个新股频道，图 3-5 所示是"东方财富"网站的新股频道。该网页中列出了有关新股的各栏目，包括新股聚焦、新股策略、新股评论、新股公告、新股行情、新股申购、新股日历、新股上会等栏目。股民单击相关链接，就可查看相应的信息。例如，单击"新股日历"链接，将显示图 3-6 所示的有关新股发行的信息。

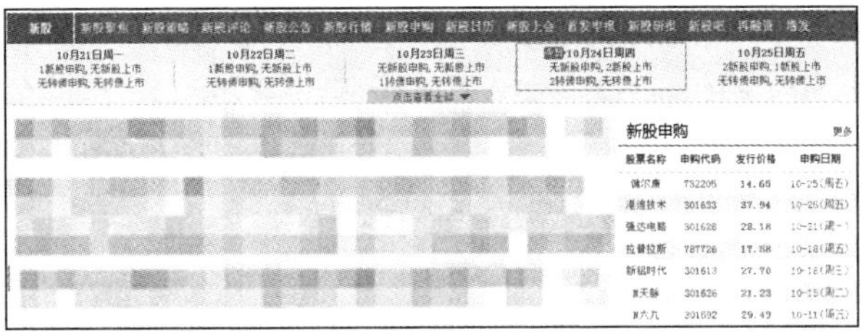

图 3-5

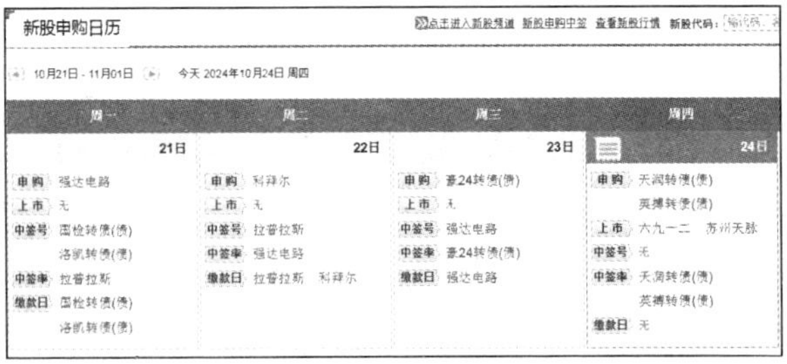

图 3-6

3.6.2 新股申购规则

股民要申购新股，首先应了解相应的规则。下面列出新股申购的主要规则。

- 每个资金账户申购同一只新股时，只能申购一次；若重复申购，则只有第一次的申购有效。
- 申购新股的委托不能撤单，在新股申购期间不能撤销指定交易。
- 系统会按照账户中持仓的股票市值来派发额度，有额度才能申购。额度派发的规则为：假设 T 日为申购日，系统会自动计算账户中自 T-2 日起前 20 个交易日的日均股票市值，这个日均股票市值要达到 1 万元才会有额度派发到账；1 万元的市值对应可以申购 1000 股，2 万元的市值对应可以申购 2000 股，以此类推。
- 沪深两市是分开计算的，如果要申购深市的新股就要有深市的股票市值，如果要申购沪市的新股就要有沪市的股票市值。
- 因为一只股票只能下单一次，因此需要避开下单的高峰时间段，这样可提高中签的概率。
- 申购时间段选择 10:30—11:30 和 13:00—14:00，中签概率相对较大。

3.6.3 新股申购流程

新股申购流程分为三日申购流程与四日申购流程。

三日申购流程如下。

- 申购当日（T+0），网上申购。根据市值申购，无须缴款。
- 申购日后的第一天（T+1），公布中签率、中签号。
- 申购日后的第二天（T+2），如果中签，按中签数量缴款。

四日申购流程如下。

- 申购当日（T+0），投资者申购。
- 申购日后的第一天（T+1），交易所验资并冻结申购资金。
- 申购日后的第二天（T+2），摇号并公布中签结果。
- 申购日后的第三天（T+3），对未中签部分的申购资金进行解冻。

第4章

每个股民必看的 K 线图

做没有技术含量的事情，竞争就非常激烈；竞争激烈，利润就低。相反，技术含量高的领域，能参与竞争的人少，利润就较高。在投资领域，这个规则也同样适用。要想在股市中生存、从股市中赚钱，股民就必须学习很多知识，提高自己操作的技术含量，从而提高股市投资的利润。

学习股票操作技术的"第一站"就是掌握 K 线的分析方法，这是每个股民的必修课。

4.1 认识 K 线图

K 线图又叫蜡烛图，是当前证券分析中的主要技术工具之一。它起源于日本德川幕府时代（1603—1867），当时日本米市的商人用 K 线图记录米市的行情与价格波动。后来，K 线图因其细腻独到的绘制方式，被引入股市及期货市场。通过使用 K 线图，股民可以把每个交易时间段的市场情况完全记录下来，股价经过一段时间后在图上即可绘制成一种形态；不同的形态表示不同的意义。

4.1.1 股价的趋势

图 4-1 所示的是中信证券（600030）在 2024 年 9 月 19 日的分时走势。这种图是根据每一分的成交价格和成交量绘制出来的，通常上方的折线表示价格，下方的柱形表示成交量，横轴则是以分为单位的时间轴。换句话说，通过分时走势图可以看到每分钟的成交价格和成交量。分时走势图由计算机即时生成。

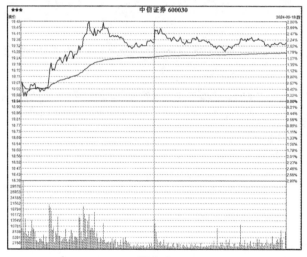

图 4-1

下面做一个小游戏。

当你看到一个人站在远处时，你猜他下一步是往前（朝靠近你的方向）走还是往后（朝远离你的方向）走？

多数人的答案：往前走和往后走都有可能，不好猜。

当你看到这个人从远处向你走来时，你猜他下一步是往前走还是往后走？

多数人的答案：肯定是向前走啊！

为什么会这样呢？这是趋势思维在起作用。当这个人从远处朝你走来，就形成了一个离你越来越近的趋势，你的大脑形成这个思维后，就会认为他会离你越来越近。

回到图4-1所示的分时走势图，在这张图中可以看到一天（准确地说是"一个交易日"）股价的走势。单凭这一天的股价变化，很难判断股价明天的走势。要分析股价的变化趋势，需要分析已经发生的若干天的成交信息。

图4-2所示的是中信证券（600030）2024年10月15日至18日连续4个交易日的分时走势，从这张图中可以看到更多的趋势信息。

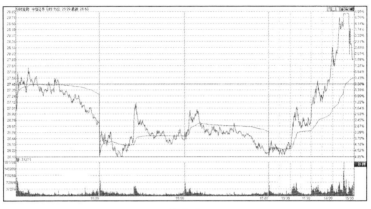

图4-2

在确定股价的运行趋势时，通常不用关注图4-1和图4-2所示的很多细节信息，这时使用K线图会有更好的效果，图4-3所示的就是中信证券（600030）在2024年7月8日至2024年10月18日的K线图。

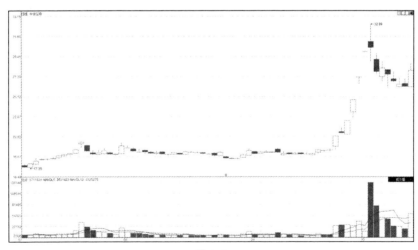

图4-3

在图 4-3 所示的 K 线图中，一根 K 线代表一天的成交情况。可以看出，与分时走势图相比，使用 K 线图可以看到更多交易日的成交数据。有更多的历史数据可供参考，当然就更容易分析股价的变化趋势了。

4.1.2   K 线的画法

每个股民都应该掌握 K 线图的画法。在股票分析软件出现之前，股民必须每天用纸和笔记录每天的股票成交价格区间，然后根据这些数据在方格纸上手动绘制 K 线图。

现在还有哪个股民不在用计算机或智能手机软件做股票分析呢？家里没有计算机的股民，也可以到证券公司的交易大厅去用证券公司的计算机，也不多收钱。

虽然有软件代劳把 K 线图画出来，不再需要手动绘制，但还是建议股民掌握 K 线图的画法，这样可以帮助你对股价走势有更清晰的认识。

再复杂的 K 线图都是由单根 K 线组成的，绘制单根 K 线时需要使用到以下几个概念。

- 分析周期：是指 K 线所表示的交易时间长度。通常所说的 K 线图是以天为单位，即每一个交易日用一根 K 线表示，称为日 K 线。根据分析需要，也可以按月、周、小时、30 分钟等不同分析周期绘制 K 线。
- 开盘价：又称开市价，是指股票在交易所每个交易日开市后的第一笔买卖成交价格。这是以日 K 线而言的定义，如果是周 K 线，则开盘价表示该周第一个交易日开市后的第一笔成交价格。（以下 3 种价格与此类似，不再重复。）
- 收盘价：指股票在每个交易日里的最后一笔买卖成交价格或者最后一段时间所有交易的成交加权平均价。
- 最高价：指股票在每个交易日从开市到收市的交易过程中所产生的最高价格。
- 最低价：指股票在每个交易日从开市到收市的交易过程中所产生的最低价格。

对于每只股票，在每个交易周期都会产生这 4 个数据，用这 4 个数据就可绘制出指定分析周期的 K 线。例如，中信证券（600030）在 2024 年 9 月 19 日的交易数据如下。

- 开盘价：19.07 元。
- 收盘价：19.34 元。
- 最高价：19.50 元。
- 最低价：18.95 元。

有了这 4 个数据，就可以画出 2024 年 9 月 19 日这一天的 K 线图了。拿出纸、笔、直尺，跟着以下步骤开始绘制。

（1）计算最高价 19.50 元和最低价 18.95 元的差，按一定的比例在方格纸中垂直地画一条直线，如图 4-4 所示。

（2）按比例在这条直线上找出当日的开盘价 19.07 元，绘制一条水平的短横线与垂直线相交；按比例找出当日收盘价 19.34 元，绘制一条水平的短横线与垂直线相交，如图 4-5 所示。

图 4-4

（3）将两条短横线连接成一个矩形，擦除矩形中的垂直线段，得到图4-6所示的K线。此矩形在K线中通常称为柱体或实体。

图4-5　　　　　　　　　　　　　　　　　图4-6

需要说明的是，若该周期的收盘价高于开盘价，说明该周期股价上升，则在K线柱体中填充红色（或不填充，但柱体边框为红色），这种柱体称为"阳线"。若该周期的收盘价低于开盘价，说明该周期股价下降，则在K线柱体中填充绿色（或黑色），这种柱体称为"阴线"。

通常来说，在实体的上下方还分别有伸出的垂直线，位于实体上方的垂直线称为上影线，位于实体下方的垂直线称为下影线。完整的K线如图4-7所示。

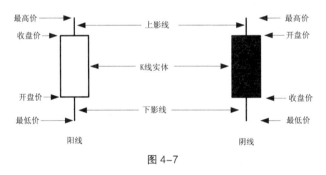

图4-7

在图4-7所示的两根K线中，左侧的K线为阳线，右侧的K线为阴线，两根K线的各部分含义相似，只是阴线的开盘价要高于收盘价。由于本书采用黑白印刷，因此，阳线实体用空心表示，而阴线实体则填充黑色。

4.2　单根K线分析

股票的价格在不断变化，根据这些价格画出的K线也千变万化。4.1节已简单介绍了根据收盘价与开盘价的关系，可以把K线分为阳线和阴线两种情况，根据是否有上、下影线等情况，又可将K线细分为多种类型。本节将带领你认识这些不同种类的K线。

4.2.1　K 线种类

根据收盘价与开盘价的关系，除了可以把 K 线分为阳线和阴线两种情况外，还有一种特殊情况，就是开盘价与收盘价相等，这时，K 线图中开盘价与收盘价重合在一起，K 线中的柱体就不存在了。此时又存在两种情况：如果股价在交易过程中有过上下波动，那么得到的将是图 4-8 所示的 K 线，这种 K 线像一个"十"字形，叫作十字星 K 线。如果股价在交易过程中没有波动，这时开盘价、收盘价、最高价、最低价都对应同一个价格，那么 K 线将显示为一条小横线，称为一字线，如图 4-9 所示。

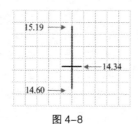

图 4-8　　　　　　　　　　　　　　图 4-9

因此，K 线可以分为以下 4 类。

- 阳线。
- 阴线。
- 十字星。
- 一字线。

这 4 类 K 线的特征如表 4-1 所示。

表 4-1　　　　　　　　　　　　　不同种类 K 线的特征

K 线类型	表现形式	股价关系	股价走势
阳线	柱体以红色或空心表示	收盘价高于开盘价	偏强势
阴线	柱体以绿色或黑色表示	收盘价低于开盘价	偏弱势
十字星	呈"十"字形	收盘价等于或基本等于开盘价	不明确
一字线	呈"一"字形	最高价、最低价、开盘价、收盘价相等	很强势或很弱势

4.2.2　单根 K 线分析方法

股民分析 K 线图时，首先应从单根 K 线开始，下面介绍单根 K 线分析的方法。分析 K 线时，可以从阳线或阴线、实体长度、上下影线长度等方面着手。

1．K 线为阴线或阳线

首先分析 K 线的阳线或阴线，阴阳线代表股价的趋势方向。阳线表示将继续上涨，阴线表示将继续下跌。例如，K线为阳线时，表示股价经过一段时间的多空交手，收盘价高于开盘价，多头占据上风，根据趋势通常继续保持的特点，可知阳线表示股价在下一阶段仍将继续上涨。同理，如果是阴线，则表示股价可能继续下跌。

2．K线实体长度

K线的实体长度代表股价走向的内在动力。K线实体越大，上涨或下跌的趋势越明显；反之，趋势则越不明显。例如，阳线的实体就是收盘价高于开盘价的那部分，阳线实体越大说明上涨的动力越足。同理，阴线实体越大，下跌动力也越足。

3．K线的上下影线

K线的上下影线代表转折信号。向一个方向的影线越长，越不利于价格向这个方向变动，即上影线越长，越不利于股价上涨；下影线越长，越不利于股价下跌。例如，若K线有较长的上影线，这表示多空双方在经过一段时间的争夺之后，多头终于抵不住空头的进攻，股价被打压下来，从而形成一条上影线。不论K线是阴线还是阳线，上影线部分已构成股价下一阶段的上涨阻力，股价向下调整的概率较大；相反，下影线则预示着股价向上攀升的概率较大。

4.2.3　阳线分析

收盘价比开盘价高的K线就是阳线，实体部分一般绘成红色或空心。根据实体部分的长短和上下影线的长短，阳线又可分成很多类，常见的有以下几类。

- 带上下影线的阳线。
- 带上影线的阳线。
- 带下影线的阳线。
- 光头光脚阳线。

从K线实体长度分，又可以分为以下几类。

- 大阳线。
- 中阳线。
- 小阳线。

1．带上下影线的阳线

这类阳线是出现得最多的K线，占到70%以上，这是股市中最常见的、分析难度最大的K线形态。

带上下影线阳线的形成过程：当天开盘后，股价在开盘价附近波动（也可能是快速上升或下跌），在交易过程中，股价跌破开盘价，但随后又被拉升到开盘价以上，形成下影线。在收盘时，股价会比最高价低（有可能是从最高价回落，也有可能是前期形成最高价回落后再次向上收起，但最终没有达到最高价），这样就形成了上影线。图4-10所示的就是

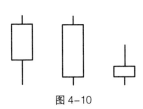

图4-10

带上下影线且为阳线的几种情况。

图 4-11 所示的是海信视像（600060）从 2024 年 8 月 2 日至 10 月 18 日的日 K 线图，图中阳线共有 26 根，全部带有上影线或下影线。

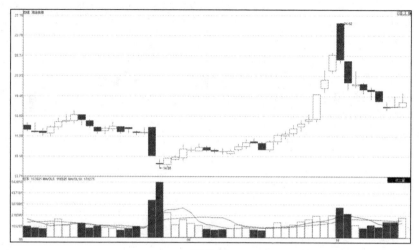

图 4-11

通常，带有上下影线的阳线可分为以下几种情况。

- ● 上影线长于下影线并长于 K 线实体。上影线部分长于 K 线实体表示买方力量受到打压，卖方实力较强，股价再向上冲高的可能性较小，有调整的可能。
- ● K 线实体长于影线部分并且上影线长于下影线，表示买方虽然受到打压，但在交易过程中仍然占有一定的优势。在随后的交易中，买方应当还会继续占优，股价向上的概率大，并且可能会冲击下一个压力位。
- ● 下影线长于上影线并且长于 K 线实体，表示卖方受到打压，买方仍居于主动地位，但还需接受进一步考验。
- ● K 线实体长于影线部分，并且下影线长于上影线，表示买方居于主动地位，但需接受进一步考验。

2. 带上影线的阳线

带上影线阳线的形成过程：股价开盘后就一路向上，到收盘时股价始终都没有低于开盘价，这样 K 线图中就没有下影线。当股价上涨到一定高度，卖方力量开始增强，这时，股价将有一定幅度的回落，到收盘时股价没有收在最高位，这就形成了上影线。带上影线阳线的常见图形如图 4-12 所示。

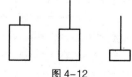

图 4-12

带上影线的 K 线表示股票的抛压比较强，卖出一方在当天的最高点成功地阻截了买方的进攻，使股价没有收在最高处，说明卖方的实力不容小觑，买方只有等到第二天再与卖方"交战"。图4-13所示的是国投资本（600061）从2024年6月19日至2024年8月26日的K线图，图中就有四根仅带上影线的阳线。

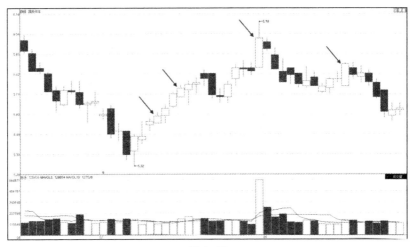

图4-13

带上影线的阳线主要分为以下几种情况。

- 上影线比实体短的阳线，表示买方在最高处只是暂时受阻，买方实力仍然很强大，准备第二天再与卖方激战。
- 上影线与实体的长度相当的阳线，这种K线显示买方实力较强，要使K线继续上行将要付出更大的代价，买方应该在第二天使出全力去应对卖方的抛压。
- 上影线长度是实体长度1.5倍以上的阳线。表示买方受到卖方的挑战，买方在当天只是获得微弱的优势，卖方在最高点的反击成功，卖方的实力已经不可低估，买方要在今后的操作中谨慎从事，必须进行震荡洗盘后再做决定。此种K线多出现在股市的顶部或阶段性顶部，是一种见顶信号。

3. 带下影线的阳线

带下影线阳线的形成过程：股价开盘后可能在开盘价附近波动，也可能向上涨或向下跌。在交易过程中，股价有一个跌破开盘价的过程，但随后就被买方拉起，从而形成下影线。并且，在收盘时股价一路上涨，最终收到当天的最高价，这样就不会形成上影线。带下影线阳线的常见图形如图4-14所示。

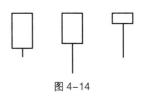

图4-14

带下影线的K线最高价就是收盘价，其中的下影线表示交易过程中买方承接力量的强弱，下影线越长，市场的承接力量越强。图4-15所示是哈药股份（600664）从2024年6

月 19 日至 2024 年 8 月 26 日的 K 线图，图中有 3 根仅带下影线的阳线。

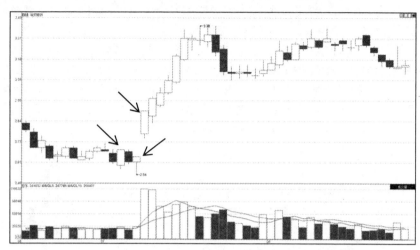

图 4-15

带下影线的阳线又可分为以下几种情况。

- 下影线小于实体的阳线，这种 K 线的实体越大，股市中的买盘力量越强，股价上升的力度也越强，它与光头光脚阳线意义基本一致。
- 下影线与实体长度相当的阳线，表示买方占有一定的优势，卖方也不示弱，只是力量稍差，一旦有倒戈者，卖方就有占据上风的可能性，或者是卖方暂时把股票的价格用少量的资金拉回来，这样做既可以稳定跟风者，又可以吸引大批的跟风者进场在高价位跟进，主力能够把自己的股票卖个好价钱。
- 下影线长度是实体长度 1.5 倍以上的阳线，称为锤头，这在股价走势的底部经常见到。由于股票的承接力量强，再往下跌的可能性不大，股民积极地买进股票，虽然还有卖出者，但是买卖双方的力量对比基本一致，股价很难再跌下去，当卖出者冲击到阻力较强的位置时，买进者就蜂拥而来又把股价托上去。当买进者积极时，就是股票的底部。

4.光头光脚阳线

光头光脚阳线的形成过程：股价开盘后一路向上，盘中股价虽有波动，但最低价始终没有跌破当天的开盘价，而收盘时股价处在最高价位置。这样形成的 K 线图就没有上影线和下影线。图 4-16 所示的是几种常见的光头光脚阳线，下面介绍光头光脚小阳线和光头光脚大阳线两种情况。

图 4-16

- 光头光脚小阳线，这类 K 线表示股价上下波动幅度有限，买卖双方搏斗得不激烈，买方稍占上风。这类 K 线一般出现在股价整理和股价跳空高开形成的时候，在整理时期意义不大，当股市出现大的跳空缺口时其意义非凡，它表示多方已经取得全面的胜利，空方全线崩溃。

- 光头光脚大阳线，这类 K 线表示股价波动幅度大，一般出现在股市上升途中。股市开盘后股价持续增长，虽有回落，但在还未回落到开盘价时又恢复了上扬，买方力量稳定增长，最后以最高价收盘，显示买方坚决果断地要把股价推上去。

如图 4-17 所示，朗博科技（603655）在 2024 年 9 月 24 日出现了一根光头光脚大阳线，确定了该股从空方转向了多方的走势，突破了前期的震荡态势。

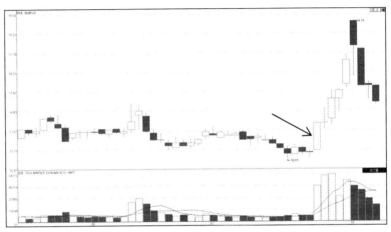

图 4-17

5. 大阳线

大阳线是股价走势图中常见的 K 线，其形成过程：开盘后股价不断上涨（也可能是逐波上涨，但总的上涨幅度较大），最后收在最高位或次高位。大阳线的最低价与开盘价一样（或略低于开盘价），没有上下影线或上下影线很短。

图 4-18 所示的就是常见的大阳线图形。

通常认为涨幅大于 7% 的阳线为大阳线，这是人见人爱的 K 线，每一根大阳线都代表该股持股人财富的大幅增加。从一开盘，买方就积极进攻，中间也可能出现买方与卖方的缠斗，但买方使出最大力量，一直到收盘。买方始终占

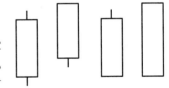

图 4-18

据优势，使价格一路上扬，直至收盘。大阳线表示涨势强烈，买方疯狂涌进，不限价买进。握有股票者，因看到买入需求的旺盛，通常不愿抛售，故而出现供不应求的状况。

无论股价处于什么态势都有可能出现大阳线，阳线实体越长，表示买方力量越强。

图 4-19 所示的是建设机械（600984）的日 K 线图，在 2024 年 9 月 24 日收出一根大阳线，9 月 26 日又收出一根大阳线，这样两个交易日即将股价快速拉升 15.6%。

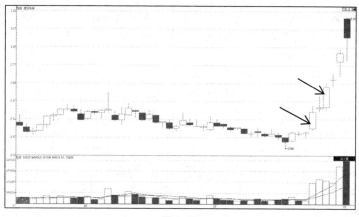

图 4-19

6．中阳线

中阳线是指涨幅在 3%～6% 的阳线。而大盘上的中阳线一般是指涨幅在 1%～3% 的情况。

中阳线是股价走势图中出现频率较高的一种 K 线，其形成
过程：开盘后股价不断上涨（也可能是逐波上涨，但总的上涨
幅度较大），最后收在最高位或次高位。中阳线的最低价与开
盘价一样（或略低于开盘价），可能会出现上下影线。图 4-20
所示就是常见的中阳线图形（与大阳线的区别是 K 线的实体要
短些）。

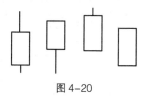

图 4-20

图 4-21 所示的是长电科技（600584）的日 K 线图，在 2024 年 5 月 27 日以一根中阳线
结束前期的下跌趋势，随后该股开始上涨，在 5 月 30 日、6 月 3 日、6 月 6 日、6 月 11 日以
中阳线方式逐步推高股价，6 月 17 日大阳线加速上涨。

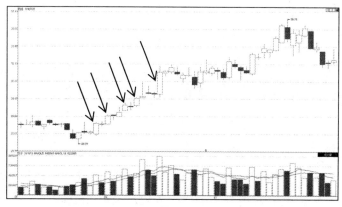

图 4-21

7. 小阳线

你是不是希望在买入某一只股票后每个交易日都出现大阳线或中阳线？如果连续出现几根大阳线，可能你又会心慌了，该什么时候卖出去呢？你心慌是有理由的，正所谓物极必反！股价是不可能一直上涨的，总有其极限值。如果较快地达到极限值，就会从上涨变为下跌。因此，当你看到快速上涨的股票时就应当小心了。

回到正题，前面介绍了大阳线、中阳线，聪明的你应该可以猜到还有小阳线。小阳线是阳线中出现最多的一种。小阳线是阳线实体较短的 K 线，通常带有上下影线，也可以不带。其上下影线可以有不同的变化，如上长下短、上短下长等，其出现表示多空两方的小型对抗，消化获利盘和解套盘，趋势一般仍会持续，当连续出现或次日出现成交量放大的阳线时，即可跟进买入股票，股价必将有一段上涨行情。

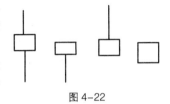

通常认为涨幅在 3% 以下的阳线是小阳线（对于大盘来说，涨幅在 1% 以下为小阳线），图 4-22 所示就是常见的小阳线图形。

图 4-22

图 4-23 所示的是东方明珠（600637）从 2023 年 10 月 13 日至 12 月 20 日的日 K 线图，在图中有很多小阳线，且这个时间段内的股价逐步上升。

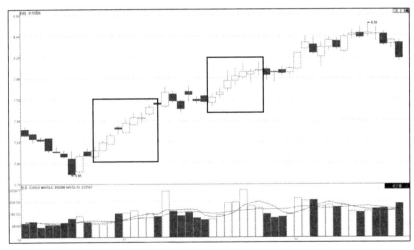

图 4-23

4.2.4 阴线分析

与阳线相反，收盘价比开盘价低的 K 线就是阴线，在绘制这类 K 线图时，为了与阳线区分开，通常将实体部分填充颜色（绿色或黑色）。与阳线类似，根据实体部分的长短和上下影线的长短，阴线也可以分成很多类，常见的有以下几类。

- 带上下影线的阴线。
- 带上影线的阴线。
- 带下影线的阴线。
- 光头光脚阴线。

从 K 线实体长度分，又可以分为以下几类。

- 大阴线。
- 中阴线。
- 小阴线。

阴线的市场含义与阳线正好相反，表示卖盘较强，买盘较弱，也就是卖的人多，买的人少，股票持有者为了卖出股票，不断降低卖出价格，从而导致股价一路向下，形成下跌趋势。阴线的上影线越长，表示上档的卖压越强，即意味着股价上升时会遇到较大的抛压；下影线越长，表示下档的承接力量越强，意味着股价下跌时会有较多的股民利用这一机会购进股票。

各种类型阴线的含义与对应的阳线相反，由于篇幅所限，在此就不赘述了。

4.3　K 线分析之买入信号

前面介绍了单根 K 线的不同形态，根据单根 K 线的形态可了解在其代表的交易周期内股价的变化，一般的交易周期为"日"，也就是通过日 K 线可以了解一个交易日的股价变化情况。但是，单凭一根 K 线去分析股价的后期走势显然是不够的，信息量太少。

在实际操作过程中，通常需要根据多根 K 线的组合来进行分析，多根 K 线组合的市场意义更稳定，通过前一段时期交易形成的多根 K 线，能更方便地对股价将来的走势进行预测。下面先介绍一些常见的买入 K 线组合。

不同股民的风格不同，买入点的选择也不一样。有的人喜欢刺激，追求高利润，当然其伴随的就是高风险。但不少股民往往买在了股价高位，比如，在中国石油股票（601857）2007 年 11 月上市当天追涨买入该股的股民，单股成本在 40 元以上，然而该股股价从上市起即进入下跌通道，从 2008 年 4 月至今股价一直在 20 元以下。

对于新股民来说，不建议按这种追涨杀跌的风格去操作，而应该采用更稳健的方法，股票市场不是只开一两年就停了，完全没必要用急于求成的心态去操作。因此，本节介绍的买入 K 线组合，都是从股价见底的 K 线组合中选择出来的，即在 K 线组合提示股价见底后，就可以分批买入建仓了。当然，股价可能不会建仓后马上就涨，还需要经过一段时间的横盘。

4.3.1　早晨之星

从字面意思可以看出，早晨之星是指在太阳还没有出来、天空还比较暗的时候明亮的星星，预示着光明即将来临。

在股市中，早晨之星K线组合预示着股价的跌势将尽，处于上升的前夜，行情摆脱下跌的阴影，逐步走向光明。

早晨之星K线组合一般由3根K线（有时是4根）构成，如图4-24所示。

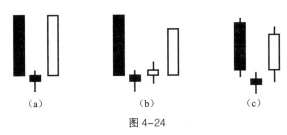

图4-24

第1根K线，表示股价承接前期的下跌趋势继续下跌，并且由于恐慌性的抛盘而出现一根巨大的阴线，给人的感觉是"大势不妙"。

第2根K线，表示股价继续跳空下行，但跌幅不大，实体部分较短，形成"星"的主体部分，这部分既可以是阴线也可以是阳线。

第3根K线（若中间还有一根小阴线或小阳线，则为第4根），表示股价突然改变下跌趋势，一根长阳线"拔地而起"，一举收复第一根大阴线代表的大部分失地，市场发出明显看涨信号。

图4-24（a）是标准的早晨之星示意图；图4-24（b）有一点变化，在一根大阴线与一根大阳线之间包含了两根K线（小阴线或小阳线）；而图4-24（c）的变化是实体较长的两根K线也具有上下影线。另外，由两根实体较长的K线夹着的小阳线或小阴线也可能变成十字星，如图4-25所示。

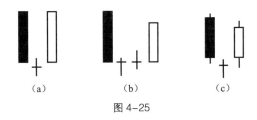

图4-25

早晨之星K线组合在K线图上的任何位置都可能出现，只有出现在下降趋势末尾或上升趋势的初始阶段和上升趋势的中途阶段，才是见底或阶段性见底的低点信号，股价的后市才看涨。

如图4-26所示，川投能源（600674）股价逐波向下，在2024年1月22日至24日出现了早晨之星K线组合，此后股价震荡向上，从1月的最低价13.94元开始上涨，到7月下旬股价达到20.23元。

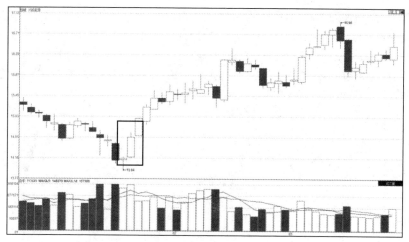

图 4-26

4.3.2 好友反攻

好友反攻，这个名字很有趣。图 4-27 为这种 K 线组合的示意图。从图 4-27 中可以看到，第 1 根 K 线是一根大阴线（或中阴线），第 2 根 K 线又是跳空低开，这样在开盘初期可以看到，两根 K 线都是下跌趋势，同趋势的两根 K 线可称为好友，它们结伴而行（下跌），可是走到中途好友突然改变主意了，要向相反方向走，形成反攻的态势。随着好友的逐步反攻，第 2 根 K 线形成了一根大阳线（或中阳线）。

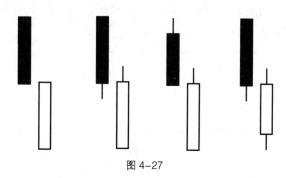

图 4-27

通常，好友反攻中第 2 根 K 线的收盘价接近第 1 根 K 线的收盘价。如果第 2 根 K 线的收盘价高于第 1 根 K 线收盘价太多，就形成后面要介绍的曙光初现 K 线组合了。

好友反攻 K 线组合出现在下跌行情中，看到某只股票出现好友反攻这种 K 线组合后，就不要再看空该股了，因为股价很可能见底回升。这时若被套在该股中，便不要再进行割肉操作了；若是空仓，可以考虑适量买入。

好友反攻 K 线组合可能会出现在 K 线图上的任何位置，但只有出现在下降趋势末尾，才是见底或阶段性见底的低点信号，后市才会看涨。

如图 4-28 所示，利通电子（603629）在 2024 年 1 月上旬开始下跌，到 2 月 5 日又收出一根中阴线，6 日股价跳空低开 5.27%，形成连续大跌的趋势，但当天股价随后开始逐步上升，到收盘时股价虽然仍然下跌了 1.42%，却收出了一根中阳线，形成典型的好友反攻 K 线形态，预示着该股下跌行情将暂时结束。

图 4-28

从图 4-28 中可看到，该股在经过一段时间的筑底后，股价逐步上涨，随后的两个月时间里，股价从 15.19 元涨到 32.25 元。

再看一个例子，如图 4-29 所示，海马汽车（000572）从 2023 年 11 月底开始下跌，一路没有像样的反弹，到 2024 年 2 月 1 日、2 日、5 日分别以 4.18%、6.81%、9.94%的跌幅收

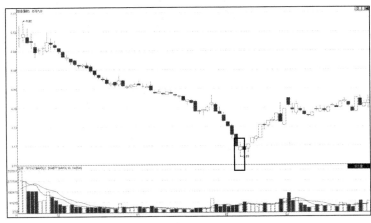

图 4-29

出阴线，出现加速下跌的态势。到 6 日股价再次跳空低开，不过当天没有低开低走，而是逐步上涨，到收盘时其股价与上一交易日持平，呈好友反攻 K 线态势。随后该股价格经过两个交易日的整理开始上升。

4.3.3 曙光初现

曙光初现是指黑夜已经过去，黎明马上就要来临，看到了一丝光明，黑暗将逐步消失。曙光初现 K 线组合与好友反攻 K 线组合相比要强势一点，其 K 线组合如图 4-30 所示。

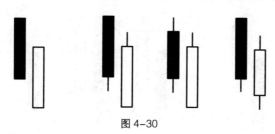

图 4-30

如图 4-30 所示，在股市下跌趋势中，出现一根中阴线或大阴线，而在接下来的一个交易日中，股价却收出一根中阳线或大阳线，并且阳线的实体顶部在前一根阴线实体的 1/2以上位置。

从技术上来说，曙光初现 K 线组合出现，就预示着股价已经见底或已到了阶段性底部，股价见底回升的可能性很大，这时股民可考虑买入该股票了。

与前面介绍的好友反攻 K 线组合相比，曙光初现 K 线组合的阳线实体顶部在阴线实体1/2 以上的位置，而好友反攻 K 线组合的阳线实体顶部在阴线实体底部附近。

图 4-31 所示为威孚高科（000581）从 2023 年 12 月 15 日至 2024 年 3 月 1 日的 K 线图，其中，2024 年 1 月 22 日和 23 日的两根 K 线形成了曙光初现的组合，这就预示股价大概率

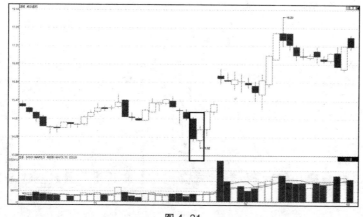

图 4-31

已经见底。果然，在后面的一段时间里，股价未再创新低，反而逐步走高，到2024年2月上旬，股价已从最低的13.92元涨到最高18.20元。

4.3.4 旭日东升

从字面意思可以看出，旭日东升表示太阳已经升起来了，比曙光初现只看到一丝光明要强。图4-32是旭日东升的K线组合示意图，从图中可看到，与曙光初现和好友反攻这两种K线组合相比，旭日东升中第2根K线的收盘价已高过第1根K线的开盘价，太阳已升起。

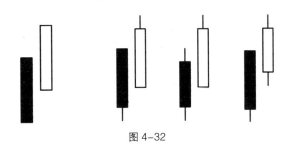

图4-32

如图4-32所示，在连续下跌行情中，先出现一根大阴线或中阴线，接着出现一根高开高走的大阳线或中阳线，阳线收盘价已高于前一根阴线的开盘价。

在连续下跌行情中出现旭日东升K线组合，说明股价经过连续下挫，空方能量已释放殆尽。在空方无力再继续前进时，多方奋起反抗，并旗开得胜，股价高开高走。

股民看见旭日东升组合图形，不宜继续看空做空，而要转变思维，逢低吸纳筹码，适时做多。

如图4-33所示，汇隆新材（301057）在2024年2月8日未延续近期的下跌趋势，开

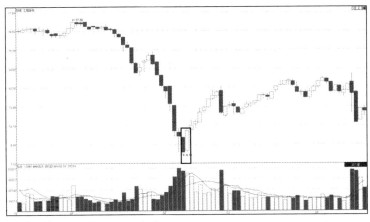

图4-33

始走稳,当天收盘价超过上一个交易日的开盘价,形成了旭日东升的 K 线组合,随后股价由最低 8.13 元上涨至 2 月 28 日的最高 12.83 元。

4.3.5 红三兵

前面介绍的都是两根 K 线的组合,下面介绍一种 3 根 K 线组合的情况——红三兵。

红三兵是一种很常见的 K 线组合,在这种 K 线组合出现时,后势看涨的情况居多。

图 4-34 所示的就是红三兵的 K 线组合,这种 K 线组合通常出现在上涨行情初期,由 3 根连续创新高的小阳线组成。从图中可看出,3 根小阳线中,每根 K 线的收盘价都要高于前一根 K 线的收盘价,而每根 K 线的开盘价均在前一根 K 线的开盘价与收盘价之间,每根 K 线的收盘价都在当日的最高点或接近最高点。

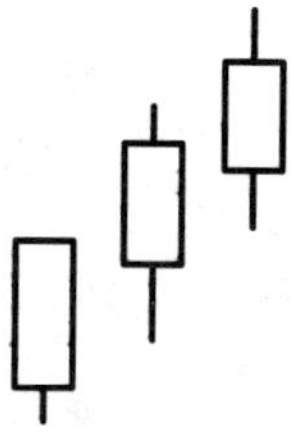

在实际应用中,红三兵 K 线组合出现在下降趋势中,一般是强烈的反转信号;股价在较长时间的横盘后出现红三兵的走势,并且伴随成交量的逐渐放大,则是股票启动的前奏,应密切关注。

图 4-34

如图 4-35 所示,洲明科技(300232)从 2024 年 9 月 19 日开始,连续三天收出小阳线,构成红三兵 K 线组合。在随后的一段时间里,股价从 5.30 元涨到 7.96 元,涨幅超 50%。

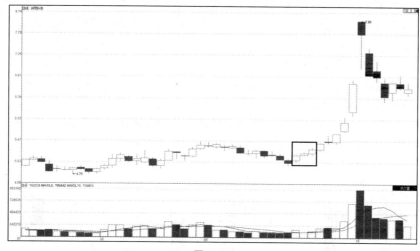

图 4-35

4.4 K 线分析之卖出信号

在股市操作中,股民多数有过这样的经历:一只经过千挑万选的好股票,在合适的买点买入后股价就开始上涨,这时看到自己账户中的钱每天都在增加,非常高兴。但此时有一个问题：什么时候卖出，将股价的涨幅转化为实实在在的利润？

有些股民觉得有利润就可以卖出了，可卖出后股价却又大幅上涨，自己只赚到一点零头；有些股民想利润最大化，一直持有，发现股价涨到一定程度后涨不动了而且开始下跌。其实，很多股民会有一种心态：前两天更高的价格我都没卖，这时卖出就赚少了，先继续持有，等调整行情过后价格肯定还会涨上去。但股价往往在之后的一段时间甚至很长一段时间内不会再涨，而是一直在慢慢下跌，这就会造成很多股民没能在获利丰厚之时卖出，其中不少人甚至不得不在亏损情况下"割肉"。

会买的是徒弟，会卖的才是师傅！

那么，什么时候卖出合适呢？从理论上讲，在见底时逐步建仓，在起涨时满仓，在见顶时全部卖出。这是一种理想状态，但实际操作中，绝大部分股民都不会把节奏把握得这么好，特别是对见顶不容易判断准确。这是因为主力通常需要在很短的时间内出货，若出货时间太长，消息扩散后可能就会遇到阻力。

股民要想在股价见顶时就卖出，从而最大限度保留利润，回避下跌风险，需要熟知常见的见顶 K 线组合，并在实际投资中灵活运用。

下面介绍一些常见的见顶 K 线组合，让新股民有个初步认知。

要强调的是，所谓的底、顶都是一个相对的概念，对应到成交价格，应该是一个价格区间，而不是最低价和最高价。可以说，没有人能每次都买在最低价、卖在最高价。新股民更应调整心态，只要在底部价格区间买入、顶部价格区间卖出就算做得很成功了。

4.4.1 黄昏之星

夕阳无限好，只是近黄昏！在股市中也一样，股价一路上涨，当涨到一定程度就涨不动了，就好似已"近黄昏"了。

黄昏之星 K 线组合是一种与早晨之星 K 线组合市场意义相反的形式，将早晨之星 K 线组合旋转 180°后就可近似得到黄昏之星的组合形态，如图 4-36 所示。

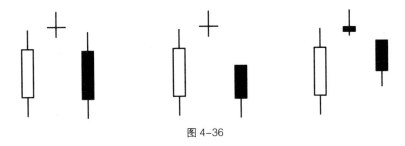

图 4-36

黄昏之星由 3 根 K 线组成。首先在上升趋势中的某一天出现一根长阳线，显示出继续上涨的趋势；在第二个交易日出现一根向上跳空高开的十字星或锤形 K 线，且最低价可能高于前一天的最高价，与前一天的阳线之间产生一个缺口；第三个交易日出现一根大阴线或中阴线，卖盘强劲。

　　黄昏之星 K 线组合是上升趋势即将反转的信号。黄昏之星的 K 线组合形态如果出现在上升趋势中应引起注意，此时趋势已发出比较明确的反转信号或中短期的回调信号，对于股民来说，可能是近段时间内最好的卖出时机，错过这个机会，卖出的价格将下一个台阶。

　　如图 4-37 所示，万隆光电（300710）经过一段时间的横盘整理，到 2023 年 11 月 28 日又收出一根中阳线，在随后的两个交易日收出的 2 根 K 线与 28 日的 K 线形成黄昏之星 K 线组合，预示股价无法突破，股民可以考虑卖出该股。在随后的两个多月中，该股大幅下跌，从最高价 40.32 元，跌到 2 月 8 日的最低价 13.94 元。

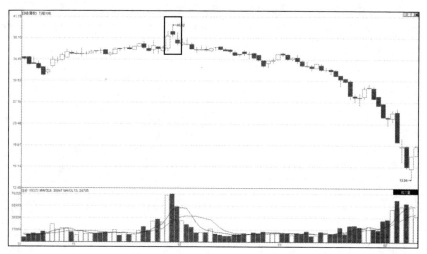

图 4-37

　　从图 4-37 所示的黄昏之星 K 线组合可看到，当第 3 根 K 线与前两根 K 线明确形成黄昏之星 K 线组合时，应在收盘前抓紧卖出，这样可保住绝大部分利润，不要心存幻想，认为股价还会涨回来。

4.4.2　淡友反攻

　　与好友反攻 K 线组合相反，淡友反攻 K 线组合是一个见顶信号，此时股民不应再盲目看多，而应逐步卖出手中的获利筹码。该 K 线组合如图 4-38 所示。

　　在股价的上升行情中，出现中阳线（或大阳线）的次日，股价跳空高开，但由于上攻无力，出现高开低走的态势，其收盘价与前一根阳线收盘价相同或相近，形成一根大阴线或中阴线。

　　淡友反攻 K 线组合是一种见顶信号，出现此 K 线组合后，股民应根据盘面的情况适量进行减仓操作。

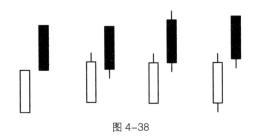

图 4-38

如图 4-39 所示，横店影视（603103）从 2023 年 10 月的最低不足 14 元上涨到 2023 年 12 月的最高超过 21.00 元，上涨幅度接近 50%，涨幅较大。在 2023 年 12 月 20 日该股继续以涨停报收，21 日该股跳空高开约 9.60%，但已成强弩之末，跳空高开后并没有高开高走，反而是高开低走的走势，当日收盘勉强收高 0.10 元，构成淡友反攻 K 线组合。

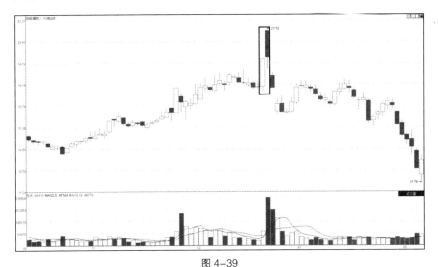

图 4-39

如图 4-39 所示，横店影视（603103）形成淡友反攻 K 线组合后，股民就应考虑减仓，在随后几天股价继续快速下跌，并在不到两个月的时间里逐步下跌，从 21.72 元的高位下跌到 11.79 元。

4.4.3 乌云盖顶

乌云盖顶 K 线组合如图 4-40 所示，类似曙光初现 K 线组合的水平镜像。

乌云盖顶的 K 线组合一般出现在上升趋势中，是明显的趋势反转形态，它由两根 K 线组成，第 1 根 K 线是延续前期上涨的中阳线（或大阳线），第 2 根 K 线跳空高开，开盘价超过前一根 K 线的最高价，但开盘后却一路向下，以接近当日最低价的水平收盘，并且收盘价明显低于前一根 K 线的收盘价，通常收盘价应在前一根阳线实体的 1/2 之下。阴线深入阳线实体越深，则该 K 线组合构成顶部反转过程的可能性就越大。

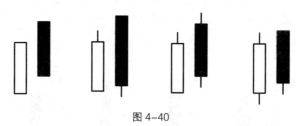

图 4-40

在实际 K 线走势中，当出现乌云盖顶的 K 线组合时，股民还应结合盘中的其他信息（如成交量是否放大等）进行判断，这对提高判断的成功率有较大的帮助。

乌云盖顶是强烈的卖出信号，一旦出现，应果断离场。高位乌云盖顶 K 线组合出现的频率很高，在许多高价点位上都能见到这一组合。当高位出现乌云盖顶 K 线组合时，如果第二天又继续收出阴线，股民就应坚决卖出股票。

如图 4-41 所示，华软科技（002453）从 2023 年 10 月 23 日开始，出现了一波幅度较大的上涨。在 11 月 16、17 日、20 日分别上涨 4.21%、3.20%、4.49%，21 日在前几日连续上涨的基础上，再次高开。这成为吸引散户的常见方式，主力拉高吸引散户，以达到出货的目的。但当天追涨的并不多，最终高开低走，形成乌云盖顶的 K 线组合。

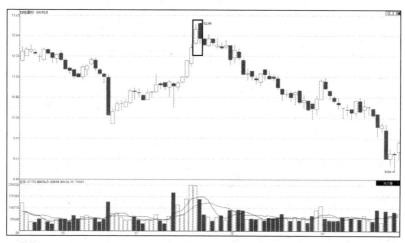

图 4-41

如图 4-41 所示，当华软科技（002453）形成乌云盖顶的 K 线组合时，股民应马上卖出，从图中可看出，在随后的一段时间，该股的股价一路向下，从最高的 12.99 元跌到最低的 8.64 元。

4.4.4 倾盆大雨

从倾盆大雨这个词可感觉到股价会像倾盆大雨一样快速下落。没错，这种 K 线组合释放的见顶信号比前面介绍的 3 种更强烈，股价下跌速度更快。

倾盆大雨 K 线组合如图 4-42 所示。

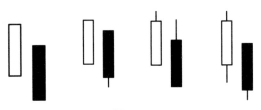

图 4-42

倾盆大雨 K 线组合一般出现在上升趋势中，在股价有了一定涨幅之后，在某一天出现一根大阳线（或中阳线），第二天出现一根低开低收的大阴线（或中阴线），其收盘价已比前一根阳线的开盘价要低。

当出现倾盆大雨 K 线组合时，形势对多方极为不利，关键在于低开低收的阴线使多方信心受到打击。低开，说明股民已不敢追高，而想在低价出售股票的股民大有人在，这也明确反映了市场看淡后市的大众心理。

当这种 K 线组合出现时，如果伴有大成交量，则形势更糟糕。所以，老股民见到这种 K 线组合，马上就会进行减仓操作，如果之后股价的重心继续下移，就清仓退出。

如图 4-43 所示，雅创电子（301099）在 2024 年 3 月 26 日上涨 8.35%，却在 3 月 27 日低开，并以大阴线报收，形成倾盆大雨的 K 线组合，预示股价已经到顶。

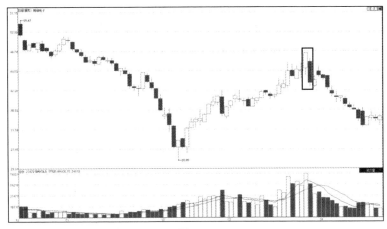

图 4-43

如图 4-43 所示，在形成倾盆大雨 K 线组合后，最终股价形成向下的趋势，并在 2024 年 4 月跌到 32.13 元。

4.4.5 双飞乌鸦

前面介绍的见顶 K 线组合基本上都是以两根 K 线的形态确定的，其实形成 K 线形态的 K 线数量越多，其市场含义往往越清晰。下面简单介绍一种由 3 根 K 线组成的见顶形态——双飞乌鸦。

双飞乌鸦 K 线组合如图 4-44 所示，一般出现在个股的阶段头部。

股价在上升一段时间后，再次出现一根大阳线，使得前期的上升趋势得到延续；第 2 根 K 线跳空高开，但高开后股价的涨势已无法继续，导致当天收出一根小阴线，不过该阴线的收盘价仍然高于前一天的收盘价，显示多头仍然有一定的优势；第 3 根 K 线再次相对于第一根阳线跳空高开，收盘却再度收阴，第 3 根 K 线的收盘价比第 2 根 K 线收盘价还低，有可能已覆盖向上跳空的缺口。从图 4-44 中可看出，两根小阴线就像两只乌鸦在空中盘旋，因而得名双飞乌鸦。

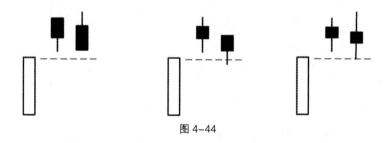

图 4-44

在双飞乌鸦的 K 线组合中，多头在进行连续两天的上攻后都无功而返，使得多头的气势有转弱的迹象，而且发生反转的概率也增加了。股民应对此时的走势保持警觉，这时可以获利离场，或适当减仓等待市场方向更加明确后再做下一步操作。

如图 4-45 所示，百奥泰（688177）股价在短暂下跌后反弹。2024 年 5 月 6 日又以中阳线报收，7 日又跳空高开，不过多方能量已衰竭，高开后已无力再大幅上涨，当天收出一根小阴线，收盘价仍然高于前一交易日的收盘价。8 日，该股低开，仍然由于上涨动力不足而形成低走的态势，当日也收出一根小阴线，且收盘价低于前一交易日的收盘价，从而形成双飞乌鸦 K 线组合。随后，该股开始下跌，从 7 日反弹高点的 35.78 元，一路跌到 6 月 11 日最低的 24.01 元。

股市中的 K 线组合还有很多，篇幅所限，本书只介绍了几种常见的形态，更多的 K 线组合形态可参考相关图书进行学习。股民朋友在日常的交易中应多积累这方面的知识，当关注的股票出现某种 K 线组合时，能根据当时的情况进行分析，并进行对应的操作。

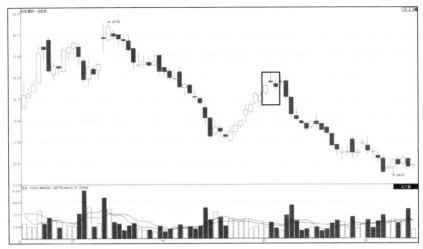

图 4-45

第5章

盯盘必须注意的
几个细节

　　在股市中，每只股票在每个交易日的每一分钟都会产生大量的数据，股民如果直接面对这些数据，就很难对股价的走势进行分析。为了方便分析，可根据这些交易数据绘制不同的图表，通过图表这种直观的形式，股民进行分析就容易和方便多了。

　　在股市中常用的图表有 K 线图（第 4 章介绍过）和分时图两种。根据分析周期，可以将 K 线图分为日 K 线图、周 K 线图、月 K 线图等，每一根 K 线分别表示一个分析周期的交易数据；而分时图是根据每一分钟（分析的最小时间单位）的成交数据绘制的折线图，通常用来反映某个交易日的成交数据变化。对于股民来说，只有能看懂分时图，或看懂 K 线图，才能对股票价格变动方向作出预测。

5.1 分时图：看清每笔成交明细

分时图也叫即时走势图，是把股票市场的交易信息实时地以折线形式在坐标系中显示的技术图形。通过对股票的即时走势进行分析，股民可观察股价在每一分钟的变化情况。短线操作者常常通过分时图捕捉买卖点。

股票分析软件都提供相似的分时图分析功能。下面介绍分时图、盘口数据等相关内容。

5.1.1 认识分时图

大部分股票分析软件从 K 线图切换到分时图的快捷键相同，通常在 K 线图界面中按 F5 键即可切换到分时图界面（再次按 F5 键可切换回 K 线图界面）。图 5-1 所示的是南玻 A（000012）在 2024 年 10 月 18 日的分时图。

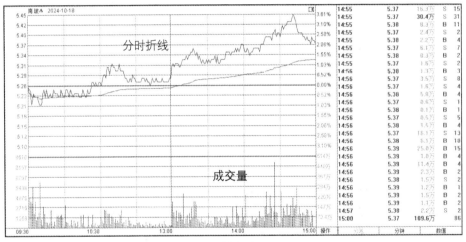

图 5-1

分时图分为左、右两个大的区域：左侧区域用较大版面显示分时折线和成交量柱状线，右侧区域显示交易数据。

将一个交易日的交易时间（4 小时）划分为 240 个单位（一个单位代表一分钟），将每个单位的股价在横轴表示时间、纵轴表示价格的坐标系中对应的点连起来，就可得到反映即时走势的折线。

在折线旁有一条变化相对平缓的折线，表示分时成交价格的均价，由当日开盘到当时的成交总额除以成交总股数得到。

5.1.2　查看分时成交信息

分时图是根据每分钟的交易数据绘制得到的，分析分时图时可对当天的股价走势有一个直观的认识。股民若需要查看某一分钟的成交数据（如成交价格、成交量、涨跌幅度等），可在分时图中按左右方向键（←或→），这时在分时图中将显示一个贯穿分时图的呈"十"字形的两条直线，然后在分时图窗口左侧显示该"十"字形交叉处竖线所示时间的成交数据，如图 5-2 所示。

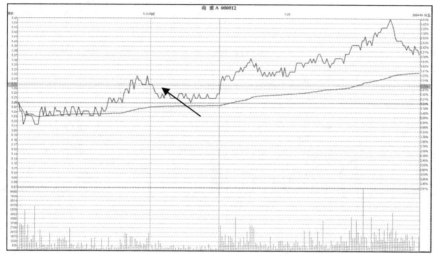

图 5-2

在图 5-2 所示的分时图中，每按一次左右方向键（←或→），显示的数据对应的时间就向前或向后移动一分钟。

如果用鼠标进行操作，则将鼠标指针指向分时图的某个位置，即可在纵坐标轴上看到鼠标所指位置的时间对应的交易数据。

5.1.3　查看盘口数据

股民在实时盯盘过程中，除了应关注分时曲线的走势，还应关注股票的具体成交数据。这些数据俗称盘口数据，显示在分时图右侧的信息栏中。

简单地说，盘口是交易过程中交易动态的俗称。盘口数据在实战中极其重要，是即时把握多空力量转化及市场变化的直接依据。

如图 5-3 所示，将 K 线图中盘口数据区域进行划分，通常包括以下几个区域。

- 委比：显示委托买入数量与委托卖出数量的对比情况。
- 卖盘：显示委托卖出的最低 5 档价格及卖出数量。

- 买盘：显示委托买入的最高5档价格及买入数量。
- 成交数据：显示已经成交的数据及根据成交数据计算出来的一些指标。
- 成交明细：显示每一笔成交的时间、成交价格、成交数量等信息。

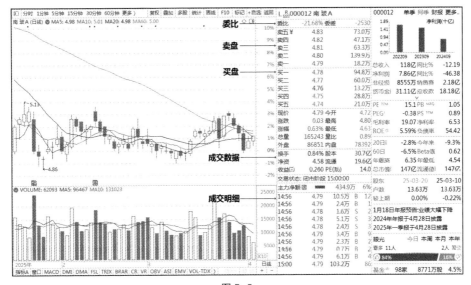

图 5-3

下面简单介绍分时图右侧经常出现的名词的含义。

- 委比：委托买入手数与委托卖出手数之差除以这两者之和，得到的值就是委比。委比的值为正，表示买方的力量比卖方强，股价上涨的概率大；委比的值为负，表示卖方的力量比买方强，股价下跌的概率大。
- 委差：委托买入手数与委托卖出手数的差值。若其值为负数，将显示为绿色。
- 卖一、卖二、卖三、卖四、卖五为 5 种委托卖出价格，其中卖一为最低委托卖出价格。
- 买一、买二、买三、买四、买五为 5 种委托买入价格，其中买一为最高委托买入价格。
- 现价：上一笔交易的成交价格。
- 涨跌：现价与前一交易日收盘价之差，表示股价上涨或下跌的金额（单位为元）。
- 涨幅：涨跌金额与上一交易日收盘价的比值，负值表示股份下跌的幅度，正值表示上涨的幅度。
- 总量：当天成交的总手数。
- 外盘：以卖出价成交的手数总和。

- 内盘：以买入价成交的手数总和。外盘比内盘大很多，同时股价也在上涨，通常表示很多人在抢盘买入股票；内盘比外盘大很多，同时股价在下跌，往往表示很多人在抛售股票。
- 今开：当天的开盘价格。
- 最高：当前交易日成交的最高价格。
- 最低：当前交易日成交的最低价格。
- 量比：当前交易日总成交手数与近期平均成交手数的比值。量比数值大于1，表示这个时刻的成交总量已经放大；量比数值小于1，表示这个时刻成交总量已经萎缩。
- 换手：当天成交数量与总股本的比值（按百分比表示），即换手率。换手率高表示市场交易活跃。
- 净资：该股票每股净资产的值（单位为元）。
- 收益：每股收益（单位为元），通常后面跟一个数，表示该收益是某个季度之前的收益值，如"㈣"表示该收益是该股前四个季度的收益（也就是年度收益）。
- 股本：显示该股票的总股本数量。
- 流通：显示该股票的流通股数量，若该股没有被锁定的股票，则流通股数和总股本数相同。
- PE：该股的市盈率，如果"PE"后面有一个"动"字，表示显示的是该股的动态市盈率。

看完这些名词解释，是不是有点头晕了？别着急，对于新股民来说，要一下了解这么多内容确实有点困难，认知这些概念需要一个逐步熟悉的过程。

其实，不了解这些名词照样能买卖股票，只是大部分操作更依靠感觉和运气；如果对盘口显示的数据有一定了解，操作起来就能有的放矢、心中有数。

5.1.4　成交明细

在图 5-1 所示的分时图右侧显示了股票每一笔成交的详细数据，股民可通过这些数据分析主力操作的痕迹。

分时图中显示的成交明细通常只有最近若干笔，要查看当天所有的成交明细数据，在分时图界面按F1键（绝大部分股票分析软件提供这个快捷键）即可显示图5-4所示的界面。

从图5-4中可看到美丽生态（000010）的成交明细情况，主动性买盘的成交量右侧显示一个向上箭头，主动性卖盘的成交量右侧显示一个向下箭头。从表格中可以看出，成交明细是按当天的时间有序排列的，可通过按向上或向下方向键查看更多的成交数据，也可使用 PageUp（或 PgUp）和 PageDown（或 PgDn）键翻页进行查看。

美丽生态 000010 成交明细

时间	成交	现手	笔数	时间	成交	现手	笔数	时间	成交	现手	笔数
10:33	2.12	15↑	1	10:39	2.11	25↑	3	10:46	2.11	2↑	1
10:33	2.12	1↑	1	10:39	2.10	116↓	2	10:46	2.11	470↑	5
10:33	2.11	29↓	1	10:39	2.10	28↓	1	10:47	2.11	38↑	1
10:33	2.11	1↓	1	10:40	2.10	19↓	1	10:47	2.11	24↑	7
10:33	2.11	191↓	2	10:40	2.10	34↓	2	10:47	2.10	239↓	4
10:33	2.11	2↓	1	10:40	2.10	100↓	2	10:47	2.10	3↓	1
10:34	2.12	16↑	4	10:40	2.10	311↓	1	10:47	2.10	87↓	7
10:34	2.12	3↑	1	10:40	2.10	3↓	1	10:47	2.10	15↓	1
10:34	2.11	3086↓	51	10:40	2.10	328↓	8	10:48	2.10	11↓	1
10:34	2.11	3↓	1	10:40	2.10	19↓	1	10:48	2.10	63↓	3
10:34	2.11	29↓	1	10:41	2.10	19↓	1	10:48	2.10	11↓	1
10:34	2.11	22↓	2	10:41	2.10	5↓	1	10:48	2.10	43↓	2
10:34	2.11	9↓	1	10:41	2.10	329↓	7	10:48	2.10	442↓	17
10:34	2.11	58↓	2	10:41	2.10	68↓	4	10:48	2.10	1↓	1
10:34	2.12	84↑	2	10:41	2.10	25↓	2	10:48	2.10	1↓	1
10:35	2.11	1↓	1	10:41	2.10	3↓	1	10:48	2.10	273↓	17
10:35	2.12	44↑	2	10:41	2.10	94↓	2	10:48	2.11	279↑	38
10:35	2.11	4↓	1	10:42	2.10	1↓	1	10:48	2.10	109↓	15
10:35	2.12	540↑	13	10:42	2.10	26↓	1	10:48	2.10	698↑	39
10:35	2.12	5↑	1	10:42	2.10	120↓	1	10:48	2.10	1↑	1
10:35	2.11	31↓	3	10:42	2.10	54↓	1	10:48	2.10	24↑	5
10:35	2.12	48↑	1	10:42	2.11	226↑	3	10:48	2.10	111↓	7
10:35	2.12	1↑	1	10:42	2.10	485↓	14	10:49	2.10	7↑	1
10:35	2.11	49↓	4	10:43	2.10	300↓	13	10:49	2.10	2↑	1
10:36	2.11	42↓	2	10:43	2.11	6↑	2	10:49	2.10	30↑	3
10:36	2.11	15↓	3	10:43	2.10	314↓	11	10:49	2.10	2↑	2
10:36	2.11	145↓	16	10:43	2.10	588↓	3	10:49	2.10	78↑	7
10:36	2.11	165↓	4	10:43	2.11	1↑	1	10:49	2.10	5↑	1
10:36	2.11	199↓	8	10:43	2.10	5↓	1	10:49	2.10	14↑	3
10:36	2.11	69↓	2	10:43	2.11	505↑	16	10:49	2.09	10↓	1
10:36	2.11	202↓	5	10:43	2.10	7↓	2	10:49	2.09	15↓	1
10:37	2.11	10↓	1	10:43	2.11	1↑	1	10:50	2.09	50↓	1
10:37	2.11	3↓	1	10:44	2.10	299↓	8	10:50	2.09	128↓	2
10:37	2.11	54↓	6	10:44	2.10	514↓	10	10:50	2.10	7↑	1
10:37	2.12	1↑	1	10:44	2.11	582↑	27	10:50	2.09	10↓	1
10:37	2.11	11↓	1	10:44	2.11	37↑	2	10:50	2.10	49↑	6
10:38	2.12	51↑	2	10:44	2.10	7↓	1	10:50	2.10	74↑	7
10:38	2.12	20↑	1	10:44	2.10	500↓	16	10:50	2.10	20↑	3
10:38	2.11	29↓	1	10:44	2.10	184↓	2	10:50	2.09	25↓	4
10:38	2.11	1↓	1	10:44	2.10	78↓	2	10:50	2.09	8↓	1
10:38	2.11	3816↓	73	10:44	2.10	588↓	3	10:50	2.10	31↑	3
10:38	2.11	164↑	14	10:44	2.10	518↓	16	10:50	2.10	3↑	2
10:38	2.11	5↑	1	10:44	2.10	9↓	1	10:50	2.10	1↑	1
10:38	2.10	2↓	1	10:44	2.10	500↓	15	10:50	2.10	17↑	1
10:38	2.10	189↓	3	10:45	2.10	365↓	6	10:50	2.10	35↑	2
10:39	2.11	68↑	1	10:45	2.10	152↓	22	10:51	2.10	2↑	1
10:39	2.10	47↓	1	10:45	2.11	168↑	2	10:51	2.10	38↑	2
10:39	2.11	19↑	3	10:45	2.10	66↓	4	10:51	2.10	2↑	1
10:39	2.11	4↑	1	10:46	2.11	47↑	1	10:51	2.10	5↑	1
10:39	2.11	2↑	1	10:46	2.10	1965↓	39	10:51	2.10	115↑	12

图 5-4

5.1.5 分时图分析方法

股民打开分时图，除了查看前面介绍的数据外，更直观的分析方式是关注分时图中的分时折线走势，通过分时折线、成交量柱状线等图形进行分析。下面介绍一些常用的分时图分析角度。

1. 分时图中的回调

在大多数情况下，分时折线都不是一路向上或一路向下的走势，而是在股价不断的上涨与下跌交替中呈现向上或向下的走势。股民应关注分时图中的股价回调，因为在回调时买入可降低成本。但是，股民需要全面地对回调进行研判，才能找到合适的买入点。

对分时图中回调的研判一般从回调量能、回调幅度和回调时间三个方面进行。

首先，应从回调量能（即成交量）方面进行分析。

对无量上涨和放量回调的态势要坚决回避。无量上涨从中线看表示主力参与，从短线看表示主力出货完毕，抛压减少，主力追涨意愿不强，大部分是散户在操作；放量回调表示主动性卖盘增多，抛压逐步加强，有大量出货迹象。

其次，对回调幅度也应该关注。回调幅度可以理解为股价回调时下跌的深度，分为下面 3 种情况。

- 弱势回调：回调不足上涨波段的 1/3，再次向上突破前一个高点可以买进。
- 中度回调：回调至上涨波段的 1/2 左右，这时要看量能能否充分放大。
- 强势回调：回调幅度超过上涨波段的 1/2 或彻底回落，通常要坚决回避。

最后，还应从回调时间的长短进行判断，主要分下面 3 种情况。

- 短时回调：回调时间远短于上涨时间，回调时间越短，再次上涨力度和幅度可能越大。
- 中时回调：回调时间接近上涨时间，这时要看量能是否再次放大。量能再次放大，说明上涨力度也大。
- 长时回调：回调时间远长于上涨时间，再次上涨的可能性较小，此时主力可能在顺势出货，或者主力感到抛压沉重，难以继续做高，通过震荡化解抛压。

2. 股价走势的角度

在分时图中，股价的即时折线与水平线有一个夹角，从这个夹角的角度大小可看出股价上涨或下跌的力度。

回调后的上涨角度分为以下几种情况。

- 强势的上涨角度：经回调后，再次上涨角度远大于前一次，这种情形比较容易涨停。
- 平行的上涨角度：经回调后，再次上涨的线条与前一次平行，通常意味着后续涨幅较大。
- 弱势的上涨角度：经回调后，再次上涨角度远小于前一次，往往表示上涨空间有限。

回调后不能上涨，表示回调无效，回调变成了反转，这时关注下跌角度的大小，如果过于陡峭，说明反向能量很强，这常常是趋势反转的前兆。

- 分时图中判断上涨中继的回调：首先看量能的搭配；其次看回调幅度，只要回调幅度在 1/3 之内，应该都是安全的。
- 还有一种情况就是上涨的角度接近 90°，这种情况称为极限角度。极限角度一般对应分时图中最后一波上涨，若不成功则可能预示上涨无力。极限角度的出现往往对应分时图成交量最大的地方。股价涨幅在 7% 时出现极限角度，且成交量最大，则当天极有可能涨停；极限角度出现过早，同时成交量最大，若此时未能涨停，则当天难以再涨，做短线应择机卖出。

3. 区间

分时图的区间可分为以下几种。

- 原势区间：股价持续上升或下降的区间多为观望区间，不宜进行操作。
- 转势区间：股价走势脱离了原势区间，改变了上涨或下跌的斜率，此区间内股价既有按原趋势运行的可能，也有反转的可能，此区间是重要的决策需依据的区间。
- 突破区间：股价走势对转势区间进行突破，方向可以向上，也可以向下，此区间代表最为重要的操作时机。

针对这些区间，可按以下方式进行操作。

- 在转势区间向上放量突破的第一时间买进。
- 在转势区间向下突破的第一时间卖出。
- 如果股价没有上涨或下跌，则不应进行操作。

5.2 该怎样盯盘

相信新股民对分时图界面已经有了一定的认识。然而在实际盯盘时，面对这么多数据，新股民该怎样盯盘呢？

盘面的数据会说话，股民应该学会读盘，并掌握对盘面进行分析的基本技术，还应在实际操作中有意识地培养自己的盘感。

股民要想从股市中盈利，首先必须要读懂盘面语言。盘面语言是指通过交易数据传达的、与上一交易日的信息在时间和空间上有一定联系的、描述市场多空双方较量的、在某一时间反映一切基本面和主力意图的语言。

构成盘面语言的数据很多，下面从成交数据、时间段、盘口和盘感等方面进行介绍。

5.2.1 关注成交数据

成交数据是盘面给所有股民的最真实、最可靠、最客观的信息，这些信息未经过任何刻意加工和处理，它们真实地反映市场的现状，为股民的买卖操作提供了最好的依据。股票成交数据有很多，下面主要介绍最受关注的几个数据。

- 开盘价：开盘价是多空双方在开盘前5分钟撮合而成的，它反映了主力的一部分意图，尤其是在其他相关信息突变的情况下，开盘价更能反映多空双方的态度和决心。
- 收盘价：收盘价是对全天价格走势的一个总结，也是对当天多空较量结果的评价，还是衔接下一个交易日的桥梁。
- 最高价、最低价：反映多空在续盘阶段较量的情况，特点是在最高价或最低价附近经常伴随着较大的成交量，这一点可从分时图中看到。
- 成交量：当日成交量的大小反映股民在当日的价格区间进行交易的偏好程度，还反映股民目前的心理状态——积极买进、离场观望或持币等待。更深一层地看，它反映出价格向某方向变动的量能在积聚或被释放。成交量有效放大时，或是行情的开始，或是行情阶段性的结束。

图5-5所示为湘邮科技（600476）2024年11月4日上午（作者截取此图时）的分时图，股民盯盘过程中应关注右侧显示的成交数据区，可看到价格相关的数据（单位：元）如下。

- 现价（最新）：16.51。
- 今开（今日开盘）：16.30。
- 最高：16.69。

● 最低：16.01。

图 5-5

接着还可以看到成交量（"总量"）的值为 33251（手），对于总市值约 26 亿元的湘邮科技来说，这个成交量不算高，此时的换手率为 2.06%。

新股民要重点关注上述数据。这些数据都是直接在分时图右侧的盘口数据区显示的，不需要自己计算。在这个区域还有很多数据，在逐步积累起相关知识后，可以关注更多的成交数据。

5.2.2　关注 3 个时间段

下象棋通常可分为 3 个时间段，即开局、中局、残局。类似地，可以将股市每个交易日的 4 个小时分为 3 个时间段，分别是开盘阶段、续盘阶段、终盘阶段。

1．开盘阶段

开盘阶段一般指从上午 9:25 集合竞价开始至开盘后一个小时这个时间段，即 9:25—10:30。最主要的时间应该是开盘之后的 30 分钟，即 10 点之前。影响开盘阶段的因素主要包括以下几方面。

● 上一个交易日的收盘价。

● 重大事件：如重要会议召开、自然灾害等。

● 经济事件：如存贷款利息调整、石油价格调整等。

● 其他国家股市的走势：如前一日美国股市走势等。

● 个股的相关消息：如发布财务报告、业绩预告、资产重组等消息。

2. 续盘阶段

续盘阶段是指 10:30—14:30 这段时间。续盘阶段的走势通常是由市场主力的操作风格和操作思路决定的。在没有极端变故发生的情况下，这种走势很难出现变化。

续盘阶段的走势可以分为两种情况：一种是有趋势势，另一种是无趋势势。有趋势势是指当天走出独立走势、有明确方向的情况，而无趋势势是指当天没有独立走势、没有明显的上升或下降方向的情况。

3. 终盘阶段

终盘阶段是指交易日的最后 30 分钟，即 14:30—15:00，它又可以分成两个各 15 分钟的走势。

- 在第一个 15 分钟内，市场仍会受续盘阶段趋势的影响，可以算作续盘阶段的延续。如果续盘阶段是有趋势势，这一阶段的价格波动和成交量的变化会更加剧烈，并可能形成全天交易最活跃的区间；如果续盘阶段是无趋势势，这段时间里行情也会从低迷中苏醒过来，转为逐渐活跃的趋势。

- 在第二个 15 分钟内，多空双方开始为收盘价做准备，如果续盘阶段股价涨得较高，而主力希望该股继续横盘，就会考虑逐步打压股价；如果主力在续盘阶段进行了洗盘，这时会考虑逐步把股价拉起来，使其接近上一个交易日的收盘价。

- 在第二个 15 分钟，对于短线做 T+0 的股民，必须要选择卖出，而主力这时也会为第二天的交易力争将股价控制在一个合理的区域。

图 5-6 所示是湘邮科技（600476）2024 年 10 月 23 日的分时图，分时图已按每半小时为一格用竖线对交易时间进行了划分，这样股民可以清晰地查看三个时间段。

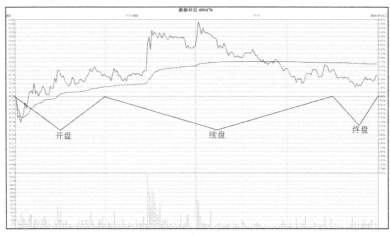

图 5-6

5.2.3　关注盘口

股民在盯盘时主要就是观察买盘和卖盘，主力经常会挂出巨量的买单或卖单，以吸引散户跟风，从而引导股价朝某一方向变化。因此，注意观察盘口是实时盯盘的关键，有经验的股民通过盯盘可以发现主力的动向。下面为新股民介绍一些盯盘技巧。

1. 从上压板、下托板看主力意图和股价变化方向

在卖盘区域挂着数量巨大的卖单，称为上压板；相反地，在买盘区域挂着大量的买单，则称为下托板。由于数量巨大，这些大单几乎肯定不是散户所为。所以，无论是上压还是下托，都是主力惯常做法。

当股价处于刚启动不久的中低价区时，主动性买盘较多，盘中出现了下托板，往往预示着主力有做多意图，可考虑买进跟风追涨；若出现了上压板而股价却不跌反涨，则主力压盘吸货的可能性偏大，往往是大幅上涨的前兆。

当股价涨幅已大且处于高价区时，盘中出现了下托板，但走势却是价滞量增，此时就需要留意主力是否在诱多出货；若此时上压板较多且无量上涨时，则往往预示顶部即将出现。

2. 隐性买卖盘与买卖队列的关系

在买卖成交中，有的价位并未在买卖队列中出现，却在成交一栏里出现了，这就是隐性买卖盘，其中经常蕴藏主力的踪迹。一般来说，有上压板，却出现大量隐性主动性买盘（特别是大手笔形成的买盘），且股价不跌，则是大幅上涨的先兆；有下托板，出现大量隐性主动性卖盘，则往往是主力出货的迹象。

3. 对敲

对敲是指主力利用多个账号同时买进或卖出，从而将股价抬高或压低，并制造成交量放大的迹象。成交栏中连续出现较大成交量，且买卖队列中没有此价位挂单，或成交量远大于买卖队列中的挂单量，很有可能是主力在对敲。此时若股价在顶部，则很可能是主力为了出货而进行的对敲，若股价在底部，则很可能是主力为了激活人气而进行的对敲。

4. 大单成交

股民在观察盘口时还应注意大单成交。不同价格、不同数量大单的显示不一定相同，不同软件大单的显示也不一定相同。绝大多数情况下，大单都是主力所为，因为散户没有那么多资金同时买入几百万上千万的筹码，同样，也不可能一次卖出那么多筹码。买卖队列中出现大量买卖盘，且成交大单不断，往往代表主力资金活跃。

5. 扫盘

在涨势中常有买入大单从天而降，将卖盘挂单悉数吃掉，这种行为称为扫盘。在个股股价刚刚形成多头排列且涨势初起之际，扫盘行为往往表示主力正大举进场建仓，是股民跟进的绝好时机。

6. 跌停时的应对

跌停，往往是风险较高的信号。跌停时股价处于全天最低点，是止损卖出，还是补仓摊低成本，需具体分析。

首先，看到跌停时，应避免情绪化决策，要保持冷静，理性分析市场情况、股票基本面以及跌停的原因。

其次，要制定合理的应对策略。如果股价前期涨幅较大或个股有重大利空消息，那么跌停多半预示着风险，第　时间卖出是较好的策略；如果股价处于低位且基本面未发生变化，这种跌停通常是大盘带动的结果，此时可能是一个较好的低吸时机。

最后，应控制好仓位，做好分散投资与风险管理。不要将所有资金都投入一只股票，适当分散投资可以避免单一股票价格波动带来的风险。

5.2.4　培养盘感

盘感指的是股民对盘口的一种感觉。感觉这东西很奇妙，没有哪个老师能教会你，只有靠自己长时间地积累经验才能逐步形成。就像学习机动车驾驶一样，如果教练只是在理论教室给学员解说如何起步、换挡、加速、并线等操作，那么学员永远也学不会，学员只有到车上实际操作才能逐步积累经验。

股民培养自己的盘感，其实就是训练并创建自己基于行情判断的"快速反应系统"，在最短时间里作出判断和操作。

盘感是在经过长期的锻炼后养成的与自己融为一体的本能反应，是有数据和符合逻辑思维的依据支持的。就像前面提及的机动车驾驶培训一样，成为一名合格的、熟练的机动车驾驶员，需要经过几千甚至几万公里的行驶逐渐积累经验。

一种培养盘感的简单方法就是复盘。围棋比赛完成之后通常要进行复盘操作，参赛选手将比赛过程中的每一步重新走一遍，对每一步进行分析，通过这种方式可快速提高围棋选手的棋力。类似地，对股票当天的走势进行复盘，可快速提高股民的分析能力。这里所说的复盘，是指收盘后对自己所关注的股票逐一进行分析，查看当天的分时图、成交数据明细，回忆当时的交易情况，复盘时还应结合前期的K线图进行较长周期的分析。时间少的股民可只对自己关注的股票进行复盘操作，如果时间充裕，建议复盘更多的股票，积累自己的经验。

在训练盘感的过程中，股民需要用心感受。经过长期的、有目的的训练，盘感将成为一种本能的反应，使你能预感行情的到来，提前进行买入操作，也能在风险到来之前卖出，规避风险。

5.3　如何分辨强势股和弱势股

股市中有一句谚语：强者恒强、弱者恒弱。是说走势强的股票将在较长时间处于强势状态，而处于弱势的股票将在较长时间处于弱势状态。也就是说，多数情况下，股民应该去追逐强势股而抛弃弱势股。那么，什么是强势股？什么是弱势股？在实战中又该怎样区分呢？

5.3.1　强势股的几个特征

强势股是指在股市中稳健上涨的股票，股民在实际操作中买到了强势股，通常只需一直持股不动，即可看到账户资金在不断增加。空仓情况下如果发现强势股以后马上买进，同样也能获得不错的收益。

1. 强势股的特征

强势股主要具有以下几个特征。

- 具有板块效应：强势股可能是一波行情的龙头股，也可能是热点板块中的代表性股票。强势股的涨跌会影响同板块其他股票的涨跌。
- 高换手率：强势股的交易活跃，通常日换手率不低于 5%，有的甚至会达到 20%~30%。
- 主力云集：强势股通常有很多主力参与交易，如果行情不好，持股者见持股很久没有赚钱往往会逐渐撤离，由于多主力持股，在出货的时候不会形成统一抛压，因此，其形势是慢慢变坏的。股价重心不停下移，抛盘就会渐渐增多，看空者也会越来越多。
- 短期涨幅巨大：强势股往往对应当前市场的热点，是各路资金合围的结果，是短线黑马的标志。强势股价格启动后形成的 5 日均线与水平线的夹角往往在 45° 以上，若持续 15 个左右的交易日，持有者短期通常能有 30%~70% 的收益率。
- 涨多跌少：强势股通常涨幅大，大盘涨时跟着涨，涨幅比大盘大；而大盘下跌时，强势股通常横盘，并不下跌。
- 技术指标强：强势股启动时涨幅较大，经常出现一阳穿三线（或穿多线）、股价站上 20 日均线、MACD 指标冲上 0 轴线等特征。

2. 强势股的操作方法

股民掌握强势股的特征后，就可以在实战中寻找具有这些特征的股票，发现这些强势股后，股民应该怎么操作呢？下面介绍一些基本的操作方法。

- 敢于抓龙头：龙头股一般在大盘低迷时率先放量上涨或第一个封涨停，大胆的、有经验的股民如果能够及时买进龙头股，就可以持股不动，等待大盘行情结束或龙头股明显形成头部时卖出，这样将获得很高的收益。

- 积极买进换手率高的强势股：很多人都有股市"恐高症"，看到股价涨高了就不敢追，结果等龙头股涨了很长一段后才想去追，而这时可能风险就变高了。因此，股民应在发现强势股后积极买进，而不是等待。如果错过了该龙头股，应该及时寻找同板块换手率高的仍处于上升通道的强势股。

- 在强势股技术性回调过程中买进：强势股因为受市场关注程度高，而且大多数有主力在操作，一般上涨迅速，回调时间短、幅度浅。因此，在技术性回调时应积极买进。

- 强势股出现利空消息时也可择机买进：强势股在一轮上涨过程中，可能出现基本面的利空消息，这时该股短线会有所下跌。如果板块热点还未消退，主力资金也还全部在，那么等该股短暂企稳后，主力再次拉升的概率很大。因此，如果分析主力还未离场，那么此时也是好的买入机会。

注 意

在大盘处于上升通道或横盘时可进行强势股的操作，而当大盘出现明显的头部形态或明显呈下跌趋势时尽量不要操作。

图 5-7 所示是涪陵电力（600452）的 K 线图，2022 年 9 月底至 12 月底，股价在原有的上升通道中开始长时间的强势整理，这通常意味着多方在积蓄力量。在 12 月 29 日（图 5-7 中最后一根 K 线）该股开盘后就放量上涨，收出一根阳线，成交量也成倍放大，换手率达到近期新高。从这几方面分析，该股涨势明显，通常可大胆追入。

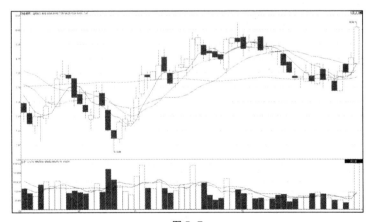

图 5-7

一个交易日后(12月30日,图5-8中最后一根K线),该股跳空高开,强势特征明显,之前没买入的股民,在开盘就应该追入。当日继续收高,换手率再创阶段新高。

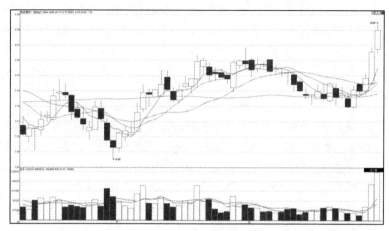

图 5-8

2023年1月3日、1月4日(图5-9中最后两根K线),该股连续大涨,完美地表现出强者恒强的特性。

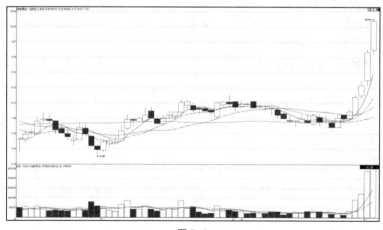

图 5-9

5.3.2　弱势股的几个特征

股民对强势股要敢于去追;相对地,对弱势股则应回避。那么,什么是弱势股?弱势股一般具有以下特征。

● 跌多涨少:大盘上涨时,它涨幅很小或干脆横盘;大盘下跌时,它比大盘跌得还狠；大盘止跌时，它继续小跌；大盘反弹时，它却不反弹。一些公司业绩差、所处行业利空消息不断的股票价格通常出现这种走势。

- 长期盘整：强势股总是在涨跌交替中整体呈现向上攀升的态势，不时地掀起波澜，带给人希望和收获；而弱势股在很大一部分时间内都是在盘整，即大盘涨的时候它涨不动，大盘跌的时候它也跌不动，一些公司的业绩没有亮点，公司本身又没有题材，则其股价只能随大势波动，不能吸引主力关注。对于这类股票，股民尽量不要碰。

- 缺乏成长性：对于一些业绩波动不大，没有成长性而总股本规模又很大（盘子太大）的股票，一般的主力难以推动其股价。这类股票由于股价变化不大，不适合散户短线操作，从短线角度来看可将其归为弱势股。其实，这类股票就是通常所说的蓝筹股，对于中长线散户来说还是适合购入的，如中国石油（601857）、中国石化（600028）、工商银行（601398）、建设银行（601939）等。

- 受政策的影响：对于转型的板块，如这两年的房地产、钢铁板块，受产业政策调整的影响，短期内难有好的表现。

- 已经大幅上涨的个股：物极必反，刚刚大幅上涨过的股票，如果价格已经达到主力的预期，则通常会选择出货，另外，在巨量资金的推动下，股票往往在上涨过程中大幅透支了未来的成长性。这类股票通常会有一个较长的股价下跌期，散户不要碰这些股票。

- 技术指标弱：从技术层面看，弱势股顶部已经形成，均线呈空头排列，经常可看到断头铡刀、MACD三死叉等技术形态。

对弱势股的操作很简单，就是发现弱势股马上回避，若持有弱势股，就选择合适的时机卖出。

提 示

强势和弱势是一个相对的概念。强势股上涨到一定程度，股价见顶后形成反转，可能就转为弱势股了；弱势股经过一定时间的下跌和盘整后，又可能转为上升趋势，从而变为强势股。因此，强势股和弱势股都是基于一个时间段而言的。

图5-10所示为杭萧钢构（600477）2023年7月至2024年2月初的K线图，从图中K线的排列可看出，从左上角到右下角，整体呈下跌走势，均线呈空头排列，这是典型的弱势股。从图中可看出，该股在下跌的过程虽然有过几次反弹，但整体的下跌趋势并未改变。

图 5-10

5.4　把握盘中的买卖点

　　股民天天在计算机前盯盘为的是什么？当然是为了发现好的买卖点，通过低买高卖获利。本节介绍如何把握盘中的买卖点。从理论上讲，炒股做到低买高卖就可盈利，但什么价格算低、什么价格算高，这是一个难题。下面介绍一些常用的选择买卖点的方法。

5.4.1　寻找买入时机

　　通常，在买入股票之前，股民首先应从上千只股票中按热点、行业、大盘指数等信息筛选出几只自己关注的股票加入到自选股，然后随时关注这些自选股，耐心等待买点的出现。在确定买点时要沉得住气，不要意气用事，凭一时冲动或轻易根据别人的推荐买入。下面从技术层面介绍寻找买入时机的一些方法。

- 观察移动平均线指标。移动平均线下降之后，先呈走平趋势，然后开始上升，此时股价已向上攀升，股价突破移动平均线时便是买进时机。均线常用的有 5 日、10 日、20 日和 60 日等，操作风格不同，确定买点时参照的均线有所不同。
- 观察移动平均线金叉。两根移动平均线形成金叉时，也是一个好的买点。短线操作的股民，可等 3 日、6 日均线形成金叉时买入，也可参考 5 日、10 日均线金叉，以及 5 日、20 日均线金叉等信号。
- 观察 K 线。股价在底部盘整一段时间后，K 线图上连续两天出现大阳线，或连续 3 天出现小阳线、十字线或下影线较长的阳线，表示股价已经止跌回升，可以买入建仓。
- 观察 K 线技术形态。股价在底部，K 线在技术形态上出现向上的 N 形股价走势，或出现 W 形的股价走势，且高点不断抬高时，也是好的买进时机。

- 观察跌幅。股价由高位大幅下跌时，一般分多个下跌波段，常见的是 3 个下跌波段，第三个波段在谷底且止跌回升时，便是买进时机。

- 观察乖离率指标。6 日乖离率已降至-3%～-5%，且 30 日乖离率降至-10%～-15%，代表短线该股乖离率过大，股价可能会马上反弹，喜欢抢反弹的股民可进场操作。

- 观察 RSI 指标。6 日 RSI 值小于 20，且 6 日 RSI 值大于 12 日 RIS 值，而 K 线图又出现一根十字星，表示反转行情已确定，应马上跟进建仓。

- 股价突破箱体。股价在箱体内盘整一段时间后，有突发利多消息推动股价上涨，突破盘局时箱体高点便是一个好的买点。

- 股价已连续下跌多日（3 日以上），且下跌幅度呈逐渐缩小的趋势，成交量也大幅度萎缩。在这种情况下，若某天成交量突然变大且股价上涨，则表示可能有主力进场，此时可考虑跟进建仓。

- 股价由跌势转为涨势初期，成交量逐渐放大，形成价升量增的态势，表示后市看好，可马上买进建仓。

- 对于中长线股民，当股票的动态 PE（市盈率）降至 20 倍以下，且股票的投资回报率大于一年期银行存款利率时，买入该股的风险不大，可以考虑逐步买进建仓，做中长线持股的打算。

- 个股以跌停开盘，开盘后一路走高，最后以涨停收盘，形成一根实体很长的阳线，这是主力抢筹的明显信号，多数时候表示行情将出现大反转，应马上跟进建仓。

5.4.2 寻找卖出时机

如果买点选择得很好，买入股票后就可看到股价一路上涨，这时该思考的是在什么时候、什么价位卖出的问题。下面从技术层面介绍寻找股票卖出时机的一些方法。

- 在股价出现一波上涨后，股价相对起涨点已比较高了，这时在高位连续 3~6 日出现小阳线、小阴线、十字线及上影线等 K 线，表示在这个较高的价格上已没有多少股民愿意买入了，根据"久盘必跌"的股市谚语，应该赶快卖出该股。

- 股价暴涨后无法再创出新高，有下跌的可能，可考虑逐步卖出。

- 在股价出现一波上涨后，股价相对起涨点已比较高了，这时在高位出现典型的 M 头走势，预示股价将反转进入下跌通道，应择机卖出。

- 根据波段理论，股价自起涨点开始大幅上涨，大部分持股者短期目标已达到，会有获利了结的心态，若到高位后不能再创新高，可考虑卖出手中股票。

- 股价在高位持续上升，突然某一天成交量大幅度放大，当换手率达到 10%～15%时应注意随时卖出。将换手率分到每天的 4 小时交易时间内，若发现交易 1 小时就达到 3%以上的换手率，就应提高警惕。

- 股价在高位出现连续 3 日巨量下跌，表示该股将多翻空，可先卖出手中的股票。

- 股价在下跌过程中跌破底部支撑后，若连续数日跌破上升趋势线，则可能将继续下跌。此时应果断止损出局。

- 股价在经过某一波段下跌之后，进入盘整阶段，若久盘不涨且再次开始下跌，应及时卖出手中股票止损。
- 股价在高位走出倒 N 形的走势或走出倒 W 形走势，表示将在高位反转，形成下跌趋势，应马上卖出手中股票。
- 观察移动平均线指标。短期移动平均线与长期移动平均线形成向下的死叉，此时可考虑先卖出该股。
- 观察 RSI 指标。多头市场行情下 RSI 已达 90 以上为超买，可考虑卖出手中股票；空头市场行情下 RSI 达 50 左右即应卖出。
- 观察乖离率指标。30 日乖离率为 10%～15%时、6 日乖离率为 5%代表涨幅已高，可卖出手中股票。

5.5　股价突然拉升，要不要买入

散户是没有力量将一只股票的价格拉起来的，因此，股价的拉升基本上是主力资金所为。那么，当股价突然拉升时，散户是否该追入呢？其实，不能简单地说该追入还是不该追入，而应根据该股之前的股价走势结合大盘、基本面等情况来综合考虑。

股价拉升通常有以下 3 种情况。

- 主力建仓完毕的拉升。
- 主升浪的拉升。
- 主力出货前的拉升。

为了方便新股民区分这 3 种拉升，下面分别介绍这些拉升的特征。

5.5.1　主力建仓完毕的拉升

这是一只股票价格上涨周期内的第一次拉升，形成上升第一波。在日 K 线图上表现为股价从长期潜行的底部突起，在周 K 线上形成旗杆，价升量增，周成交量一般可以达到前 5 周平均成交量的 5 倍以上，这一步是所有的主力都要做的。

通常，主力选股时不会选择涨得很高的股票，而是结合国家的产业政策等信息，从一些弱势股中选出准备操作的股票，然后进行缓慢吸筹，这个阶段通常不会引起别人注意，因此，股价走势上看起来没什么突出的点。

主力手中吸到足够的筹码后，就需要快速将股价拉升，远离自己的成本区。由于股价长期低迷、股性呆滞。因此，在起初的 1～2 小时内跟风盘少，反而一些着急"割肉"的股民看到股价有点上涨而离场，这时，主力不断地买入，将抛盘逐笔接纳。

随着主力通吃所有抛盘，股价就会快速上升，这样就形成了第一波的拉升。第一波的上升高度在起始阶段是很难预料的，主力对第一波的目标一般也不明确，通常会将股价拉到高于自己成本价的10%以上，并使均线等技术指标走强，以吸引散户的注意力。有时为了放大成交量，或吸引市场的注意力，或显示实力，主力可能还要进行大单对敲（即先挂出几千或几万手的卖盘，几分钟后再一笔或分几笔将这些卖单吃掉）。

面对这种情况，散户抓紧买入即可。

图5-11所示为信雅达（600571）的K线图，从图中可看到，该股在2022年10月中旬股价基本下跌到位（至6.59元），开始出现小阳线和中阳线，该股从低位反弹以来上涨20%以上，又进入横盘状态，均线呈胶着状态。

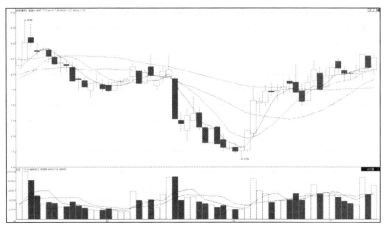

图5-11

2022年11月14日，该股突然拉升，分时图如图5-12所示，从图中可看到，该股在开

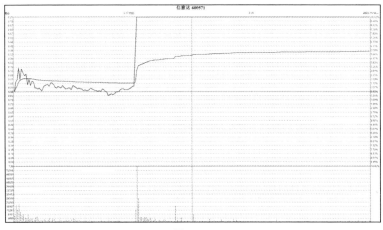

图5-12

盘后的一个半小时内只是在上一交易日收盘价附近盘整，在 11 点 00 分以后，突然有几笔大单将股价拉高，随后，更大的买单将股价推至涨停，此时的成交量超过上一交易日成交量的一半，属于放量拉升。这时应果断进入建仓。

再看这一天的 K 线（图 5-13 中最后一根 K 线），可看到该股当天放量上涨，股价已跳出均线的胶着状态，呈现强势上涨的态势。

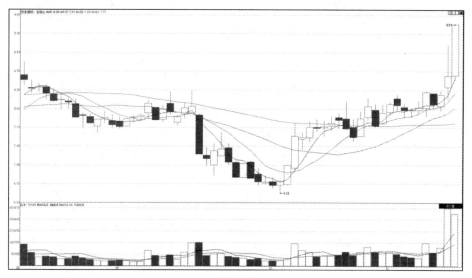

图 5-13

5.5.2 主升浪的拉升

主力建仓完毕，并通过第一波的拉升使股价远离成本区，接下来就会等待时机将股价进一步推高。这个时机需要综合多方面的因素确定。如果时机不成熟就贸然拉高股价，主力也可能面临灭顶之灾。所以聪明的主力总是顺势而为。

在各方面都成熟之后，主力就会继续将股价推高，进入主升浪拉升阶段。

在主升浪中，通常会有两三个涨停（对于总盘很大的股票，也可能是走出很多根中阳线、大阳线）推升股价。此时，主力通过多个涨停板或大阳线将股价快速推高到目标价位，由于推高的速度快，能追进去的股民较少，这样主力在拉升过程中遇到的抛盘就较少（在拉高过程中的抛盘一般为散户赚了点钱就跑形成的），所需的资金也较少。

图 5-14 所示为云赛智联（600602）的 K 线图，该股在 2023 年 3 月 22 日（图 5-14 中箭头指向的 K 线）已经完成第一波拉升，在随后的两个月时间里价格回调了 30% 左右，5 月 25 日的最低价已下探至 8.77 元。在 6 月 9 日这天（对应图中最后一根 K 线），整个早盘股价都没有明显的涨幅，午盘后，股价突然拉升，当天涨停，换手率也超过 8%，预示着该股调整阶段结束，进入主升浪拉升阶段。

图 5-14

　　进入主升浪以后的几个交易日，股价分别上涨 10.11%、2.77%、3.24%，短期内股价的涨幅巨大，如图 5-15 所示。在前期没有追入该股的股民，即使在主升浪的第一次突然拉升时买进该股，短期获利也很大。

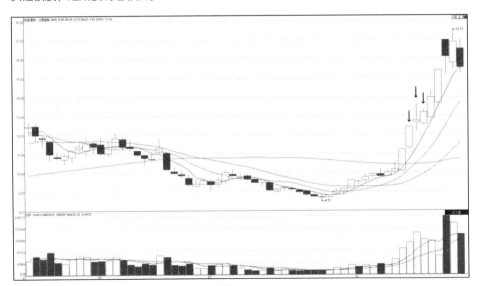

图 5-15

5.5.3 主力出货前的拉升

　　主力通过主升浪的拉升，将股价推高到目标价位，接下来就会考虑怎样出货了。出货的方式很多，最轻松的方式就是在高位吸引散户跟风。怎样才能吸到散户来跟风呢？最好的方法当然是大涨。

　　股价涨到一定高度后，一般要盘整一段时间，盘整也是主力出货的一种方式，但这种方式出货较慢。通常在盘整一段时间之后，主力又会以大涨的方式来吸引散户的关注。这时前期关注该股而又没有买入的股民可能以为机会来了，会在起涨时就追入。若大盘走势较好，主力通常边拉升边出货；如果大盘走势不好或突然有重大利空消息，主力可能会在拉高的第二天突然跳空低开出货，这样就将追入的股民套住了。

　　图 5-16 所示为神奇制药（600613）2023 年 9 月上旬至 12 月底的 K 线图，该股从 8 月下旬到 11 月下旬处于震荡上行行情。11 月 24 日（图 5-16 中箭头所指 K 线对应的日期），该股又收出一根换手率为 10.78% 的阳线，股价突破了前期震荡平台，貌似又将启动一波上涨。

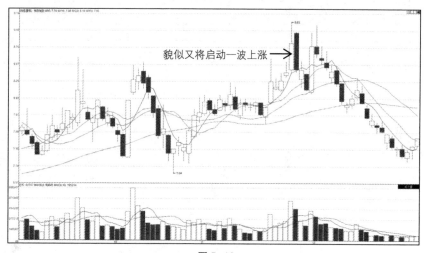

图 5-16

　　从图 5-16 所示的 K 线图可以看出，该股随后的走势将之前上涨的部分吃掉，均线也形成了下降通道。

5.6 还差几分钱涨停，要不要买入

　　股票市场是多空双方博弈的地方，主力在资金、信息量、专业知识量等方面占据优势。

很多时候，主力会利用这一优势同散户展开博弈。例如，股价涨势很好，已封住涨停板，但收盘前打开涨停板；或让股价接近涨停板，但就是不封涨停。遇到这种情况，散户该怎么办？是抓紧时间买入还是观望？

从技术层面来说，涨停未封，说明该股不够强势，后期走势不容乐观，次日低开低走或高开低走的可能性很大，这也可能说明该股所在板块短期涨势快走到尽头了。不管盈亏，短线股民应及时卖出，不要将短线变成长线，否则追涨停将毫无意义。

股价虽然离涨停只差几分钱，但对人气打击很大。统计沪、深两市以前涨停板被打开的股票，就会发现次日低开低走或高开低走的概率很大。

从操作角度来看，如果某只股票被大量买单封住了涨停，则想买入该股的股民就没办法买入。这是主力阻止散户买入的一种方式。如果离涨停差几分钱，就是还未封住涨停，想买入的股民就可在涨停价位处买入该股。主力就差那几分钱吗？更有可能是主力想吸引股民注意，然后在接近涨停的位置出货。从战术上说，主力希望散户追进的，散户就不要盲目追。

图 5-17 所示为*ST 沪科（600608）的 K 线图，经过前几天的上涨，在 2023 年 11 月 30 日（图 5-17 中最后一根 K 线）该股又大涨，但到收盘时没有封住涨停，离涨停只差一分钱。

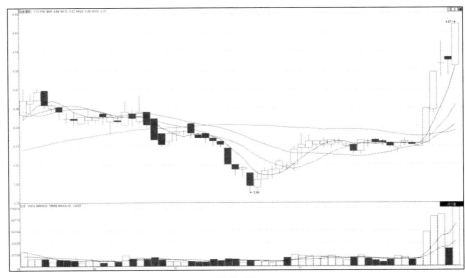

图 5-17

次日该股高开低走，横向震荡之后，继续下跌。如果在 11 月 30 日接近涨停时追入，至 2024 年 2 月 8 日股价跌到最低 3.05 元（如图 5-18 中倒数第二根 K 线所示），股民损失 37%左右，如图 5-18 所示。

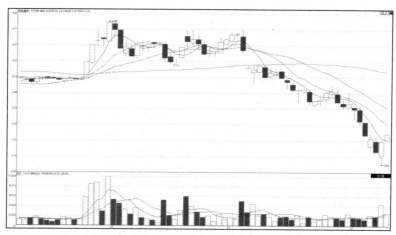

图 5-18

第6章

根据大盘情况决定
自己的操作

　　有经验的股民在分析股市时，通常都是从大盘开始的，根据大盘的走势评估当前市场是否值得操作。大盘的走势是指大盘指数的走势。一般而言，境内股市的大盘指数通常指的是上海证券交易所的"上证综合指数"和深圳证券交易所的"深证成分股指数"。

　　大盘指数反映整个股市走势的强弱，从理论上说，每一只股票的涨跌都影响大盘指数，只是权重股尤其是一些大盘蓝筹股的涨跌对大盘指数影响更大。大盘指数上涨，个股短线操作的机会更多；大盘指数下跌，就要小心，个股操作时切忌盲目追高。由于大盘指数反映了整个股市的强弱，因此，在买卖股票前股民应关注大盘指数的走势，然后决定是入场还是离场。

6.1 根据国家经济政策判断大盘情况

股市是经济的"晴雨表"，国家经济政策通常会因宏观层面的变化而变化，国家经济政策的变化会影响股市的变化。

6.1.1 国家政策怎样影响股市

我国的经济体制是社会主义市场经济体制，坚持公有制为主体、多种所有制经济共同发展是重要的特征，而国有资本投向的更多是关系国计民生的重要领域和关系国家经济命脉的科技、国防、安全等领域。这些领域与国家宏观经济政策的相关度比较高。

另外，为了避免资本市场大起大落，也为了让股民（特别是散户）建立成熟的投资理念，国家相关部委必要时会对股市进行调控。

首先来看一个例子。在 2006—2007 年的大牛市中，大盘指数（上证指数）从 1600 多点涨到了 4300 多点，股市中积累了大量泡沫，而众多的股民仍然被不断上涨的指数所鼓舞，已无视市场已积累的风险。为了控制市场中的狂热情绪，财政部于 2007 年 5 月 30 日出台政策，将印花税由 0.1% 调高至 0.3%，交易成本的增加使股市迅速降温，很多个股出现连续 3 个跌停。4 个交易日大盘指数从最高时的约 4335 点下跌到最低时的约 3404 点，下跌幅度达到 20% 以上。从图 6-1 所示的 K 线图可以看到当时大盘指数的走势。

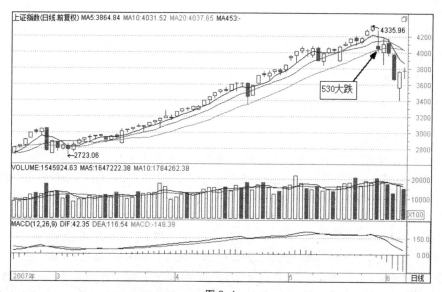

图 6-1

再看一个印花税调整的例子。由于股市在 2008 年以来一直处于下跌通道，市值大幅缩水，与当时的经济现状背道而驰，股市的融资功能受到严重影响。2008 年 4 月 22 日（图中指数 2990.79 对应的日期）上证指数跌破 3000 点，4 月 23 日，财政部将印花税由 0.3% 调低至 0.1%，交易成本因此降低，股民看到了政府对股市的关注，信心得到了增强，因此，4月 24 日大盘指数（上证指数）涨幅达到 9.29%。通过图 6-2 所示的最后几根 K 线可以看到当时大盘指数的走势。

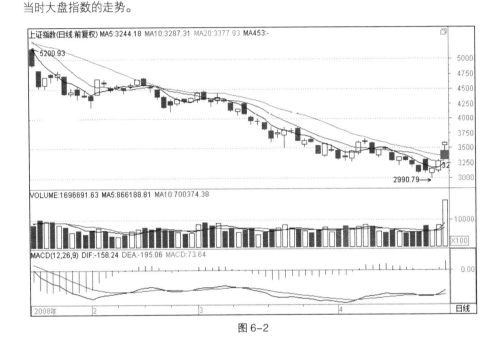

图 6-2

那么，哪些政策对股市有影响呢？下面列出常见的几个方面。

1. 货币政策对股市的影响

货币政策是政府调控宏观经济的基本手段之一。货币供给总量和货币需求总量的平衡是宏观经济管理中的一个核心问题，是宏观经济调控的重点。货币政策主要针对货币供给量的调节和控制展开，进而实现诸如稳定货币、增加就业、平衡国际收支等宏观经济目标。货币政策对股票市场与股票价格的影响非常大。宽松的货币政策会增加货币供给总量，适度的宽松通常对经济发展和证券市场交易有着积极的影响。但是货币供应太多会引起通货膨胀，使企业发展受到影响，使实际投资收益率下降。紧缩的货币政策则相反，它会减少货币供给总量，过度的紧缩往往不利于经济发展以及证券市场的活跃和发展。另外，货币政策会影响人们的心理，这种影响会进一步对股市的涨跌产生影响。

2．财政政策对股市的影响

财政政策是调控宏观经济的另一种基本手段，它对股市的影响也相当大。财政政策主要通过税收影响股市。

税收是国家参与国民收入分配的一种方式。国家通过税收总量和结构的变化，可以调节证券投资和实际投资规模，抑制社会投资总需求过度膨胀或者补偿有效投资需求的不足。税收杠杆可用于对股市进行调节。对股民的投资所得征收的税种和税率直接影响股民的税后实际收入水平，从而对股市投资起到鼓励、支持或抑制的作用。

一般来说，企业从事证券投资收益的税率应高于个人证券投资收益的税率，这样可以促使企业进行实体产业投资即生产性投资。税收对股票种类选择也有影响。不同的股票有不同的客户，纳税级别高的股民愿意持有较多收益率低的股票，而纳税级别低和免税的股民则愿意持有较多收益率高的股票。

一般来说，税征得越多，企业用于发展生产和发放股利的盈余资金越少，股民用于购买股票的资金也越少，因而高税率会对股市投资产生消极影响，股民的投资积极性也会下降；相反地，低税率或适当地减免税可以提振企业投资和个人消费，从而刺激生产发展和经济增长。

上文所举的就是财政部通过印花税对股市进行调节的例子。

3．利率对股市的影响

对股票市场及股票价格产生影响的种种因素中最直接者莫过于金融因素，其中，利率的变动对股市行情的影响最为迅速。一般来说，利率下降时股票的价格就上涨；利率上升时股票的价格就会下跌。因此，利率的高低以及利率同股票市场的关系，也成为股民买进和卖出股票的重要依据。

在股市发展的历史上，也有一些相对特殊的情形。当形势好，股票行情暴涨时，利率的调整对股价的控制作用不见得很大；同样地，当股市处于暴跌行情时，即使利率下降，也不一定能使股市回升。

4．汇率对股市的影响

汇率行情与股票价格有复杂、密切的联系。简单地说，人民币升值时，股指大概率会上涨，反之股指大概率下跌。汇率的行情对股市有很明显的影响。

在经济全球化的发展潮流中，汇率对一个国家经济的影响越来越大，一个国家的经济在不同程度上都受到汇率变动的影响。

5．行业对股价的影响

分析上市公司所属行业的发展与股票价格变化的关系非常必要。

进行行业分析可以为更好地进行上市公司分析打好基础。行业所处生命周期的位置影

97

响企业的生存和发展。如果某个行业已处于衰退期，则属于这个行业中的企业，不管其资产多么雄厚、经营管理能力多么强，都不得不面对行业下滑的现实。股民在选择股票时，要分析和判断企业所属的行业处于初创期、成长期、稳定期还是衰退期，尽量不要购买那些处于衰退期的行业里的公司的股票。

　　国家政策对行业的支持程度对股价的走势也有很大影响。例如，2024 年 1 月，多部门联合印发的《关于加强绿色电力证书与节能降碳政策衔接 大力促进非化石能源消费的通知》指出，要激发绿证需求潜力，大力促进非化石能源消费，为积极稳妥推进碳达峰碳中和提供有力支撑。此通知发布之后，绿电行业的股票迎来一波不错的行情。图 6-3 所示的是中国核电（601985）的 K 线图，在 2024 年 2 月 19 日以一根大阳线突破整理平台，开始了震荡上扬的强势上涨过程。

图 6-3

　　再看一个关于公募基金行业的例子。2021 年 1 月 31 日，央视财经发表评论《基金投资正本清源对资本市场有利》，高权重抱团股开始下跌。贵州茅台（600519）是抱团股的领头羊，其业绩优良，一直受到众多股民的追捧，但此次同样大幅下跌。图 6-4 所示的是该股受此影响后的走势，股价从最高 2627.88 元下跌到最低 1900.18 元，下跌幅度达 27% 以上。

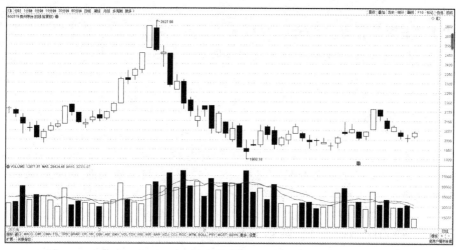

图 6-4

6.1.2　对股市影响较大的国家机构有哪些

股民可以经常去下列的官方网站了解最新的政策消息。

- 中华人民共和国中央人民政府。
- 中华人民共和国财政部。
- 中国人民银行。
- 中华人民共和国国家发展和改革委员会。
- 中华人民共和国商务部。
- 国家统计局。
- 国务院国有资产监督管理委员会。
- 中国证券监督管理委员会。

6.2　根据外围市场情况判断大盘情况

随着我国经济深度融入世界经济，外围股票市场的变化也会影响大盘的走势。

影响我国股市的外围市场因素主要有以下几个。

- 世界主要经济体（如美国、英国、德国、日本等）主要股指的走势。
- 国际大宗商品（如石油、有色金属等）期货的走势。
- 美元指数的走势。
- 我国香港特别行政区股指的走势。

6.2.1 美国股指走势对大盘的影响

股民经常关注的美国股指有 3 个，即道琼斯指数、纳斯达克综合指数和标准普尔 500 指数。

1. 道琼斯指数

道琼斯指数，也有的翻译为"道琼指数"，是世界上历史最为悠久的股票指数之一，也是一个备受各地股市关注的指数。它是在 1884 年由道琼斯公司的创始人查尔斯·道开始编制的，最初根据 12 家具有代表性的公司（其中 11 家为铁路公司）的股票价格，采用算术平均法进行计算编制而成，发表在查尔斯·道自己编辑出版的《每日通讯》上。

现在的道琼斯工业平均指数是以 1928 年 10 月 1 日为基期，因为这一天收盘时的道琼斯股票价格平均数恰好约为 100 美元，所以就将其定为基准日。以后股票价格同基期相比计算出的百分数，就成为各期的股票价格指数，所以，现在的股票指数普遍用点来做单位，而股票指数每一点的涨跌就是相对于基准日的涨跌百分数。

人们所说的道琼斯指数通常指道琼斯一系列指数中的道琼斯工业平均指数（Dow Jones Industrial Average，DJIA，简称"道指"）。

图 6-5 所示的是 2024 年 10 月 23 日的道琼斯工业平均指数的走势。

图 6-5

2. 纳斯达克综合指数

纳斯达克（National Association of Securities Dealers Automated Quotations，NASDAQ）

全称为全国证券交易商协会自动报价系统，是美国全国证券交易商协会于 1968 年着手创建的自动报价系统名称的英文缩写，于 1971 年建立。纳斯达克现已成为全球最大的证券交易市场之一，目前的上市公司有 3300 多家（截至 2024 年 7 月）。

纳斯达克综合指数是反映纳斯达克证券市场行情变化的股票价格平均指数，基本指数为 100。纳斯达克的上市公司涵盖所有主要行业，包括信息技术、电信、生物技术、金融零售和批发贸易等。随着科技股收益的增长，纳斯达克指数也在上升。在 1999 年的秋天，科技的飞速发展将纳斯达克指数送入了上升的轨道，并在 2024 年 12 月 11 日首次突破 20000 点。

图 6-6 所示的是 2024 年 10 月 23 日 NASDAQ 综合指数的走势。

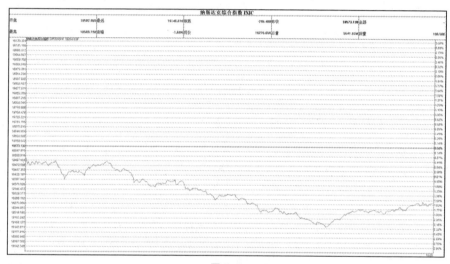

图 6-6

3. 标准普尔 500 指数

标准普尔 500 指数（Standard&Poor's 500 Index，简写为 S&P 500 Index）最初叫标准普尔指数，于 1923 年开始编制，涵盖 230 种股票。标准普尔公司从 1957 年开始将指数涵盖的股票数量增加至 500 种（425 种工业股票、15 种铁路股票和 60 种公用事业股票），并更名为标准普尔 500 指数。从 1976 年 7 月 1 日开始，其成分股改由 400 种工业股票、20 种运输业股票、40 种公用事业股票和 40 种金融业股票组成。它以 1941—1943 年抽样股票的平均市价为基期，基期指数定为 10，以上市股票量为权数，按基期进行加权计算。与道琼斯工业平均指数相比，标准普尔 500 指数具有采样面广、代表性强、精确度高、连续性好等特点，被普遍认为是一种理想的股票指数期货合约的标的。

图 6-7 所示的是 2024 年 10 月 23 日标准普尔 500 指数的走势。

图 6-7

6.2.2   大宗商品期货走势对大盘的影响

大宗商品是指可进入流通领域，但非零售环节，具有商品属性且用于工农业生产与消费使用的大批量买卖的物质商品，同时具有同质化、可交易、价格波动大等特点，常作为期货、期权等金融衍生品的标的，如原油、有色金属、农产品、铁矿石、煤炭等。

大宗商品的期货价格不仅反映市场供求关系，还反映资本市场的资金流向，也就是说它们不但具有商品属性，而且还具有金融属性。这样一来，大宗商品期货的价格变化自然就会对股票市场产生很大的影响，甚至在某个特定的时期成为影响股市走向的一个决定性因素。

下面以原油期货为例，介绍大宗商品期货走势对大盘的影响。

随着世界各国石油消耗量的不断增加，石油开采量也逐渐增加，但某一天世界上的石油总会被用完。而当前又还没有找到一种理想的替代能源，"物以稀为贵"，因此，国际原油价格总的趋势是上涨。

一般来说，国际原油价格上涨会抑制经济发展速度，因此对于股市来说属于利空。但国际原油价格也会被金融资本操纵，如2008年在次贷危机爆发前，原油价格竟然被炒高到每桶147美元，显然是完全脱离基本面支撑的炒作。

现在，我国成品油定价也与国际原油价格联动，若国际原油价格在一定时间内上涨到指定的幅度，则国内成品油售价也会随之上调。油价上调对大多数上市公司而言都属利空，但对于中国石油（601857）是利好消息，因为中国石油在国内外拥有较多的油田资产，油价上调将会增加公司的利润。而对于中国石化（600028）来说，则难以判断是利好还是利空，因为中国石化油田资产少，其主要业务是原油加工。

但是高油价毕竟会抑制经济发展，因此，总体上对于股市来说属于利空。

反映大宗商品期货价格变化的指数主要有综合大宗商品指数、分类大宗商品指数、区域性大宗商品指数和特定商品指数，其中分类大宗商品指数常见的有 WTI 原油期货、布伦特原油期货等。

6.2.3　美元指数走势对大盘的影响

美元指数（US Dollar Index，USDX）类似于显示美国股票综合状态的道琼斯工业平均指数，美元指数显示的是美元的综合值，是一种衡量各种货币强弱的指标。

USDX 是综合反映美元在国际外汇市场汇率情况的指标，用来衡量美元对一篮子货币的汇率变化程度。它通过计算美元和对选定的一篮子货币的综合变化率，来衡量美元的强弱程度，从而间接反映美国的出口竞争能力和进口成本的变动情况。

美元指数上涨说明美元与其他货币的比价上涨，也就是说美元在升值，国际上主要的商品都是以美元计价，那么所对应的商品价格应该是下跌的。美元升值对本国的整个经济有好处，可以提升本国货币的价值，增加购买力。但对一些行业也有影响，比如出口行业，美元升值会提高出口商品的价格，因此对一些公司出口商品有利。若美元指数下跌，则相反。

关注美元指数走势对判断 A 股走势有一定帮助。

图 6-8 所示的是美元指数近期的走势，从图中可看到，美元指数处于横向震荡走势中。

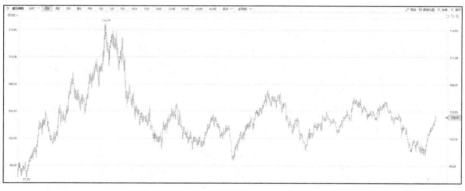

图 6-8

6.2.4　在哪里查看外围市场情况

关注这么多外围市场的情况，对于新股民来说，首先想到的问题是到哪里去查看这些数据。

有一部分股票交易软件提供查看境外重要股市指数的功能，如果你使用的软件有这个功能就方便了。不过，这些软件一般都不实时显示相关数据，而是有 15 分钟左右的延迟，也就是说，看到的数据是 15 分钟之前的交易数据。

如果软件没有这些功能该怎么办呢？其实，许多网站提供了实时数据，股民可通过搜索引擎查找。最常用的网站是 StockQ，该网站免费提供全球股市大盘指数实时行情，以及黄金、大宗商品、汇率等交易数据。

6.3 大小非减持对股市的影响

由于历史原因，我国股票市场中的上市公司原来以国有企业为主，国有资本持有的股份不能上市交易。这种体制造成很多矛盾。为了解决这些矛盾，对这些上市公司进行股权分置改革（简称股改），从而形成了大小非。大小非的减持对其公司的股价会形成较大冲击，因此，股民应特别关注。

6.3.1 什么是股权分置

股权分置也称为股权分裂，是指上市公司的一部分股份上市流通，另一部分股份暂时不上市流通。前者主要称为流通股，主要成分为社会公众股；后者为非流通股，大多为国有股和法人股。特殊历史原因和特殊的发展演变使 A 股市场的上市公司内部普遍形成了"两种不同性质的股票"（流通股和非流通股），这两类股票形成了"不同股不同价不同权"的结构。

随着资本市场的发展，解决股权分置问题开始被提上议事日程。1998 年下半年以及 2001 年，国家先后两次进行过国有股减持的探索性尝试，但由于效果不理想而很快停置。

2004 年 1 月 31 日，国务院发布《国务院关于推进资本市场改革开放和稳定发展的若干意见》，明确提出"积极稳妥解决股权分置问题"。证监会等在 2005 年发布股权分置改革方案，正式开始了股权分置改革。

到目前为止，绝大部分上市公司已完成股改，仅有"S 佳通"未完成股改，为了方便识别，这类未股改的公司股票名称前有一个字母"S"，如图 6-9 所示。

79	002197	ST证通	★★	-4.18	4.81	46.81万	82 ↑	5.02	5.27
80	000889	ST中嘉	★★	+2.97	2.08	15.05万	291 ↑	2.02	2.02
81	002092	ST中泰	★	+3.78	4.12	24.15万	1385 ↑	3.97	3.98
82	002822	ST中装	★	+4.89	1.93	99648	2 ↓	1.84	1.83
83	300125	ST聆达	★	+2.05	5.96	16.15万	27 ↓	5.84	5.56
84	600182	S佳通	★★★★	-0.07	13.77	7225	5 ↑	13.78	13.75
85	000100	TCL科技	★★	-2.06	4.27	154.84万	253 ↑	4.36	4.33
86	002668	TCL智家	★★★★	+0.17	11.56	77720	1 ↑	11.54	11.46
87	002129	TCL中环	★	-0.63	11.06	220.37万	273 ↑	11.13	11.34

图 6-9

未股改的股票，交易过程的涨跌幅限制为 5%，与 ST 股的相同。

6.3.2　什么是大小非

这里的"非"是指非流通股，原来上市公司大股东的绝大部分股份是不能流通的（即不能在二级市场交易），这部分股份称为非流通股。

大非是指大股东所持有的非流通股，其数量比较大，一般大于总股本的 5%就称为大非。

小非是指小股东所持有的非流通股，通常其数量都比较小，一般在总股本的 5%以下。

2005 年股改开始进行，股改后这些非流通股就可上市流通，转变为流通股了。根据股改方案，上市公司大股东的非流通股在进行股改时必须将其股份锁定一段时间，这段时间为禁止流通时间。过了这段时间，这些大小非才真正转变为流通股。

锁定时间满之后，禁止流通的大小非即可流通，称为解禁（解除禁止）。大小非解禁后，非流通股完全变成了流通股，将增加市场的流通股数量。

大股东通常是在股票公开发布之前获得上市公司的股权，其每股投入的成本通常都很低（远低于市场上的交易价格），因此，非流通股解禁后，大股东就可以抛出这些低价筹码来套现，称为减持。通常来说，大小非解禁股价会下跌，因为会增加卖盘打压股价；但大小非解禁之后，其解禁的股份不一定会立刻抛出而且如果市场上的资金非常充裕，那么，大量解禁股票抛出反而会吸引部分资金的关注。

6.3.3　减持政策

股票最大的主力既不是公募基金，也不是私募基金，而是以低成本获得非流通股的大小股东，也就是大小非。其中，最有发言权的是控股大股东——他们对自己企业的经营状况最为了解，但股改之前大股东及其他法人股东的股份不能流通，所以，很多大股东对公司股价并不十分关心。

另外，解禁后的大小非并不能马上全部卖掉，否则股价可能会变得很难看。因此，相关机构针对大小非减持制定了一系列政策。

证监会 2005 年 9 月颁布的《上市公司股权分置改革管理办法》规定，股改后公司原非流通股股份的出售，持有上市公司股份总数 5%以上的原非流通股股东，在一年的锁定期满后，通过证券交易所挂牌交易出售原非流通股份，出售数量占该公司股份总数的比例在 12 个月内不得超过 5%，在 24 个月内不得超过 10%。

根据《国有股东转让所持上市公司股份管理暂行办法》的规定，国有企业的股权转让可在一定的条件下由企业自主决定。根据管理办法，涉及国有控股公司，只要转让"不涉及上市公司控制权的转移"，对于总股本在 10 亿股以下的公司，国有控股股东的自主权限是"连续三个会计年度内累计净转让股份（累计转让股份扣除累计增持股份后的余额，下同）的比例未达上市公司总股本的 5%"；总股本在 10 亿股及以上的公司，国有控股股东的自主权限则为"在连续三个会计年度内累计净转让股份的数量未达到 5000 万股或累计净转让股份的比例未达到上市公司总股本的 3%"。此外，国有参股公司的国有股权转让条件略宽，由连续 3 年调整为一年。也就是说，只有超出上述条件的国有股减持才报国资监管部门审批。

6.3.4 减持带来的影响

大小非解禁是否会影响股市，关键要看股票市场的总体趋势，一旦股指上涨过快，再加上周边市场尤其是美国市场并不乐观，大小非解禁的负面影响就会被放大。

尽管大小非经历了股改送股的成本付出，但由于其购入成本非常低（有的低于 1 元），即便按照暴跌后的市价套现，依旧能获得暴利。因此，市场很难准确估量大小非持有者在大小非解禁后的套利冲动。

大小非解禁对 A 股市场资金供求面可能会产生一定程度的阶段性的影响。总体而言，它不会对资金供求面的总体格局产生根本性影响。若市场正处于平衡市格局或偏弱市格局，则其可能对市场阶段性走势产生负面影响。

对个股而言，大小非获得流通权既可能带来投资机会，又可能带来回调风险，股民应区别对待。在市场总体趋势向好时，若公司基本面较优秀，则限售股解禁很可能带来投资机会。这是因为在限售股解禁前夕，股价往往会出现调整。而限售股解禁之后，公司优质的基本面容易吸引更多的资金关注，股价可能被推高；若市场总体运行趋势偏弱，且公司基本面乏善可陈，则限售股解禁很可能给其股价带来显著的回调风险。

6.4 新股上市对股市的影响

新股就是指刚发行上市正常运作的股票。由于刚刚发行上市，没有历史成交数据可资借鉴，不同的股民对公司有不同的分析和认识，因此，新股上市当日的交易很活跃，换手率非常高。换手率高的另一个原因，则是因为市场中有很大一部分资金专注于一级市场打新股，上市当天就卖出。

根据交易规则，新股在主板上市的前 5 个交易日价格是没有涨跌幅限制的，所以，新股上市首日的波动幅度很大，有的甚至达到 300%以上。

在炒新股时，判断买入的时机，需要对市场大势、股民心理、新股主力等进行分析，如果大盘强势，可大胆重仓追涨；如果大盘急跌，可控制仓位适量买入。

在炒新股时，还是要看公司的基本面。除了公司经营管理和资产情况外，股民还应从发行方式、发行价、发行市盈率、大股东情况、每股收益、每股公积金、每股净资产、募集资金投向、公司管理层情况、主承销商实力等方面综合研判，最重要的是要看它是否具有潜在的题材、是否具有想象空间等。

在炒新股时，还要看比价效应，对比与新股同类的个股的定位，寻找新股价值可能被低估带来的机会。

当然，在炒新股时，观察上市首日的盘口仍然是交易时的重要工作。股民首先关注成交量。以往的统计数据显示，新股上市首日最初 5 分钟的换手率在 16% 以下，表明主力资金买进还不明显，短线投资获利机会仅有 20% 左右；如果换手率在 16% 以上，短线投资获利的机会可能达到 80% 以上；若换手率达到 20% 以上，则短线投资获利机会高达 95% 以上。

有主力买进的新股从换手率角度讲往往具有以下特征：5 分钟换手率在 20% 以上，15 分钟换手率在 30% 以上，30 分钟换手率在 40% 以上。全天换手率在 60%～70% 最为理想。

如果换手率过低，说明该股首日无大量主力关注；若首日换手率过高（大于 70%），一般意味着主力在吸货，或者散户过度抢盘，往往表示此股的投机性较强，许多人在获利后快速离场。

当然还要注意量价的配合，最好是 5 分钟、15 分钟和日 K 线都收出阳线，全天交易基本运行在日均价以上。

在短线炒新股时，股民应该把更多的精力用在如何卖出上，一般在 5 个交易日内，无论是否有盈利都必须卖出。

6.5　通货膨胀对股市的影响

通货膨胀时，货币贬值，购买力下降，一段时间内物价会持续普遍上涨。通俗来说，通货膨胀就是钱太多了，而用钱购买的物品没有变化，这样就会导致单件物品价格上涨。

6.5.1　衡量通货膨胀的指标

其实无论是发达国家还是发展中国家，在很多时候都存在一定程度的通货膨胀，只是不同国家的通货膨胀的程度有所差异。那么，怎么衡量通货膨胀呢？通常可使用以下两个指标。

1．消费者物价指数

消费者物价指数（Consumer Price Index，CPI）是基于与居民生活有关的商品及劳务价格而统计出来的物价变动指标，通常被当作观察通货膨胀水平的重要指标。一般说来，当 CPI 增幅大于 3% 时就意味着通货膨胀；而当 CPI 增幅大于 5% 时，则意味着比较严重的通货膨胀。

2．生产者物价指数

生产者物价指数（Producer Price Index，PPI）是一个用来衡量商品出厂价格的平均变化的指数，是统计部门收集和整理的若干个物价指数中的一个。如果生产者物价指数比预期数值高，表明有通货膨胀的风险；如果生产者物价指数比预期数值低，则表明有通货紧缩的风险。

国家统计局每个月都会公布这两个指标，股民可从相关网站查看相关的数据。

6.5.2　通货膨胀如何影响股市

在通货膨胀情况下，政府一般会采取诸如控制和减少财政支出、实行紧缩货币政策，通过提高市场利率水平使股票价格下跌。另外，在通货膨胀较严重的情况下，企业经营者不能明确地知道眼前盈利究竟是多少，更难预料将来的盈利水平。他们无法准确判断与物价有关的设备、原材料、工资等各项成本的上涨情况。因此，通货膨胀将引发企业利润的不稳定。

通货膨胀的程度不同，对股市的影响也完全不同，也就是说，通货膨胀对股市存在两种作用。

一般认为，通货膨胀率较低（如4%以内）时，通货膨胀的危害并不大且对股票价格的上涨还有推动作用。股票价格与货币供应量一般成正比关系，即货币供应量增加股票价格会上升；反之，货币供应量减少股票价格往往也会下降。

但在特殊情况下作用相反。货币供应量增加，开始时一般能刺激生产，增加公司利润，从而增加可分派股息，这样就增加了股市对资本的吸引力，更多的资金进入股市推动股价上涨。当通货膨胀率较高且持续一段时间后，经济发展和物价变化的前景变得不易预测，整个经济形势会变得不确定，同时，由于物价上涨，生活成本会不断提高。这时，政府通常会推出相关政策稳定物价，如提高存款准备金率、加息等，这大概率会对股市造成负面影响。

6.6　金融危机对股市的影响

在影响股市的市场因素中，经济周期的变动是最重要的因素之一，它对企业发展及股市影响极大，而且影响的主要是股市的大行情。因此，经济周期与股市的关联性是股民不能忽视的。

经济周期包括衰退、萧条、复苏和繁荣4个阶段。一般来说，在经济衰退时期，股价会逐渐下跌；到萧条时期，股价跌至最低点；而经济复苏开始时，股价会逐步上升；经济繁荣时，股价则上涨至最高点。

这种变动通常的原因是，当经济开始衰退之后，企业的产品滞销，利润相应减少，促使企业减少产量，从而导致股息、红利也随之不断减少，持股的股东因股票收益不佳而纷纷抛售，使股票价格下跌。当经济衰退已经达到经济萧条时，整个经济生活处于低谷，股票持有者由于对形势持悲观态度而纷纷卖出手中的股票，从而使整个股市大跌。经济经过最低谷之后出现缓慢复苏的势头，商品开始有一定的销售量，企业又能开始给股东分发一些股息、红利,股民慢慢觉得持股有利可图,于是纷纷购买股票,使股价缓缓回升;当经济由复苏达到繁荣阶段时,企业的商品生产能力与产量大增,商品销售状况良好,大量企业盈利,股息、红利分发相应增多,股票价格上涨至最高点。

经济周期影响股价变动,但两者的变动周期并不是完全同步的。通常情况下,不管在经济周期的哪一阶段,股价变动总是比实际的经济周期变动要领先一步,即在经济衰退以前,股价已开始下跌;而在经济复苏之前,股价已经回升;经济周期未步入繁荣阶段时,股价已经见顶;经济仍处于萧条期间,股价已开始从谷底回升。这是因为股价的涨落包含股民对经济走势变动的预期和股民的心理变化等因素。

美国的金融体系常常被视作经典范式,但是从 2007 年开始,由次贷危机引发的金融风暴逐渐转变为金融危机。作为我国重要贸易伙伴的美国、欧盟、日本等主要经济体受到了金融危机的冲击,这些国家的市场需求大大减少,影响了我国对外出口,也就影响到了我国的经济。图 6-10 所示的是 2007 年 9 月中旬到 2008 年 6 月上旬上证指数的走势图。

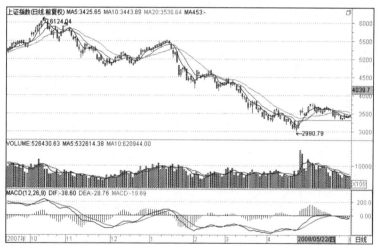

图 6-10

从图 6-10 中可看出,上证指数(999999)从 2007 年 10 月 16 日创出最高的 6124.04 后,受国际金融危机影响,开始逐渐下跌,到 2008 年 4 月 22 日跌到最低 2990.79 点,指数被跌去一半。

6.7 调整存贷款利率或存款准备金率对股市的影响

金融因素的变动将对股票市场及股票价格产生最直接的影响。在金融因素中,存贷款利率水平和存款准备金率的变化对股市的影响最为直接和迅速。

6.7.1 调整存贷款利率对股市的影响

存贷款利率水准的变动将直接影响股市行情。一般来说，利率上升（加息）时，股票的价格就会下跌；利率下降（降息）时，股票的价格就上涨。因此，利率的高低以及利率同股票市场的关系，也成为股民买进和卖出股票的重要依据。

从狭义上来说，加息是一个国家或地区的中央银行提高利息的行为，可以使商业银行和其他金融机构对中央银行的借贷成本提高，进而使市场的贷款利息也增加。加息的目的包括减少货币供应、抑制通货膨胀、鼓励民间存款、抑制市场投机等。加息也可作为提升本国或本地区货币对其他货币的币值（汇率）的间接手段。

加息不仅是经济行为，同时也是政治、社会等因素多重作用下的产物。

为什么利率的升降与股价的变化呈这种反向运动的关系呢？主要有以下几方面的原因。

- ○ 利率上升，首先会增加上市公司的资金成本（上市公司几乎都会有比较大额的银行借款）。另外，利率上升是政府收缩银根的表示，银根紧缩，上市公司获得资金将更困难，这样上市公司的生产规模就会缩小，从而导致利润减少。股票价格也会下降。反之，股票价格就会上涨。
- ○ 利率上升，股票的折现率也会上升，股票价值因此会下降，造成股票价格相应下降；反之，利率下降时，股票价格就会上涨。
- ○ 利率上升，有的股民会对储蓄收益和炒股收益进行评估，可能会造成一部分资金从股市转向银行储蓄和购买债券，使股市中的资金减少，股票价格出现下跌；反之，利率下降时，储蓄的获利能力降低，一部分资金就可能回到股市中，从而扩大对股票的需求，使股票价格上涨。

上述利率与股价运动呈反向变化是一般情况，不能将此绝对化。在股市发展的历史中也有一些相对特殊的情形。当经济形势好，股票行情暴涨时，利率的上调对股价的影响不一定会很大；同样，当股市处于暴跌时，即使出现利率下降的调整政策，股价可能也回升乏力。

表 6-1 所示的是上证指数在历次利息调整 1993—2015 年后第一个交易日的变化情况。

表 6-1 历次利息调整后股市的表现

次序	调整时间	调整内容	宣布调整后第二日沪指表现
30	2015 年 10 月 23 日	一年期贷款基准利率下调 0.25 个百分点	10 月 26 日，沪指上涨 0.5%
29	2015 年 8 月 25 日	一年期贷款基准利率下调 0.25 个百分点	8 月 26 日，沪指下跌 1.27%
28	2015 年 6 月 27 日	一年期贷款基准利率下调 0.25 个百分点	6 月 29 日，沪指下跌 3.34%

续表

次序	调整时间	调整内容	宣布调整后第二日沪指表现
27	2015 年 5 月 10 日	一年期贷款基准利率下调 0.25 个百分点	5 月 11 日，沪指上涨 3.04%
26	2015 年 3 月 1 日	一年期贷款基准利率下调 0.25 个百分点	3 月 2 日，沪指上涨 0.78%
25	2014 年 11 月 22 日	一年期贷款基准利率下调 0.4 个百分点	11 月 24 日，沪指上涨 1.85%
24	2012 年 7 月 6 日	一年期存款和贷款基准利率分别下调 0.25 个百分点和 0.31 个百分点	7 月 7 日，沪指上涨 1.01%
23	2012 年 6 月 8 日	一年期存贷款基准利率分别下调 0.25 个百分点	6 月 11 日，沪指上涨 1.07%
22	2011 年 7 月 6 日	一年期存贷款基准利率分别上调 0.25 个百分点	7 月 7 日，沪指下跌 0.58%
21	2011 年 4 月 6 日	一年期存贷款基准利率上调 0.25 个百分点	4 月 7 日，沪指上涨 0.22%
20	2011 年 2 月 9 日	一年期存贷款基准利率上调 0.25 个百分点	2 月 10 日，沪指上涨 1.59%
19	2010 年 12 月 26 日	一年期存贷款基准利率上调 0.25 个百分点	12 月 27 日，沪指下跌 1.9%
18	2010 年 10 月 19 日	一年期存贷款基准利率上调 0.25 个百分点	10 月 20 日，沪指上涨 0.07%
17	2008 年 12 月 22 日	一年期存贷款基准利率下调 0.27 个百分点	12 月 23 日，大盘下跌 4.55%
16	2008 年 11 月 26 日	一年期存贷款基准利率下调 1.08 个百分点	11 月 27 日，沪指上涨 1.05%
15	2008 年 10 月 30 日	一年期存贷款基准利率下调 0.27 个百分点	10 月 31 日，沪指上涨 2.55%
14	2008 年 10 月 9 日	一年期存贷款基准利率下调 0.27 个百分点	10 月 10 日，沪指下跌 3.57%
13	2008 年 9 月 16 日	一年期贷款基准利率下调 0.27 个百分点	9 月 17 日，沪指下跌 2.90%
12	2007 年 12 月 20 日	一年期存款基准利率上调 0.27 个百分点 一年期贷款基准利率上调 0.18 个百分点	12 月 21 日，沪指上涨 1.15%

续表

次序	调整时间	调整内容	宣布调整后第二日沪指表现
11	2007年9月15日	一年期存款基准利率上调0.27个百分点	9月17日，沪指上涨2.06%
		一年期贷款基准利率上调0.27个百分点	
10	2007年8月22日	一年期存款基准利率上调0.27个百分点	8月23日，沪指上涨1.49%
		一年期贷款基准利率上调0.18个百分点	
9	2007年7月20日	上调金融机构人民币存贷款基准利率0.27个百分点	7月23日，沪指上涨3.81%
8	2007年5月19日	一年期存款基准利率上调0.27个百分点	5月21日，沪指上涨1.04%
		一年期贷款基准利率上调0.18个百分点	
7	2007年3月18日	上调金融机构人民币存贷款基准利率0.27个百分点	3月19日，沪指上涨2.87%
6	2006年8月19日	一年期存、贷款基准利率均上调0.27个百分点	8月21日，沪指上涨0.20%
5	2006年4月28日	一年期贷款基准利率上调0.27个百分点	4月28日，沪指上涨1.66%
4	2005年3月17日	提高住房贷款利率	3月17日，沪指下跌0.96%
3	2004年10月29日	一年期存、贷款基准利率均上调0.27个百分点	10月29日，沪指下跌1.58%
2	1993年7月11日	一年期定期存款利率由9.18%上调到10.98%	7月12日，沪指下跌2.65%
1	1993年5月15日	定期存款年利率平均上调2.18个百分点	5月17日，沪指下跌2.35%
		各项贷款年利率平均提高0.82个百分点	

6.7.2 调整存款准备金率对股市的影响

存款准备金是指金融机构为保证客户提取存款和资金清算需要而准备的在中央银行的存款，中央银行要求的存款准备金占其存款总额的比例就是存款准备金率。

在存款准备金制度下，金融机构不能将其吸收的存款全部用于发放贷款，必须保留一定的资金即存款准备金，以备客户提款，因此存款准备金制度有利于保证金融机构对客户的正常兑付。随着金融制度的发展，存款准备金率成为重要的货币政策工具。当中央银行降低存款准备金率时，金融机构可用于贷款的资金增加，社会的贷款总量和货币供应量也相应增加；反之，社会的贷款总量和货币供应量将相应减少。

中央银行通过调整存款准备金率，可以影响金融机构的信贷扩张能力，从而间接调控货币供应量。存款准备金是风险准备金，是不能够用于发放贷款的。这个比例越高，表示紧缩政策的执行力度越大。

当中央银行提高法定准备金率时，商业银行放款及创造信用的能力就下降。因为存款准备金率提高，货币乘数就变小，从而降低了整个商业银行体系创造信用、扩大信用规模的能力，其结果是社会的货币供应量减少，利息率提高，投资及社会支出都相应缩减；反之亦然。

例如，2011 年 3 月 18 日中国人民银行公布消息，从 2011 年 3 月 25 日开始将存款准备金率从原来的 19.5%调高到 20%。这样银行每吸收 100 万元存款，就要向中央银行缴存 20 万元的存款准备金，用于发放贷款的资金还剩下 80 万元。

通常，存款准备金率上升，会使得存贷款利率上升，这是实行紧缩的货币政策的信号。存款准备金率是针对银行等金融机构的，对终端客户的影响是间接的；存贷款利率（如存款利息）是针对终端客户的，影响是直接的。

与存贷款利率的调整类似，如果提高存款准备金率，股市中的资金减少，股票价格则可能会下跌；反之，股票价格可能会上涨。当然，这也不是绝对的。通常在市场资金面宽裕的情况下，股价会涨，当股价上涨幅度普遍异常时，相关部门可能会进行调控，如提高存款准备金率、加息。

表 6-2 所示的是 2007—2019 年历次调整存款准备金率后市场的变化。

表 6-2　　　　　　　　调整存款准备金率后股市的表现

公布时间	生效日期	大型金融机构		中小金融机构		公布次日指数涨跌	
		调整前	调整后	调整前	调整后	沪指	深成指
2019 年 9 月 6 日	2019 年 9 月 16 日	13.50%	13.00%	11.50%	11.00%	0.84%	1.82%
2019 年 1 月 4 日	2019 年 1 月 25 日	14.00%	13.50%	12.00%	11.50%	0.72%	1.58%
2019 年 1 月 4 日	2019 年 1 月 15 日	14.50%	14.00%	12.50%	12.00%	0.72%	1.58%
2018 年 10 月 7 日	2018 年 10 月 15 日	15.50%	14.50%	13.50%	12.50%	-3.72%	-4.05%
2018 年 6 月 24 日	2018 年 7 月 5 日	16.00%	15.50%	14.00%	13.50%	-1.05%	-0.9%
2018 年 4 月 17 日	2018 年 4 月 25 日	17.00%	16.00%	15.00%	14.00%	0.8%	0.92%
2016 年 2 月 29 日	2016 年 3 月 1 日	17.00%	16.50%	13.50%	13.00%	1.68%	2.47%
2015 年 12 月 23 日	2015 年 12 月 24 日	17.50%	17.00%	14.00%	13.50%	-0.65%	-0.58%

续表

公布时间	生效日期	大型金融机构		中小金融机构		公布次日指数涨跌	
		调整前	调整后	调整前	调整后	沪指	深成指
2015 年 8 月 25 日	2015 年 9 月 6 日	18.00%	17.50%	14.50%	14.00%	−1.27%	−2.92%
2015 年 6 月 27 日	2015 年 6 月 28 日	18.50%	18.00%	15.00%	14.50%	−3.34%	−5.78%
2015 年 4 月 19 日	2015 年 4 月 20 日	19.50%	18.50%	16.00%	15.00%	−1.64%	−1.96%
2015 年 2 月 4 日	2015 年 2 月 5 日	20.00%	19.50%	16.50%	16.00%	−1.18%	−0.46%
2012 年 5 月 12 日	2012 年 5 月 18 日	20.50%	20.00%	17.00%	16.50%	−0.59%	−1.16%
2012 年 2 月 18 日	2012 年 2 月 24 日	21.00%	20.50%	17.50%	17.00%	0.27%	0.01%
2011 年 11 月 30 日	2011 年 12 月 5 日	21.50%	21.00%	18.00%	17.50%	2.29%	2.32%
2011 年 6 月 4 日	2011 年 6 月 20 日	21.00%	21.50%	17.50%	18.00%	0.6%	0.85%
2011 年 5 月 12 日	2011 年 5 月 18 日	20.05%	21.00%	17.00%	17.50%	−1.36%	0.7%
2011 年 4 月 17 日	2011 年 4 月 21 日	20.00%	20.5%	16.50%	17.00%	0.22%	0.27%
2011 年 3 月 18 日	2011 年 3 月 25 日	19.50%	20.00%	16.00%	16.50%	0.08%	−0.62%
2011 年 2 月 18 日	2011 年 2 月 24 日	19.00%	19.50%	15.50%	16.00%	1.12%	2.06%
2011 年 1 月 14 日	2011 年 1 月 20 日	18.50%	19.00%	15.00%	15.50%	−3.03%	−4.55%
2010 年 12 月 10 日	2010 年 12 月 20 日	18.00%	18.50%	14.50%	15.00%	2.88%	3.57%
2010 年 11 月 19 日	2010 年 11 月 29 日	17.50%	18.00%	14.00%	14.50%	−0.15%	0.06%
2010 年 11 月 9 日	2010 年 11 月 16 日	17.00%	17.50%	13.50%	14.00%	1.04%	−0.15%
2010 年 5 月 2 日	2010 年 5 月 10 日	16.50%	17.00%	13.50%	13.50%	−1.23%	−1.81%
2010 年 2 月 12 日	2010 年 2 月 25 日	16.00%	16.50%	13.50%	13.50%	−0.49%	−0.74%
2010 年 1 月 12 日	2010 年 1 月 18 日	15.50%	16.00%	13.50%	13.50%	−3.09%	−2.73%
2008 年 12 月 22 日	2008 年 12 月 25 日	16.00%	15.50%	14.00%	13.50%	−4.55%	−4.69%
2008 年 11 月 26 日	2008 年 12 月 5 日	17.00%	16.00%	16.00%	14.00%	1.05%	4.04%
2008 年 10 月 8 日	2008 年 10 月 15 日	17.50%	17.00%	16.50%	16.00%	−0.84%	−2.40%
2008 年 9 月 15 日	2008 年 9 月 25 日	17.50%	17.50%	17.50%	16.50%	−4.47%	−0.89%
2008 年 6 月 7 日	2008 年 6 月 25 日	16.50%	17.50%	16.50%	17.50%	−7.73%	−8.25%
2008 年 5 月 12 日	2008 年 5 月 20 日	16.00%	16.50%	16.00%	16.50%	−1.84%	−0.70%
2008 年 4 月 16 日	2008 年 4 月 25 日	15.50%	16.00%	15.50%	16.00%	−2.09%	−3.37%
2008 年 3 月 18 日	2008 年 3 月 25 日	15.00%	15.50%	15.00%	15.50%	2.53%	4.45%
2008 年 1 月 16 日	2008 年 1 月 25 日	14.50%	15.00%	14.50%	15.00%	−2.63%	−2.41%
2007 年 12 月 8 日	2007 年 12 月 25 日	13.50%	14.50%	13.50%	14.50%	1.38%	2.07%

续表

公布时间	生效日期	大型金融机构		中小金融机构		公布次日指数涨跌	
		调整前	调整后	调整前	调整后	沪指	深成指
2007 年 11 月 10 日	2007 年 11 月 26 日	13.00%	13.50%	13.00%	13.50%	−2.40%	−0.55%
2007 年 10 月 13 日	2007 年 10 月 25 日	12.50%	13.00%	12.50%	13.00%	2.15%	−0.24%
2007 年 9 月 6 日	2007 年 9 月 25 日	12.00%	12.50%	12.00%	12.50%	−2.16%	−2.21%
2007 年 7 月 30 日	2007 年 8 月 15 日	11.50%	12.00%	11.50%	12.00%	0.68%	0.92%
2007 年 5 月 18 日	2007 年 6 月 5 日	11.00%	11.50%	11.00%	11.50%	1.04%	1.40%
2007 年 4 月 29 日	2007 年 5 月 15 日	10.50%	11.00%	10.50%	11.00%	2.16%	1.66%
2007 年 4 月 5 日	2007 年 4 月 16 日	10.00%	10.50%	10.00%	10.50%	0.13%	1.17%
2007 年 2 月 16 日	2007 年 2 月 25 日	9.50%	10.00%	9.50%	10.00%	1.41%	0.19%
2007 年 1 月 5 日	2007 年 1 月 15 日	9.00%	9.50%	9.00%	9.50%	2.49%	2.45%

6.8　特殊时段对股市的影响

　　股票市场中股价的走势随着时间的推移而不断变化。在时间节点方面，针对一些可预测的时间节点，股市相应的变化也会有一些规律。例如，我国每年春节假期、国庆假期、原来的五一假期等放假时间都比较长，在假期前后股市的表现如何？再有，每年 3 月召开的全国两会前后，股市的表现又如何？

6.8.1　长假对股市的影响

　　自 1999 年 9 月开始，每年国庆节、春节和五一劳动节法定节日加上调休，全国放假 7 天。从此，3 个"黄金周"掀起的旅游消费热成为我国经济生活的新亮点，假日经济成为人们津津乐道的新话题。

> **提　示**
>
> 2008 年，国家将五一劳动节假期调整为一天，增加了清明、端午和中秋这 3 个传统节日的假期。2024 年，国家将春节假期调整为 4 天，将五一劳动节假期调整为 2 天。

　　每一次长假前，各财经网站、电视节目中多数会出现持币过节还是持股过节的争论，综合起来，打算持币过节的股民主要有以下几点顾虑。

- 在长假这段时间里国家相关政策出现变化（这里当然是指利空的消息）。
- 在长假这段时间里出现影响股市的重大利空。
- 在长假这段时间里所持股票的上市公司发布重大利空消息。
- 在长假这段时间里外围股市出现大跌，由于假期不一致，当我们在休假时，外围股市仍在正常交易，若出现大跌，可能会引起国内股市在假期后补跌。

6.8.2 全国两会对股市的影响

大多数情况下，全国两会之前到之后的一段时间（1—4月）内，股指会有一定的涨幅，有些时候涨幅还不小。

从市场角度来看，在全国两会前通常出现领涨板块，带领股市不断上行。

每年全国两会前后，大家讨论的议题通常将成为市场热点，所涉及的行业、上市公司会有所表现。股民可参与由趋势确定的主题式投资，震荡中逢低吸纳与全国两会重要议题相关的主题概念股。

第 7 章

成交量决定一切

　　股价的变化是通过交易来实现的，一买一卖就产生了成交量。当众多股民看好某只股票时，就可能要大笔买入该股票，则会使该股的成交量放大；类似地，当很多股民看空某只股票时，其持有者就会抛售该股票，此时成交量也可能会放大。因此，成交量是股民分析判断市场行情并作出投资决策的重要依据，也是应用各种技术分析指标时不可或缺的参照。

7.1 认识成交量

买卖双方完成交易手续叫作成交。成交是交易的目的和实质，是市场存在的根本意义，换句话说，没有成交的市场就不能称为市场。买卖双方每次成交的数量通常都不相同，成交量也包含着双方对市场走势的看法。

7.1.1 什么叫成交量

成交量是指一个时间单位内某项交易完成的数量。一般情况下，成交量大且价格上涨的股票趋势向好。成交量持续低迷，一般出现在熊市或股票价格盘整阶段，此时市场交易不活跃。成交量是判断股价走势、分析主力行为的重要依据。

在证券市场中，成交量是成交股数和成交金额的统称。成交股数是某只股票某日成交股数之和，成交金额则是该股票成交价值总和的货币表示。

1. K 线图中的成交量

所有股票分析软件都提供成交量指标。在 K 线图中，成交量图形通常位于 K 线图下方，图 7-1 所示的是南坡 A（000012）2024 年 6 月 24 日至 2024 年 10 月 24 日的 K 线图，在 K 线图下方显示的柱形图表示的就是成交量。

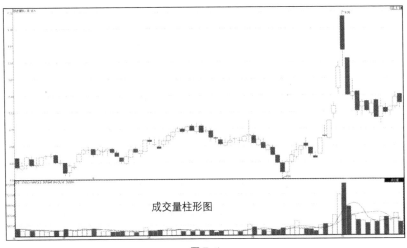

图 7-1

如图 7-1 所示，成交量位于 K 线下方以柱状显示，以柱体的高低表示成交量的大小，成交量大，柱体就长；成交量小，柱体就短。柱体只是一个示意，要查看具体的成交量值，可用鼠标单击柱体。

图 7-1 所示的是日 K 线，因此，股民看到的每一根成交量柱表示的都是一个交易日的成交量，如果查看的是其他周期的 K 线图，则下方对应的成交量就是对应周期的成交量。图 7-2 显示的是南玻 A（000012）2021 年 4 月 9 日至 2024 年 10 月 25 日的周 K 线，一根柱体表示的就是一个交易周的成交量（该周成交量之和）。

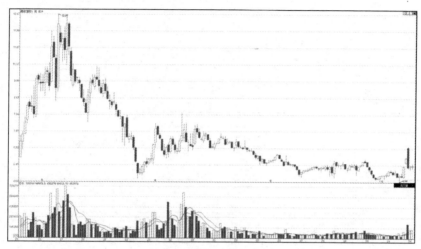

图 7-2

类似地，要查看其他周期的成交量，将 K 线分析周期切换到对应的周期即可，如查看月成交量则可将 K 线分析周期切换成月。

2. 查看分时成交量

除了在 K 线分析图中查看每根 K 线对应的成交量之外，股民还可以在分时图中查看一个交易日的成交量。图 7-3 所示是南玻 A（000012）在 2021 年 2 月 22 日的分时成交图。

在分时图中，上方较大的空间显示股价变动曲线，下方有很多小竖线，每一根竖线代表一分钟内的成交量，全天有 240 分钟交易时间所以显示 240 条竖线。在分时图中移动鼠标指针，将显示一个十字光标，十字光标竖线指定某一分钟的成交量，在左侧将显示那一分钟的股价和成交量数据。

3. 查看成交量明细

K 线图中显示的成交量都是设定周期内的成交量之和，如果想进一步了解更详细的成交数据，则可查看成交量明细。所有股票分析软件都提供成交量明细清单，在该清单中可查看每一笔成交记录。在分析软件中按 F1 键可显示成交明细数据，图 7-4 所示的是南玻 A（000012）在 2024 年 10 月 24 日部分时段的成交明细数据。

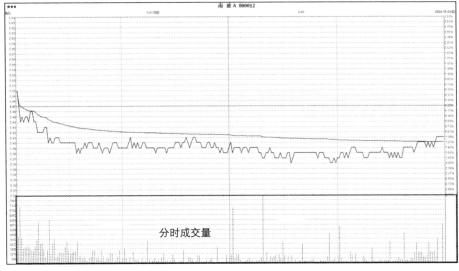

图 7-3

11:03:57	5.40↑	1604	91	13:02:57	5.39↑	596	20	13:31:57	5.37	39	11
11:04:36	5.40	119	8	13:03:57	5.39	1044	78	13:32:54	5.38↑	800	99
11:05:51	5.41↑	130	11	13:04:57	5.39	1062	63	13:33:51	5.38	101	19
11:06:54	5.40↓	823	46	13:05:51	5.39	317	26	13:34:57	5.36↓	956	85
11:07:54	5.39↓	604	13	13:06:57	5.38↓	136	7	13:35:39	5.37↑	50	5
11:08:48	5.40↑	527	105	13:07:57	5.39↑	111	12	13:36:36	5.38↑	307	48
11:09:54	5.41↑	64	10	13:08:57	5.39	215	23	13:37:54	5.38	76	14
11:10:57	5.41	249	9	13:09:48	5.39	389	49	13:38:57	5.38	232	16
11:11:42	5.40↓	971	40	13:10:54	5.38↓	533	44	13:39:57	5.38	218	28
11:12:57	5.40	955	42	13:11:54	5.39↑	129	14	13:40:54	5.38	2333	150
11:13:30	5.40	132	15	13:12:51	5.39	206	17	13:41:33	5.38	196	17
11:14:45	5.39↓	191	11	13:13:45	5.39	180	25	13:42:51	5.38	214	21
11:15:45	5.39	133	13	13:14:45	5.39	226	37	13:43:57	5.38	145	26
11:16:57	5.39	281	20	13:15:57	5.39	254	30	13:44:45	5.38	202	22

图 7-4

从图 7-4 中可看到当天详细的成交数据，包含成交时间、成交价格、成交手数等。

7.1.2 成交量均线

与股价不断变化相同，成交量也会不断变化。成交量数据有变化，则可根据不同周期计算平均值，根据这些平均值可绘制得到成交量均线。将不同周期的成交量均线绘制出来，就可得到多条成交量均线。图 7-5 所示的是南玻 A（000012）的 5 日和 10 日成交量均线。

成交量均线形成的金叉、死叉也可作为一种辅助分析形态。

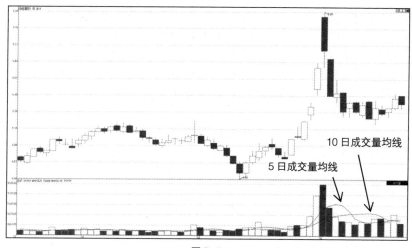

图 7-5

7.1.3　成交量相关指标

除了成交量，在实战中使用的与成交量相关的指标还有换手率和量比，这两个指标以数字的形式显示在盘口数据区。

1. 换手率

换手率也称为"周转率"，是指在一定时间内股票转手买卖的频率。它是反映股票流通性强弱的技术指标，可以准确地反映出规定时间内成交量占其可流通股数的比例。

换手率的计算公式如下：

> 换手率 = 某一段时期内的成交量 ÷ 可流通股数 × 100%

例如，在 2024 年 10 月 24 日东风股份（600006）成交 33.36 万手，该股的可流通股数量为 20 亿股，则其换手率为：

> 换手率=33.36 万 × 100÷20 亿 × 100% = 1.67%

换手率的高低往往意味着以下几种情况。

- 股票的换手率越高，意味着该只个股的交易越活跃，股民买卖该股的意愿越强；反之，则表明关注该只股票的人很少。
- 换手率高一般意味着股票流通性强，股民买卖该股比较容易，不会出现想买买不到、想卖卖不出的现象。值得注意的是，换手率较高的股票往往是投机性强的短线资金追逐的对象，股价起伏较大，风险也相对较大。
- 将换手率与股价的整体走势相结合，可以对股价的未来走向进行相对合理的预测与判断。

2. 量比

量比是衡量相对成交量的指标，指的是开市后每分钟的平均成交量与过去若干个交易日内每分钟平均成交量之比。在时间参数上，多使用 5 日平均量或 10 日平均量（在大盘处于相对活跃的情况下，适宜用较短期的时间参数，而在大盘处于熊市或缩量调整阶段则适宜使用稍长一些的时间参数），下面以 5 日平均量为例进行介绍。

量比的计算公式如下：

> 量比 = 现成交总量 ÷ [过去 5 日平均每分钟成交量 × 当日累计开市时间（分）]

量比在观察微观成交量方面有着极高的灵敏度，它将某只股票在某个时点上的成交量与前一段时间内的成交量平均值进行纵向比较，规避了横向的因与其他股票股本数不同所造成的不可比性，是监测成交量异动的重要指标。

实战中使用量比指标时，通常可按以下规则进行分析。

- 量比的值通常在 0.8~1.5，说明目前成交量处于正常水平。
- 当量比大于 1 时，说明当前这一分钟的成交量大于过去 5 日内每分钟成交量的平均值，交易趋于活跃；当量比小于 1 时，说明当前这一分钟的成交量小于过去 5 日内每分钟成交量的平均值，交易趋于低迷。
- 量比在 1.5~2.5 则为温和放量，如果股价也处于温和的缓升状态，则升势相对健康；若股价下跌，则可认定跌势难以在短期内结束，从量的方面判断应考虑止损出局。
- 量比在 2.5~5，则为明显放量，若股价相应地突破重要支撑或阻力位置，则有效突破的概率增高，可以相应地采取行动。
- 量比达 5~10，则为剧烈放量，如果个股是在长期低位所出现的剧烈放量，则突破后潜力巨大；相反地，在经拉升过的高位后出现这种情况，则极可能是主力抛售离场所致。
- 量比长期低于 0.3，或是突然放大至 10~20，都是极端的情况，通常都将会有一些不同寻常的情况发生。关于这方面的知识以后再详细介绍。
- 在涨停板制度下具有良好技术形态的个股在涨停时的量比仍保持在 1 以下，则上涨空间无可限量，第二天开盘即封涨停的可能性极高；反之，跌停板也是如此。

7.2 成交量背后的真实信息

看着股市中不断产生的交易，你能想到什么呢？其实，在这些交易数据的背后是人与人之间的博弈，有的人看多，有的人看空，因此就能产生交易。如果都一致看好，则所有持股的人都不会卖出，就不可能产生交易；反之，如果都一致看空，就不会有人买入股票，也不会产生交易。看空和看多的人分歧越大，成交量就越大。在实战中，由于主力机构掌握了绝对的主动，当大家一致看多后市时，主力可能就会制造一些信息来影响散户的判断，造成市场成交量放大。因此，股民对成交量不能简单地进行分析。那么，成交量背后的真实信息是什么呢？

7.2.1　成交量的含义

股票价格与成交量的关系往往呈现价升量增、价跌量减的规律。也就是说，在股价不断上涨过程中，成交量在不断增加；而在股价下跌过程中，成交量也逐步减少。

根据这一规律，如果股票价格上升而成交量不再增加，就意味着价格得不到买方的确认，价格的上升趋势就会改变；反之，当价格下跌时，成交量萎缩到一定的程度不再萎缩，就意味着卖方不再认同价格继续下降了，价格下跌的趋势就会改变。

某只股票的成交量大小，反映的是该只股票对市场中股民的吸引力。当该股票的吸引力很大时，将会吸引很多的股民投入资金买入，由于竞价效应，后来的买入者必须付出更高的价格才能买到，这样就推高了股价；相反地，当该股票的吸引力下降时，持有该股的股民就想卖出手中的股票，从而导致股价下跌。

以上描述的只是一个相对的过程，实战中并不会存在所有的股民都对某只股票意见完全相同地看好或看空。

当股票价格位于不同区域时，股民看多或看空的态度也会发生转变。例如，东风股份（600006）2024 年 1 月 30 日—2024 年 10 月 24 日的 K 线图如图 7-6 所示，其间最低价为 4.80 元，最高价为 9.71 元。假设这个时间段内有 1000 位股民在关注该股，7 月 9 日，该股的价格在 6.1 元附近时，可能有约 70% 的参与者认为价格已不会再下跌了，现在买入以后会出现更高的价格，而 30% 左右的股民认为该股还将下跌，继续观望。当 70% 看多的股民开始买入该股，股价开始上升，当股价涨到一定程度（假设为 7.95 元），股价已上升了约 30%，先买入的人中可能还有 30% 的人认为价格不会继续上升，因此会卖出股票，而最初看跌的

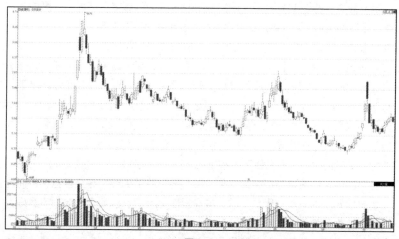

图 7-6

30%的股民中可能有10%改变了观点，认为价格还会上升，这时价格产生了瞬间的不平衡，卖出的有30%的股民，买入的只有10%的股民，股票价格就可能会下跌。

根据价升量增的观点，很多股民有一个错误的看法：股票的成交量越大，价格就越涨。要知道，对于任何一个买入者，必然有一个对应的卖出者，在任何价位都是如此。对于某只股票，如果在某一个价格区间成交量出乎意料地放大，说明在这个价格区间股民的分歧非常大；如果成交量很小，则说明对该价格区间的分歧很小（或者股民对该只股票根本不关心）。

那么，成交量分析究竟能给我们带来什么结果呢？这主要体现在以下几个方面。

- 可以从成交量变化分析某只股票对市场的吸引力。成交量越大，说明参与的股民越多，后续价格波动幅度可能会越大。
- 可以从成交量变化分析某只股票的价格压力和支撑区域。在一个价格区间，如果成交量很大，说明在该区间有很大的压力或支撑，趋势将在这里产生停顿或反转。
- 可以观察股价走出成交密集区域的方向。当股价走出成交密集区时，说明多空分歧得到了暂时的统一，如果是向上走，那么股价可能会继续上涨；若向下走，则股价可能会继续下跌。
- 可以观察成交量在不同价格区间的相对值大小，以此判断趋势的健康程度或可持续性。某只股票随着价格不断上涨，成交量应呈现阶梯形减少，一般来说，股价越高，敢于参与操作该股票的股民就越少，大部分股民出于本能反应会有这种"恐高症"。

7.2.2 股价与成交量的关系

成交量与股票价格、交易时间、股民意愿、市场人气等诸多因素相互影响，成交量的变化过程就是股民购买股票欲望消长变化的过程，也就是股票市场人气散聚的过程。

当某只股票人气旺盛时，成交量增大，会吸引更多股民买进，将刺激股价攀升。当股价向上涨到一定高度后，股民由于买入时的恐高心理，买进欲望变弱，成交量开始徘徊。成交量经过一定时间的徘徊后，股价继续上升的可能减少，这时获利盘纷纷出手，成交量放大，从而导致人心趋散，股价下跌。股价经过一段时间下跌，股民人心惶惶，抛盘四起，此时成交量的放大似乎成为人气进一步涣散的信号。当股价继续下跌，跌到一定程度时，股民卖出的冲动减少，这时成交量又将萎缩，股价将走入低谷。

成交量与股价的关系一般有以下两种情况。

- 量价同向，即股价与成交量变化方向相同。股价上升，成交量也相伴而升，是市场继续看好的表现；股价下跌，成交量随之而减，说明卖方对后市看好，持仓惜售，转势反弹仍大有希望。
- 量价背离，即股价与成交量呈相反的变化趋势。股价上升而成交量减少或持平，说明股价的升势得不到成交量的支撑，这种升势难以维持；股价下跌但成交量上升，是后市低迷的前兆，说明股民唯恐大祸降临而抛售离市。

分析成交量是观察主力动向的有效途径。资金量巨大是主力的实质，他们的一切意图都要通过成交来实现。成交量骤增，很可能是主力在大量买进或卖出。

7.2.3　从成交量分析主力异动

主力机构的操盘手法一般能在成交量上表现出来，通常可按以下几条进行分析。

- ⚫ 底部放量是行情即将启动的标志，顶部放量则预示着行情即将回调。
- ⚫ 上升过程中放量表示还有上升空间，下跌放量表示还没调整到位。
- ⚫ 上升缩量表示动力不足，随时有回调的可能，下跌缩量表示下跌动力不足。

这些通过观察日成交量可以很容易看出来，而更细致的分析则可通过每日分笔成交量、每日成交明细来发现主力机构的意图。

从成交明细来看，在交易过程中，如果买入大单频繁出现，则预示着主力准备启动该股的操作。因为从资金面来看，散户是没有能力一次买入金额达到几百万甚至上千万的股票的。通常主力在建仓初期不会这样明显地大单买入，而当出现大单买入时，一个原因是主力抢筹，另一个原因是主力用大单把成交量做起来，吸引散户的跟风。因此，到了主力敢于用大单操作时，说明该股的行情快启动了。

从成交笔数来看，成交笔数越少，金额越大，表示成交越强势；反之则越弱势。尤其是成交笔数比较多而集中的时候，表示有大资金活跃迹象，该股出现价格异动的概率就大，应该引起股民的注意。而如果半天也没人买或者都是一些小单子在交易，则至少短期内不大可能成为好股。

成交笔数分析是依据成交次数、笔数的多少，来了解市场中人气的聚集程度，从而对后期可能的走势进行判断，常用的成交笔数的判断规则如下。

- ⚫ 在股价处于相对高位时，成交笔数较多，且股价下跌，为卖出时机。
- ⚫ 在股价处于相对低位时，成交笔数较多，且股价上升，仍有一段上升波段。
- ⚫ 在股价处于相对低位时，成交笔数减少，表示即将反转，为买进时机。

另外，还可以使用每笔手数来测算主力是否进场买卖股票。用每笔交易的平均成交量除以手数，得到平均每笔成交有多少手。从每笔手数的变动情形可以分析股价行情的短期变化，通常可通过以下规则进行判断。

- ⚫ 每笔手数增加表示有大额的买卖，每笔手数减少表示参加买卖的多是散户。
- ⚫ 在下跌行情中，每笔手数逐渐增加，表示有主力买进，股价可能于近日止跌。
- ⚫ 在上涨行情中，每笔手数逐渐增加，表示有主力出货，股价可能于近日止涨下跌。
- ⚫ 在上涨或下跌行情中，每笔手数没有显著的变化，表示当前行情仍将持续一段时间。
- ⚫ 在一段大行情终了进入盘整局时，每笔手数很小且没有大变化，则表示主力正在观望。

7.2.4　大单分析

在分析成交明细表时，股民应特别关注大单，前面也提到过，由于散户没那么大的资金实力，通常大单都是主力机构所为，因此，对大单进行分析就可发现主力的痕迹。

怎样界定大单？其实对大单的界定没有很明确的标准，在有的股票分析软件中单笔成交 500 手以上就算大单，而在有的软件中则可对这个数量进行设置，还有的软件可按成交金额来设置大单。

例如，在 2024 年 10 月 24 日，首创环保（600008）的股价为 3.23 元，买入 500 手需要 16.15 万元，账户资金不到 20 万元就可以进行，很多散户都能操作；贵州茅台（600519）的股价为 1552.20 元，买入 500 手则需要 7761 万元，这就超出大部分散户的购买力了。

因此，对大单可能按成交金额来定义会准确得多。通常单笔成交金额大于 100 万元的可认为是大单。

对大单的分析应从以下几方面去观察。

- 连续的大单成交才是主力机构所为，通常的表现为股价的稳步上升和大手笔的连续出现。
- 在一段时间内大单成交出现得非常密集，如在一分钟之内出现好几笔，则必定是主力机构所为。说明主力机构急于拉升或出货；如一天之内仅有几笔大手笔，说明主力机构并不急于对该股进行操作。
- 当某只股票有非常好的底部形态时，如发现成交笔数在逐步增加，股价在小幅上涨，此时往往是较好的进场机会。尤其是在卖一挂着大笔卖单，但是却被几笔较大买单在极短的时间内吃掉时，股民应在大卖单快被买完时进场。
- 当股价已经过较长时间的连续上升，在某一位置有大笔买单，一旦有数笔主动性大抛单卖出，则可能是主力机构急于出货，这时应立即卖出该股。
- 在股票连续下跌途中，成交笔数往往较小，说明此时是散户行为，主力机构还未入场，股民可以持币观望。

7.3　识别真假成交量

股市中是人与人的博弈，主力机构在资金面、消息面、技术面等方面都拥有绝对的优势。主力机构从股市中赚的钱多数是散户亏损的钱，而主力机构要赚到散户的钱，就需要通过消息面、技术面等方面来与散户博弈。在技术层面，技术分析人士总结出了很多的技术指标及可视化工具，如成交量、K 线等。

但是需要注意的是，不要低估了主力机构的能力，这些技术指标，主力机构可以通过其资金面的优势"制造"。

例如，对于个股，一些主力机构能精确地控制每天的开盘价、收盘价，最终据此绘制出来的 K 线是主力机构意图的体现。

　　同样，对于成交量，主力机构也可通过资金面的优势来控制，那么，怎么识别真假成交量呢？

7.3.1　什么是假成交量

　　股民判断股价趋势时最关注的是其与成交量的组合。一般情况下，底部明显放量表示吸货，顶部明显放量表示出货。主力在吸货过程中，成交量不可避免地会放大，为不使散户股民提前发现，主力会在吸货之前先有意做出成交量放大的形态，通过大量对敲，成交量被过分夸大，这种大量的铺垫令后来真正吸货时的成交量看起来相对小。只有极细心的股民才会发觉这种看似正常的变化，而主力已在前期虚张声势的掩盖下吸足了筹码。同理，出货时，主力在拉升阶段对敲放出巨量，高位盘整时，没有对敲单的情况下，成交量就会大幅萎缩。股民对成交量的判断总是出于比较，所以主力在高位真正派发时，股民会认为这是无量盘整，不会出货，但主力已完成了变虚为实，顺利离场了。

　　主力虽然千方百计地利用散户的弱点设计迷惑股民，但要实现目的，有些过程和现象还是无法完全掩饰的，主力单次吸货量小耗费的时间必然长，主力出货就无法避免股价下跌，问题总是会不断暴露，关键是以怎样的角度去判断才能看清真相。

7.3.2　如何识别假成交量

　　某只股票的成交量放大后，通常会引起不少股民的关注，因此，当主力想让人关注所操作的股票时，通常会通过一些盘面手法使该股看起来正在放量。有时放量是主力在吸筹，有时放量却是主力想引起市场注意，吸引散户跟风。主力在吸筹时的放量是真实的成交量，当主力手中有足够的筹码，而又想制造放量的技术图形时，基本上是通过对敲的手法来进行操作，主力经常在建仓、震仓、拉高、出货、反弹行情中运用对敲手法。

1．了解什么是对敲

　　对敲是指主力在多家营业部同时开户，以拉锯方式在各营业部之间报价交易，利用多个账号同时买进或卖出，人为地将股价抬高或压低，以便从中获益。

　　当成交栏中连续出现较大成交盘，且买卖队列中此价位挂单或成交量没有远大于其他价位的挂单量时，则十有八九是主力刻意对敲所为，此时若股价在顶部多是为了掩护出货，若在底部则多是为了激活股性。

　　通俗地说，对敲就是自买自卖，左手出右手进，筹码从甲乙两个（或是多个）仓库之间来回倒换。

　　通过对敲操作，股票筹码仍然在主力手中，但市场中却形成了成交量，这种成交量就是假成交量。

　　当然，对敲过程中主力也需要付出成本，那就是交易佣金、印花税等。不过，对于主力机构来说，这些费用相对于做成一只股票的收益，显得微不足道。

主力使用对敲的目的主要有以下两个方面。

- 将股价慢慢推高，为日后出货创造空间。
- 制造交易活跃气氛，日 K 线图上呈"价升量增"的向多态势，在吸引跟风盘涌入后好出货。

2. 不同阶段的对敲

对敲是一种常用的操盘手法，建仓时对敲、震仓时对敲、拉高时对敲、出货时对敲、做反弹行情仍然运用对敲。

在建仓时，通过对敲的手法来打压股票价格，以便在低价位买到更多、更便宜的筹码。个股在低位横盘一段时间后，主力若准备吸筹，则会通过对敲打压股价，形成平台破位的走势，然后又将股价迅速拉回到平台之上，这就是主力在打压吸筹。在个股处于低位时，如果以股价小阴线小阳线的形态沿 10 日线持续上扬，则说明有主力在开始建仓；若出现成交量放大且股价连续下跌，就有可能是主力在利用大手笔对敲来打压股价。从盘口看，股票下跌时的每笔成交量明显大于上涨或者横盘时的每笔成交量，这时的每笔成交量会维持在相对较高的水平（在进行对敲时散户还没有大量跟进，多数属于主力自己对敲成交）。另外，在低位时主力更多地运用夹板的手法，即上下都有大的买卖单，中间相差几分钱，同时不断有小买单吃货。其目的就是让散户觉得该股抛压沉重、上涨乏力，从而抛出手中股票，主力这时会不断接过散户卖出的筹码。

在拉升股价时，利用对敲的手法来大幅度推高股价。主力利用大单对敲，让散户看到不断有大买单买入该股，制造该股票被市场看好的假象，提升市场的期望值，减少以后该股票在高位盘整时的抛盘压力（散户跟主力抢着出货）。这个时候股价上涨很快，散户不容易买到，往往需要高几个价位才能买到，每笔成交量明显放大。股价上涨很轻松，随着买盘的不断跟进，会出现价涨量增，但每笔成交量会有所减少。

在震仓洗盘时，因为跟风盘获利比较丰厚，主力一般会采用大幅度对敲震仓的手法使一些不够坚定的股民出局。在盘中大幅震荡时，高点和低点的成交量明显放大，这是主力为了控制股价涨跌幅度而用相当大的对敲手笔控制股票价格造成的。

当主力出货之后，由于没有资金护盘，股价将自由下跌，而这时大部分中小散户已经被套牢，成交量明显萎缩。主力会找机会用大单连续对敲拉抬股价做反弹行情，较大的买卖盘总是突然出现又突然消失，因为此时主力对敲拉抬的目的只是适当地拉高股价，以便能够把手中剩余的筹码也卖个好价钱。一旦主力将手中剩余的筹码派发完毕，股价将不断下跌。

3. 对敲的特征

要识别假成交量，股民首先应掌握对敲的基本特征，才能在盘面中发现对敲，从而发现假成交量。通常，对敲具有以下基本特征。

- 5 分钟 K 线图连续收出一连串的小阳线，阳线实体相近，没有出现大起大落的现象，并且基本上没有回档，明显有主力在其中控制股价的痕迹。
- 从成交量上看，短期成交量成倍放大，但股价涨幅却不是太高，通常也是主力对敲所致。
- 从每笔成交量上看，单笔成交手数较大，经常为整数，如 100 手、500 手，买盘和卖盘的手数都较接近，出现这样的情况，通常买卖方是同一家，也就是对敲行为。一旦出现对敲式推高，说明股价已进入最后冲击阶段。
- 从时段成交量看，经前期放量拉高后长期进入缩量盘整态势的股票，某日价格突然呈现放量破位下行，此时应警觉主力派发进入尾声。

7.4　放量与缩量的应对

成交量的变化通常可分为 3 种，即放量、缩量、平量。放量和缩量可进一步细分，因此成交量的变化可分为逐步放量、快速放量、逐步缩量、快速缩量、平量等几种，这几种变化结合股价的涨跌，便形成了很复杂的组合。通过在日 K 线图中观察量能的放大或缩小，可以分析趋势、把握方向。

7.4.1　逐步放量

逐步放量是指成交量在一段较长的交易期间内逐渐增大，如图 7-7 所示，虽然有时会出现或大或小的成交量柱形图，但成交量总体呈上升趋势。

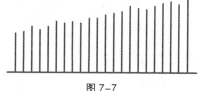

图 7-7

逐步放量既可出现在涨势中，也可出现在跌势中。在不同时期出现逐步放量的成交量图形时，股民应采取的操作也不同，下面列出一些规则。

- 在涨势初期出现，为上涨信号，股民可跟进做多。
- 在上涨途中出现，后市看涨，股民可继续持股做多。
- 在涨势后期出现，为转势信号，不可盲目跟进做多。
- 在跌势初期出现，为卖出信号，应及时退出观望。
- 在下跌途中出现，后市看跌，应继续持币看空。
- 在跌势后期出现，为转势信号，不可盲目杀跌。

7.4.2 快速放量

快速放量是指在短期内成交量突然放大，通常与前一交易周期相比，成交量是成倍增长，在日 K 线图中，通常超过前一交易日的 30%以上。快速放量的示意图如图 7-8 所示，在放量前的一段交易时间里成交量没有什么大的变化。

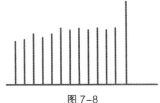

图 7-8

快速放量既可出现在涨势中，也可出现在跌势中。在不同时期出现快速放量的成交量图形，股民应采取不同的操作。

- 在涨势初期出现，是助涨信号，股民可及时买入做多。
- 在上涨途中出现，其方向不明，股民可谨慎做多。
- 在涨势后期出现，是见顶信号，不可盲目跟进做多。
- 在跌势初期出现，是助跌信号，股民应及时卖出观望。
- 在下跌途中出现，继续看跌，股民不可进行低吸操作。
- 在跌势后期出现，是转势信号，股民不要恐慌卖出。

7.4.3 逐步缩量

与逐步放量相反，逐步缩量是指在一段交易时间内，成交量呈逐渐下降的趋势，如图 7-9 所示，虽然有时会出现或大或小的成交量，但是成交量总体呈下降趋势。

逐步缩量既可出现在跌势中，也可出现在涨势

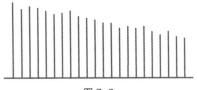

图 7-9

中。在不同时期出现逐步缩量的成交量图形，股民应采取不同的操作。

- 在跌势初期出现，后市看空，股民应及时退出观望。
- 在下跌途中出现，为弱市信号，应继续做空。
- 在跌势后期出现，为止跌信号，不可盲目卖出做空。
- 在涨势初期出现，信号方向不明，不应跟进做多，应持币观望。
- 在上涨途中出现，有转弱的可能，谨慎做多。
- 在涨势后期出现，为滞涨信号，可分批退出。

提　示

大盘或个股大幅下跌之后出现逐步缩量现象时，股民不应再盲目杀跌，以防"割肉"割在地板上。

7.4.4　快速缩量

快速缩量是指在前期成交量比较平稳，或在放量过程中，某一个交易日成交量突然下降很多，与前期的成交量柱形图形成明显的反差，如图 7-10 所示。

快速缩量既可出现在涨势中，也可出现在跌势中。在不同时期出现快速缩量的成交量图形，股民应采取不同的操作。

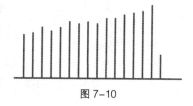

图 7-10

- 在涨势初期出现，为回档信号，股民不必急于跟进做多。
- 在上涨途中出现，信号方向不明，应谨慎做多。
- 在涨势后期出现，为转势信号，可分批退出。
- 在跌势初期出现，为助跌信号，应及时退出观望。
- 在下跌途中出现，后市看空，应继续持币观望。
- 在跌势后期出现，为见底信号，不应再继续杀跌。

提　示

在涨势初期出现快速缩量，常会出现回档整理。在涨势后期出现快速缩量，常是因为买盘不足，这样就很容易被空方利用，此时应进行减仓操作或退出观望。

7.4.5　平量

当成交量稳定在一定水平且上升或下降的幅度很小时，称为平量。这时的成交量一直保持在一定的水平，虽然有时会出现或大或小的波动，但成交量总体呈基本平稳的趋势。

不同的成交量水平都会有平量的情况出现，因此平量也可以分为小平量、中平量、大平量，如图 7-11 所示。

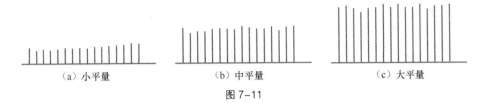

（a）小平量　　　　　　　（b）中平量　　　　　　　（c）大平量

图 7-11

在不同时期出现平量的成交量图形，股民需采取的操作是不同的。

- 在涨势初期出现中平量、大平量，后市看好，股民可跟进做多。
- 在上涨途中出现小平量，继续看涨，仍可持股做多；出现中平量，方向不明，谨慎做多；出现大平量，后市看淡，可退出观望。
- 在涨势后期出现大平量，为滞涨信号，可分批退出。
- 在跌势初期无论出现什么样的平量，后市均看空，应及时退出观望。
- 在下跌途中无论出现什么样的平量，均要继续看跌，持币观望。
- 在跌势后期出现小平量，为止跌信号，不应再看空做空。

7.5　股价触底时的成交量特征

当成交量的底部出现时，往往股价的底部也出现了。成交量底部的研判是以过去的底部作为标准的。当股价从高位往下滑落，成交量逐步递减至过去的底部均量后，股价触底站稳后不再往下跌，此后股价呈现盘整，成交量也萎缩到极限，出现价稳量缩的走势，这种现象就意味着盘底出现。底部的重要特征就是股价的波动幅度越来越小。此后，如果成交量一直萎缩，则股价将继续盘整，直到成交量逐步放大且股价坚挺，价量配合之后才有往上的冲击能力，成交量由萎缩转为递增代表了供求状态已经发生变化。底部区域成交量的萎缩表示浮动筹码大幅缩减，筹码安定性高，杀盘力量衰竭，所以出现价稳量缩的现象，此后再出现成交量的递增，表示有人进货了，因为如果没有人进货，何来出货呢？所以，此时筹码的供需力量已经改变，已蕴藏着上攻行情。对成交量见底的股票要特别加以注意，当股价的跌幅逐渐缩小或跳空下跌缺口出现时，通常成交量会极度萎缩，之后如果开始量增价升，这就是股价见底反弹的时候到了。

图 7-12 所示是中国联通（600050）2019 年 8 月初至 2023 年 5 月初的走势，在 2019 年
8 月股价开始快速下跌，成交量也逐步减少，然后在很长的时间内成交量都维持在一个平量
水平，偶有一两个交易日放量，但随后又恢复到较小的水平。在平量期间股价有小幅波动，
这个期间就是股价筑底的时候。

图 7-12

当成交量见底时，股民的情绪往往也见底了，前期赚了钱的股民陆续退出，而在这轮
涨势末期才买入的股民被套住，因此新入场股民不断减少。当股民的买入欲望最弱的时候，
股价却不再下跌，那就说明股民抛售股票的意愿也非常弱，这种状态往往就是筑底阶段的
特征。问题是，既然成交量已萎缩至极，说明参与者很少，这就说明真正能抄到底部的人
必然是非常少的。当股价长期盘整却再也掉不下去的时候，有一部分人感觉到这是底部，于
是试探性地进货，这会造成成交量轻微放大。由于抛压很小，只需少量买盘就可以令股价上
涨，这就是图 7-12 中底部右半部分形态形成的原因。如果股价在这些试探性买盘的推动下开
始上扬，那必然会吸引更多的股民买入，成交量就会进一步放大，股价也就随着成交量放大
开始上扬。股价只要轻微上涨就能吸引更多股民入市，这样的股票就具有上涨的潜力。

股民选股的时候需要有耐心，成交量筑底需要一段时间。在成交量的底部买入的股民
肯定具有很大的勇气和信心，但却不一定有耐心。一只能让股民赚大钱的股票的筑底起码
应持续一个月甚至几个月。

7.6　股价上升途中的成交量特征

股票经过长期的缩量筑底后，主力机构吸到足够多的筹码，接下来就需要推高股价，
这也需要成交量的配合。通常情况下，股价不可能一次就涨到位，而是波段式上涨，在不

同的上涨波段，成交量特征也有所不同。

7.6.1　初涨期的成交量特征

经过较长时间的筑底后，主力将开始拉升股价。其实不管在哪个阶段，要吸引股民跟风都离不开放量的过程，因此，初涨期通常也有一个放量的过程。个股盘子的大小和主力操作风格等因素不同，初涨期股价的上涨和成交量的放量也会有所不同。有的股票价格缓慢上升，成交量也是缓慢放大；而有的股票价格急速上升，成交量快速放大。

由于是初涨期，通常经过几个交易日的上涨后，股价又会回落确认支撑，这时成交量也随之缩小，但每天的成交量应比筑底时的成交量要大，表明交易比筑底时要活跃。

仍然以中国联通（600050）为例说明。如图7-13所示，经过几个月的筑底，该股在2022年11月2日突然放量涨停；从成交量看，2日的换手率为0.96%，3日的换手率达到2.72%，放量非常明显，股价开启了新一轮上涨。该股价格到了一个新的台阶后开始逐步回落，成交量也随之回落，但每天的换手率仍基本在2%左右，比筑底阶段的0.3%左右要高得多。

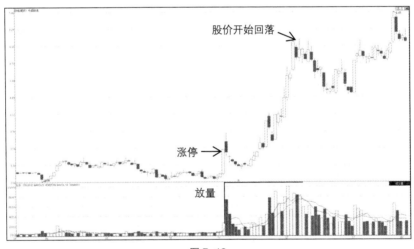

图 7-13

前面也曾提到过，股价的上涨通常要分为几个波段，主力通过波段不断推高股价，并在波段下跌时洗出一些持股不坚定的股民，为主升浪做准备。在这些波段中，每一波股价上涨时都需要成交量配合，都有一个放量的过程，当股价涨上一个台阶开始回落时，成交量也相应缩小。

7.6.2　主升浪的成交量特征

主升浪是一轮行情中涨幅最大、上升持续时间最长的行情，主升浪比较类似于波浪理论中的第三浪。主升浪行情往往是在大盘强势调整后迅速展开，它是一轮行情中股民的主要获利阶段，绝对不可以踏空。

在主升浪中，股价呈单边上涨态势，均线形成多头排列。从成交量来分析，经过股价筑底时的吸筹、初涨期的抢筹，主力在主升浪时手中的筹码通常已足够多。这时在散户手中的筹码已不多，推高股价的压力较小，主力通过盘中对敲等操作手法不断放量，并推高股价。在主升浪阶段，成交量通常保持在一个较高的水平，并呈现平量的态势，即成交量不会有太大的变化。

拓维信息（002261）2024 年 6 月到 10 月的走势如图 7-14 所示。自 2024 年 2 月上涨以来，经过几个月的盘整后，该股进入主升浪阶段，在主升浪阶段，股价从 9.37 元上涨到 26.98 元，而这期间，其成交量、日换手率都维持在一个较高水平。

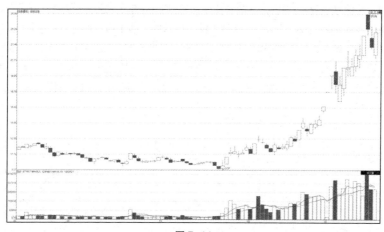

图 7-14

7.7　股价到顶时的成交量特征

股价到顶时成交量的表现主要分为两种情况：一种是放巨量见顶；另一种是缩量见顶。下面分别介绍这两种情况。

7.7.1　放巨量见顶

股市中有句谚语：天量之后见天价。当个股或大盘放出异乎寻常的巨大成交量时，是即将见顶的重要特征。其中，小盘股的换手率如果达到 30% 以上，大盘股的换手率如果达到 15% 以上，同时股价已有一定涨幅的，则在放出巨量的当天，就要当机立断地迅速卖出该股，无论其股价是涨还是跌。

有时个股的成交换手率虽然没有达到上述标准，但是其成交量仍是最近一轮行情以来最大的，也要将其视为"天量"水平。比如，有的个股在一轮行情中，换手率从未超 5%，如果当股价涨升到一定高度，突然连续多次出现超过 5%的换手率时，股民也要警惕，从技术分析上看，量与价之间有必然的联系，"天量之后见天价"的规律已经屡次被市场验证。

部分个股经过大幅拉升后，突然出现量比急剧放大的现象，也是重要的头部特征。和前两种放巨量不同，这种放量的换手率并不高，但是量比却大得惊人，有时能达到之前的数十倍之多。而恰恰是因为换手率不高，所以容易使股民产生麻痹心理，从而错失逃顶的机会。

如图 7-15 所示，香农芯创（300475）在 2023 年 11 月 16 日上涨至最高 43.83 元，在 2023 年 10 月 26 日（图中价格最低点对应的日期）开始的这轮快速上涨期间，成交量稳定上升，换手率上升至 10%左右。到 11 月 17 日（图中标识 K 线的前一根 K 线），该股又开始放量上涨，当日换手率 11.91%，与前一交易日的 13.43%基本一致，保持着较高的水平，看起来又像是要来一轮上涨一样。到 20 日（图中标识的 K 线）股价跳空低开收阴，想买入该股的股民有机会买入，全天换手率 13.23%。这时，主力已将大部分筹码交到跟风追入的散户手中了。随后，该股股价下了一个台阶，并进行了一段时间的盘整，成交量在盘整时也迅速萎缩。经过一段时间的盘整，主力剩余的筹码也派发得差不多了，该股股价开始大幅下跌。

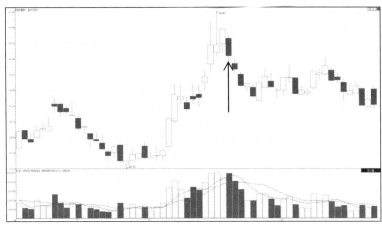

图 7-15

7.7.2 缩量见顶

股价缩量见顶时成交量的特征：相比主升浪时的价升量增或保持平量，在股价处于顶部时，股价虽然在上涨，但成交量却出现萎缩，形成了量价背离。

这时由于前期主升浪巨大涨幅的刺激，很多股民已经处于非理性状态，认为只要买入就有利润。但是这种狂热随着股价的上升而减少，买盘也就减少了；另外，这时的持股者由于看到前期股价的快速上涨，心里的期望值还比较高，大多数股民都认为行情仍将继续，也不会降低价格卖出手中的筹码。所以，在这个阶段，成交量反而会减少，成交量就出现了萎缩的态势。

如图 7-16 所示，朗科科技（300042）经过一段时间的上涨，股价已逐步上涨到位。在主升浪初期（2023 年 5 月 17 日和 18 日），股价在上涨，成交量保持一个较平稳的状态，换手率分别为 4.57% 和 5.18%。随着主升浪到末期，股价涨得太高，这时成交量开始出现缓慢萎缩的态势。顶部逐渐形成，股价在 2023 年 6 月 19 日创出 47.22 元的新高后，开始缓慢下跌。

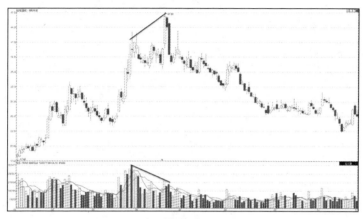

图 7-16

在实际操作中，有很多股民还有这样一种认识，就是"只要股票不放量，主力就一定没出货"，其实这是一种错误的想法，主力出货并不一定要放量。因为主力在高位放量出货时，容易引起一些有经验股民的警觉，而且散户船小好调头，往往能跑得比主力快。为了避免出现这种被动局面，主力有时会采用边拉升边出货的隐蔽出货手法，在股价拉升过程中就完成了大部分的出货任务，这样在股价形成顶部时就不会有放量迹象。

7.8 股价下跌过程中的成交量特征

股价要上涨，通常需要量能的配合，即需要放量才有上涨的动力，但股价下跌过程却并不一定要放量，大部分股票在价格下跌过程中成交量保持在相对平稳的状态。

形成这种成交量特点的具体原因：由于股价下跌，持有股票的股民想卖却卖不掉，没有人愿意在股价下跌的时候跑去接盘，所以成交量反而会小。这是出于人的一种本能反应——追涨杀跌，这也是主力要选择拉高出货的一个原因。

但是在股价下跌时并没有买盘，因为在股价下跌到一定程度，其风险就得到一定程度的释放，有些股民就会认为可以进场了，但这类股民通常较少，所以成交量也较小；同时，由于股价下跌，有的持有者舍不得卖出手中的筹码，或认为经过一段时间的调整后会有反弹，所以卖出的股民也就会减少。

图 7-17 所示是万马股份（002276）的 K 线图，从图中可看到，在 2023 年 5 月 16 日股价达到高点 14.75 元后开始下跌。在股价下跌的过程中，可看到成交量也在明显地缩小，换手率从 10% 下降到 1% 以下。在股价下跌期间，成交量基本维持在一个稳定的水平（换手率在 1%~2%）。

图 7-17

当股价跌了一定幅度之后，很多投资人认为该股价格的下跌已释放了大部分风险，就会开始试探性地买入，这样股价将维持在一个箱体中，在这个箱体中，隔一段时间股价会向上冲一下，同时成交量也会有所放大，然后随着股价的回落，成交量又回落到较低的水平，经过较长时间的箱体震荡，主力收集了足够的筹码，又会开始下一波行情。

7.9 成交量陷阱

前文介绍了成交量的识别，这里专门再用一节来介绍成交量陷阱。

通常都认为成交量的大小与股价的涨跌具有同向关系，即量增才能价涨、量缩价跌。但是主力的能量是无穷的，在实战中可以发现成交量也是会骗人的，这是主力设置陷阱的最佳方法，用这种方法特别容易骗到那些了解部分量价关系、对技术分析刚入门的股民。那么，主力是如何在成交量方面设置陷阱的呢？散户又该怎么来预防呢？

7.9.1 久盘后突然放量

盘整是指在一个时期内（如一个月、一个季度甚至半年等）股票在一个相对窄小的价格区间进行波动，上行到该区间的高位时股价就遇阻回落，下跌到该区间下轨时，股价又遇支撑反弹。这样股价在一个较小的区间内来回运行，买入的股民处于无利润也基本上无亏损的状态，交易极不活跃，不被市场人士关注。

股市中有句谚语：久盘必跌。但有些股票却在久盘之后突然放量突破前期盘整的上轨。通常的表现形式：某一天开盘后发现挂有大量的买单或卖单，摆出一副向上拉升的架势。开盘后半小时到一小时内，大量的买单挂在买一、买二、买三的价位上，同样，也有很多卖单挂在卖一、卖二、卖三等各价位上。这时成交量急剧上升，推动股价上涨。突然放大的成交量将吸引很多股民关注，不少股民可能会试探性地买入。但是由于买一上已经挂了很多大单，要想确保成交，只能直接按市场卖出价买进。正是因为这种市场买入的人增多，尽管抛单沉重，股价还是会不断增加，进一步增强了股民买入的信心，使股民认为该股将突破盘局放量上涨，展开新一轮行情。在开盘一小时后，股价的涨幅可能达到7%以上，有的甚至以大单封在涨停位置。但是好景不长，当散户买入很多后，买一的挂单就会少一些了（通常是由于主力撤掉买一所挂大单所致），而买二、买三的挂单仍然很多，这时卖一至卖三的 3 个价位的卖单也看不到太多，然而成交量却不少，显然是有卖盘按市价在买一的价位抛出。到收盘时，股价涨幅基本都还维持在 7%～8%。到下一个交易日，该股可能出现低开，然后快速推高，上涨至 5%～7%，也有的干脆高开高走，大有形成突破缺口的架势。这样，当很多股民已经确认该股形成突破之势而追入时，该股在涨到 5%～7%时突然掉头下跌，大量的抛单抛向那些早上挂单追涨而未能成交而又没有撤单的散户手中。虽然随后还会反复拉升，但往上的主动买单减少，而往下的抛单却不断增加，股价逐渐走低，到收盘前甚至跌到前一交易日的收盘价以下。随后的多个交易日中，该股成交量快速缩量，股价很快跌破上次的起涨点，并一路阴跌不止。如果股民不及时止损，股价还会加速下跌，使股民深度套牢。

7.9.2 发布财报前突然放量

A股上市公司每个季度都要发布财务报告，公布公司的一个季度（半年或年度）的经营情况以及公司的一些重大经营事项。

在这些财务报告公布之前，其实已经有一部分人提前了解到了财报中的数据，能在公布前合法地了解到财务数据的人包括公司董事会成员、会计师等。这些人可能会提前将财报的重要数据泄露出去，从而造成股价的异动。

当然，由于上市公司的很多经营数据也可以从市场中获取，券商或一些大的主力机构有专门的分析师对所关注的公司进行调研，也可预测出其经营业绩。因此，对于业绩好的股票，主力可能早就悄悄地买入，并将股价推高到一个理想的位置，然后盘整等待利好消息的公布。

也有一些上市公司保密工作做得好，到消息公布前几天才有部分消息泄露出来。这时，主力已没有充足的时间在低位买入该股了，为了抢在利好公布前收集更多的筹码，通常会突然抢筹，动用大量资金迅速买入该股，这样股价就会不断上升，成交量温和放大。等到消息公布，股民一致认同该股值得买入时，该股可能就会直接开盘到涨停板位置。这时前几天买入该股的主力会将股票全部抛出，短短几天就可获得可观的利润。

以上描述的是对于业绩有突发利好的股票的一种操作形式。利用股民这种心理，主力有时也会对手中业绩差的股票进行类似的操作。例如，某只股票本来一直阴跌不止，形成下降通道。但在公布财报前的某一个交易日，该股突然跳空低开，或在盘中突然下跌，造成股价异常波动，以吸引市场人士关注。随后，该股会有大量的买单或者卖单同时出现，成交量猛增，股价也在不断推高。这时广大股民认为该股财报中一定会公布业绩有重大改善，于是在当天大胆跟进。岂料第二天，该股放量不涨，有的甚至缩量盘跌，价格随后更是一路加速下降。待公布业绩时，该股业绩大滑坡，股价无量下跌，有的甚至连连跌停，使股民深度套牢。

通常，上市公司公布财报前股价一般有以下几种情况的走势。

- 股价一直在上升通道中运行，股价大幅涨升，有的甚至翻倍，该股业绩优秀，一定有主力长期持有。待优良的业绩公布后，通常伴有高送配消息。复牌后，会放出巨大的成交量，主力将借利好出货。

- 股价在财报公布前，一直作窄幅盘整，但是于某一天温和放量，股价稳步推高。该股通常业绩不错，但没有主力长线炒作。业绩公布后复牌，成交量放大为短线炒手出货。

- 财报公布前，股价一直在下降通道中，股价却于某一天突然放量。这通常是被套主力反多为空，制造成交量放大的陷阱。这种陷阱是最值得防范的。

7.9.3　除权后突然放量

高比例配送的股票，通常都是市场追逐的热点，每年年报公布后都会有一波配送行情。对于中小盘股票，特别热衷于高比例配送。

在高比例送红股、用公积金转送和配股消息公布前，有主力参与的这些股票通常都炒得很高了。这时，一般稍有买卖股票经验的人都不会在高位买进。而股价大幅上升后，主力再将股价向上拉升也没有什么意义（跟风的很少了）。所以，股价要在高位企稳一段时间，等待送红股或公积金转送的消息。一旦消息公布，炒高了的股票大幅除权，使价位降到很低，25元的股票，10送10就只有12.5元了。这时主力利用散户追涨的心理，在除权日大幅拉抬股价，造成巨大的成交量。当散户幻想填权行情到来时，主力却乘机大肆出货。

许多股票大幅除权后，的确会有填权行情，但要具体对待。一般来说，除权前股价翻了一倍甚至几倍的股票很难立即填权。

对于大幅除权后的股票，股民要仔细研究其股本扩张速度是否能和业绩增长保持同步。还要考察除权后流通股数量的大小及有无后续炒作题材，切不可见放量就跟、见价涨就追。

第8章

令人兴奋的涨停板

　　涨停板，是股市中令人兴奋的一个词。抓住一个涨停板，这只股票在你账面的资金一天就至少可以增长10%。如果每个交易日都是10%的涨停板，你的资金几天可以翻倍？8天！只需要8天！1万元本金，49个交易日后就可达到100万元！但有谁可以这么牛？其实，这只是理想状态的一种计算而已，实际操作中能抓到一个或几个涨停板就算很不错了。其实在A股市场中，股票连续涨停并不少见，只不过一般散户很难抓住罢了。

通常来说，按交易时间段来分，涨停的情况有 3 种：开盘即涨停、盘中买涨停和盘尾拉涨停。本章主要就涨停的几种情况及关于涨停的操作进行介绍。

8.1　开盘即涨停

开盘即涨停是指该股开盘时的成交价就是涨停价，图 8-1 所示的广合科技（001389）在 2024 年 10 月 8 日的走势就是典型的例子。

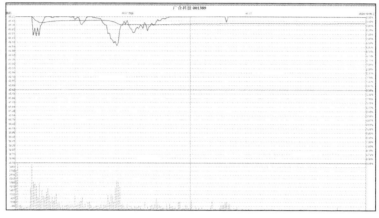

图 8-1

一般来说，开盘就被封在涨停板的股票势头较猛，只要当天涨停板不被打开，第二日仍然有上冲动力。

开盘就涨停的股票在盘中的走势可分为以下两种情况。

- 涨停板盘中不被打开，一直持续到收盘。
- 涨停板盘中被打开，打开后可能成交又被推到涨停，还可能被反复打开。到收盘时，成交价可能在涨停板位置，也可能在较低的位置。

8.1.1　盘中不被打开的涨停板

开盘就封在涨停位置，且盘中一直未被打开，这类股票当然很强势。对于这种情况的股票又分两种情况，即无量封涨停和放量封涨停。

1. 无量封涨停

股价的变动是由盘中买卖双方的力量决定的。如果大家一致认为该股后期空间很大，持有者都不会抛出，而想买入该股的股民又很多，纷纷出高价买入，多空双方力量对比悬殊，将导致一开盘股价就封在涨停位置，且成交量很少。

图 8-2 所示的是*ST 双成（002693）的日 K 线图，该股自 2024 年 8 月 28 日起停牌，在 2024 年 9 月 11 日重新开盘即封在涨停位置，且全天涨停都未打开，当天的 K 线图为 "一"字形，成交量非常小，换手率仅为 0.47%，这就是典型的无量封涨停。

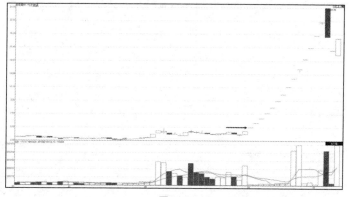

图 8-2

这类开盘就封涨停的走势通常是由于股票突发利好消息或停牌很久后复牌而引发。*ST双成（002693）的这次开盘无量封涨停则是由之前发布重大资产重组消息引发。

2. 放量封涨停

这种走势是指股票开盘就封涨停，盘中涨停也没有打开过，而且成交量较大。此类涨停走势比无量封涨停要稍逊一筹。放量表示有一部分股民看空该股票而抛出，但看多的更多，买盘始终庞大，因此涨停板也一直没被打开。

图 8-3 所示的是大众交通（600611）的 K 线图，从 2024 年 7 月 10 日开始，该股时不时就涨停，盘中交易量较大。这就是典型的放量封涨停的走势。

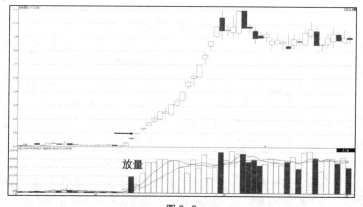

图 8-3

图 8-4 所示的是大众交通（600611）在 2024 年 7 月 10 日（图 8-3 中箭头所指 K 线对应的日期）的分时走势图，可看到在开盘初期的成交量很大，在开盘几分钟之后成交量就迅速减少。

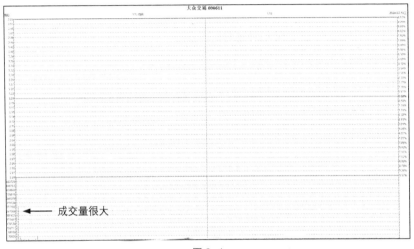

成交量很大

图 8-4

8.1.2　盘中被打开的涨停板

盘中被打开的涨停板比较多见。开盘就涨停的股票在交易过程中被打开的情况较为复杂，有打开后一直就不能再封涨停的，有打开后又被封在涨停板的，有打开后反复涨停的；到收盘时有的能以涨停板收盘，有的不能以涨停板收盘。针对这些情况，从股价涨幅和大盘走势来判断，这类涨停板可分为吃货型、洗盘型、出货型等几种。

1. 吃货型

多数处于近日无多大涨幅的低位，且大盘走势较好。吃货型的特点是刚封板时可能有大买单挂在买一等处，是主力自己的，然后大卖单砸下制造恐慌，诱使散户出货，主力再吸货，之后小手笔挂在买盘，反复震荡，给人封不住的感觉。

图 8-5 所示的天津普林（002134）经过了 2024 年 9 月 30 日（图中箭头所指 K 线对应的日期）之前的一波上涨后，股价涨幅仍不大。由于前期成交量一直不大，主力要想炒作该股还需要很多的筹码，而如果一路大阳线、小阳线稳步推升，散户也不愿意将所持筹码卖出。

图 8-6 所示的是天津普林（002134）在 2024 年 10 月 8 日（国庆长假后的第一个交易日）的分时走势图，从图 8-6 中可看出，该股当天以涨停板开盘，但开盘后股价就开始向下走。由于前一段时间的持续上涨，散户看到涨停板封不住、高开低走，认为该股阶段性涨幅已足够大，可能会进行调整，纷纷卖出手中的筹码，造成成交量异常放大，这几乎都

是散户在卖出筹码，主力当天收集了足够筹码后，又将股价推到涨停板位置。

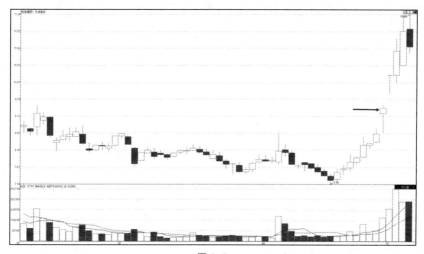

图 8-5

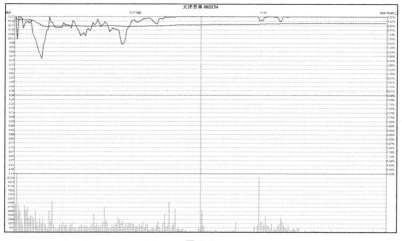

图 8-6

2. 洗盘型

当股价经过前期上涨到一定幅度，为了降低持有成本，主力会进行一些高抛低吸的操作，在股票开盘涨停后，将自己挂在委买涨停位的单子撤了，然后以涨停价卖出部分筹码。由于主力大单向下砸，当然涨停板很快就被打开了，等股价下跌一定幅度后，主力再将低价位的筹码买回，并逐步推高股价到涨停板。有时在一个交易日内，主力可能反复操作多次，使涨停板被反复打开。

图 8-7 所示的是传艺科技（002866）在 2022 年 4 月 8 日至 7 月 6 日的 K 线图，从图 8-7 中可看到，该股突破盘整区后，连续无量一字板涨停，这与公司钠离子电池处于产能建设阶段的题材面有关，到 6 月 30 日（对应图中箭头所指 K 线对应的日期），因短期内涨幅过大、获利抛压增强，所以一字板被打开。

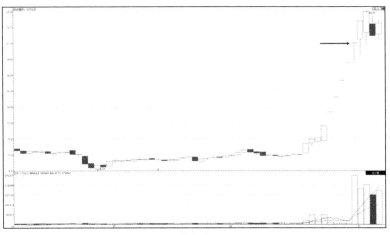

图 8-7

　　这时，由于股价相比突破盘整区前的价格已经翻倍，主力借此机会想进行震荡，因此在 6 月 30 日这天开盘涨停，几分钟以后涨停板便打开且跳水幅度很大，散户以为该股行情已走完，想在接近涨停位置出货，获得更多的利润，于是纷纷卖出。6 月 30 日的分时走势图如图 8-8 所示。

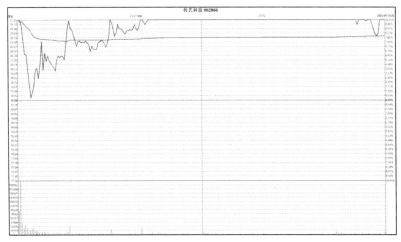

图 8-8

如图 8-9 所示，经过 7 月底 8 月初的震荡洗盘后，该股随后开始又一轮上涨，在 9 月 26 日创出 51.09 元的高点，从震荡位置开始计算，其上涨幅度也超过了 100%。

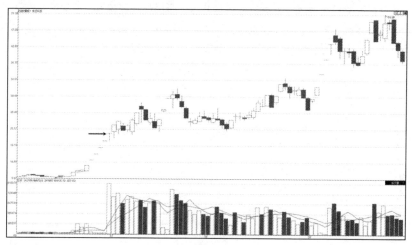

图 8-9

3. 出货型

当股价涨到很高时，大盘的走势已显得不太重要了，由于股价高，很多股民出于本能反应不敢买入。这时主力要想出货，就必须得使用一些操盘手法以吸引散户的注意。通过拉涨停是最方便的方法，由于在股价上涨过程中，主力已将很多筹码收集到手，这时拉涨停就比较轻松了。

图 8-10 所示的是大众公用（600635）的 K 线图，该股短期涨幅很大，2024 年 7 月 30 日，

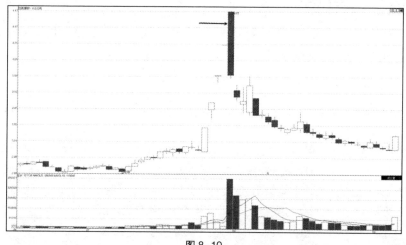

图 8-10

延续强势格局，股价出现一字涨停，第二天（对应图中标识的 K 线），继续以涨停价 4.67元（复权后）开盘，从前期的 2.59 元开始上涨以来，该股此时价格涨幅已超 80%。

由于此时涨幅已经很大，此时以涨停价开盘，股民就需要警惕了。果然，刚刚以涨停价开盘，涨停板就被打开，由于卖盘巨大，价格快速向下且回升无力，全天形成高开低走的态势，出货特征明显。当天的分时走势图如图 8-11 所示。

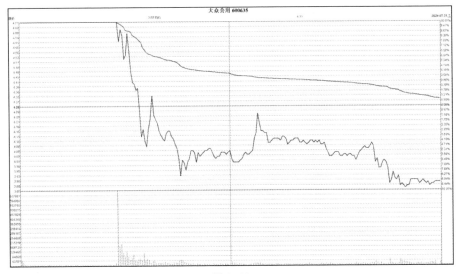

图 8-11

8.2 盘中买涨停

在涨停板中，盘中被大单逐步推到涨停位置的情况最多，4 小时的交易时间内可能出现各种变化，可以将这类涨停板分为一波涨停板和多波涨停板。

8.2.1 一波涨停

一波涨停是指开盘后股价经过短时间的横盘（或走低），直接被封到涨停板位置，到收盘时都未被打开过的情况。

图 8-12 所示的是*ST 波导（600130）在 2024 年 9 月 20 日的分时走势图，从图中可看出，开盘后十几分钟该股就被大单推到涨停板位置，且在涨停板位置一直保持到收盘。这种涨停出现在上涨途中，通常表示该股买盘较强劲，短期内大幅上涨概率高。果然，该股在 9 月 23 日（9 月 20 日后的第一个交易日）再次收于涨停板，如图 8-13 所示。

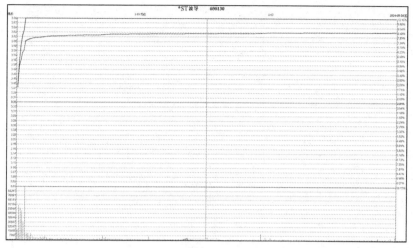

图 8-12

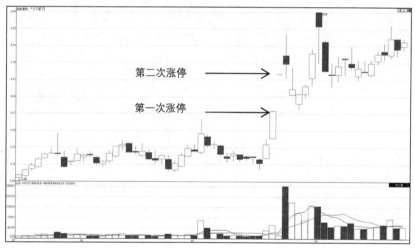

图 8-13

8.2.2 多波涨停

多波涨停是指股市开盘后，股价回档获得支撑后，沿着某一角度上涨，直至涨停；股价在涨停板处保持一段时间后，涨停板被打开，而后又被大单推到涨停板位置，或如此反复多次。

图 8-14 所示的是德赛电池（000049）在 2024 年 6 月 17 日的分时走势图，从图中可看到，该股开盘后价格就不断地震荡攀升，直至到涨停板位置，并且一直保持着封牢涨停板的状态，直至当日收盘。

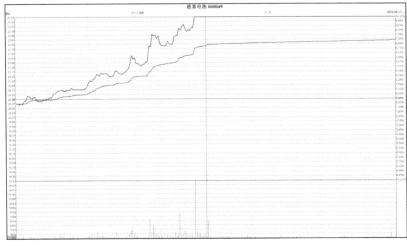

图 8-14

图 8-14 所示的分时走势图反映在 K 线图中是平开高走的大阳线（因为收盘股价在涨停板位置，盘中的波动被隐藏在 K 线实体中），如图 8-15 中标识的那根 K 线所示。

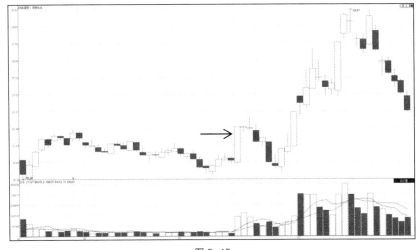

图 8-15

8.3 尾盘拉涨停

尾盘拉涨停是指股票在开盘后没有涨停过，股价处于横盘、逐波上涨等多种走势，而在临近收盘前的一段时间内突然被封到涨停板位置。

一般来说，尾盘拉涨停主要有以下几种原因。

- 主力为保存实力，在抛盘比较少的尾盘拉升，消耗资金少。
- 主力当天在底部获得了所需的筹码，将股价推高，使其快速脱离成本区。
- 有资金突然获得了利好消息而快速抢筹，如晚上要公布重组等重大事项等。
- 主力为修饰K线图，拉出光头阳线，显示做多信心。
- 主力手中筹码还没出完，需要快速拉高，为下一个交易日的出货创造空间。

接下来介绍最后两种情况。

8.3.1　显示主力做多信心

如果股价在逐波攀升，或者是有序推升，收盘前被封到涨停板位置，那么通常可推断主力对该股有较强的做多决心。如果封板时的分时形态较为流畅，且大盘尾盘向上翘或回钩，意味着追买人气足，涨停则意味着股价第二天可能会高开或继续上涨，而且大概率有短线资金买盘涌入将股价推至涨停。

图 8-16 所示的是东风股份（600006）在 2024 年 3 月 5 日的分时走势图，从图中可看到，该股当天略微低开，盘中出现了一波明显上扬，有主力推升痕迹，股价随后在均价线上方运行，市场抛压较轻，到高开 0.04 元（5.92 元）时出现一轮上涨，很快就上涨 3% 以上并横盘震荡，到 14:32 时，突然连续出现的大买单快速将股价向涨停位置拉升，并成功封牢涨停板，显示了主力做多该股的决心。

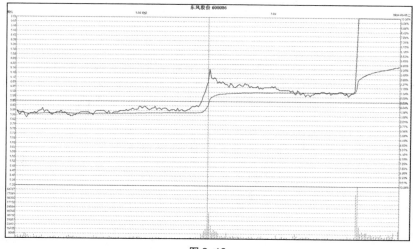

图 8-16

果然，股价在 3 月 5 日（图中箭头所指 K 线对应的日期）后先经历了短暂的横向整理，随后出现了一轮大幅上涨，如图 8-17 所示。

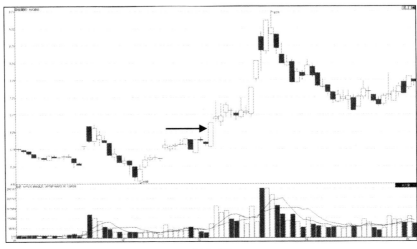

图 8-17

8.3.2　为出货做准备

如果股票价格前期已大幅上涨，再出现尾盘拉涨停，股民则需要警惕的是主力是否在为出货做准备，将股价拉高，使第二次出货的空间更大。当然，涨停还可吸引部分散户追涨。

图 8-18 所示的是合兴股份（605005）的 K 线图，该股经过一段时间的上涨后，股价已经大幅反弹，2024 年 3 月 20 日又以涨停板形成的大阳线将股价推高，并一举突破震荡区间，从 K 线图上看起来像要开启新一波的上涨。

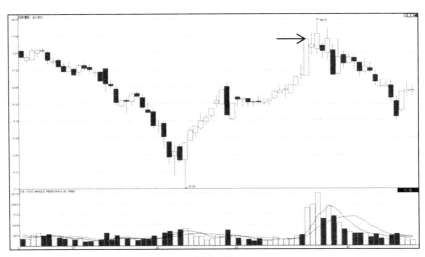

图 8-18

观察该股在 2024 年 3 月 20 日的分时走势图（见图 8-19），可以看到，该股在当天平开高走，早盘价格提升速度较快，中盘在高点横向震荡，下午时股价较早盘高点还有一定的回落，在尾盘阶段涨停。

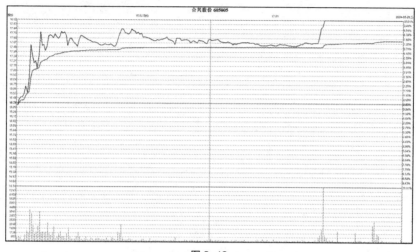

图 8-19

由于该股之前反弹幅度较大，且 3 月 20 日这天的尾盘封涨停板显得很勉强，有主力做盘的嫌疑，表示主力可能要在这价位附近出货，拉至涨停是为了吸引散户注意，以创造出货空间。从图 8-18 所示的 K 线图可以看出，该股后来开始下跌。

8.4　涨停板中途被砸开，可以买入吗

涨停板中途被砸开，可以买入吗？对于新股民来说，经常会遇到这个问题，是追进去还是观望？想追进去，又怕被套了；如果只是观望，看到股价被一波波推高，心里又觉得可惜。对于这种追高买入，股民确实应特别谨慎。

其实，在涨停板被砸开后能不能追入，需要根据各种情况进行综合判断。根据本章前面介绍的内容，如果判断该涨停板被打开是主力在进行洗盘，当然就可以买入；而如果判断该涨停已经处于上涨周期的末期，只是主力为了出货而拉出的涨停，则涨停打开后当然就不应该再买入了。

图 8-20 所示的是翠微股份（603123）在 2023 年 9 月 22 日的分时走势图，从图中可看到该股平开运行至 10 点之后，价格经几波快速上涨便被拉到涨停板，在涨停板位置又被砸开，这时该不该买进呢？

切换到该股的 K 线图（见图 8-21）查看前期的走势，从图 8-21 中可看出该股在前期

有一个下跌过程，随后在相对低位的区间持续横向震荡。9 月 22 日涨停（图中箭头所示位置），说明该股已开始走强，行情有望向上突破。

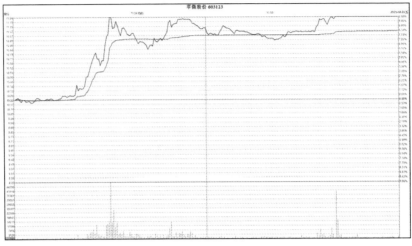

图 8-20

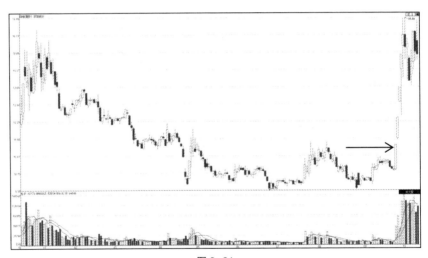

图 8-21

这时的涨停还处于股价涨势启动之初，股民应该可以买进，风险并不大。22 日涨停之后，股价快速上升，从图 8-21 中可以看到，从 9 月 22 日算起仅仅 5 个交易日，股价从 9 月 22 日开盘的 10.22 元上涨到最高 16.46 元，涨幅超过 60%，在 22 日以涨停价 11.24 元追入的股民，在 16 元左右抛出，也获利颇丰。

再看一个在上涨周期末期涨停板被砸开的例子。

图 8-22 所示的是云煤能源（600792）的 K 线图，从 K 线图中可看到该股前期已经出现一轮大幅度的上涨。该股在 2024 年 1 月 2 日放量涨停（图中偏左下的箭头所示），换手率达 9% 以上；1 月 3 日（图中偏右上的箭头所示）再度涨停后，股价跟前期高点相比反弹幅度已经很大。因而，1 月 3 日的放量封涨停有主力出货的可能。

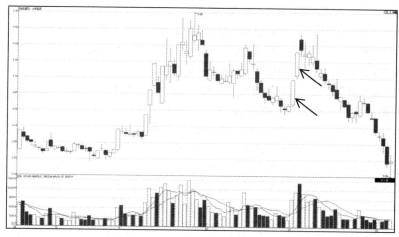

图 8-22

再来看分时走势图。在 1 月 3 日，该股经过约半个小时的震荡上涨后，封住涨停，该涨停有吸引散户跟风的可能，随后涨停便被砸开，然后再次封停，如图 8-23 所示。通过前面的分析知道现在股价涨幅已经很大，后期上涨的幅度应该有限，如果主力在此出货，冒险追进去极有可能"高位站岗"，因此，对这种打开的涨停，最好观望，不要贸然参与。

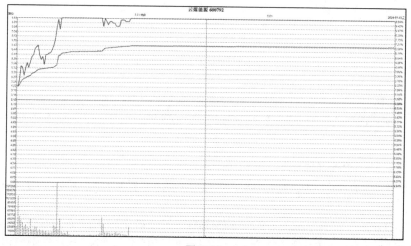

图 8-23

8.5 头天涨停，第二天要挂买单吗

上一个交易日涨停的股票，第二天能不能追入呢？追涨停板买入股票，属于追涨，风险较大，股民应特别小心。当然，如果操作正确，追涨的收益也很可观。

头天涨停的股票，如果第二天准备挂单买入，首先应对其前期的走势进行分析，特别是对头天的涨停应从多方面进行分析，如该涨停属什么类型？是刚启动的涨停还是上涨周期末期的涨停？头天涨停时的成交量如何？该股后期还有多大涨幅？通过仔细分析，厘清风险和收益的关系，股民再决定是否在开盘时就买入。

如果是刚启动的涨停，后期还有较大的上涨空间，则可考虑挂单买入；相反，如果前期已有较大涨幅，且头天的涨停板成交量较大，则应回避。

例如，图 8-24 所示的是怡亚通（002183）2022 年 11 月上旬至 2024 年 9 月中旬的 K 线图，从图中可看出该股从前期的高点 6.69 元一路下跌，最低跌到 2.67 元。在 2024 年 7 月 9 日创出新低 2.67 元之后，股价有所企稳。在 9 月 13 日（图中最后一根 K 线对应的日期），该股平开然后一路走高，到下午封住涨停板，从而以涨停价收盘。

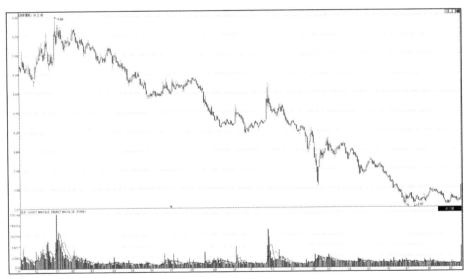

图 8-24

对于这种价格走势的股票，第一个涨停的风险相对较小，股价上涨空间应该还比较大，在此价位买入的风险不大。因此，第二天开盘时股民可以按集合竞价买入，或开盘后按市价买入。

2024 年 9 月 18 日（2024 年 9 月 13 日后的第一个交易日），怡亚通（002183）以 3.03 元开盘（低于前一天收盘价 3.11 元），图 8-25 所示的是该股在这一天的分时走势图，在

集合竞价时或是盘中横向震荡时，股民就可以挂单买入。虽然当日并未收涨，但后续短线
上涨的可能性较大。

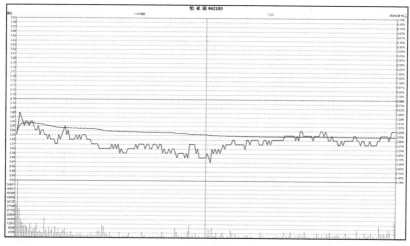

图 8-25

如图 8-26 所示，在 9 月 13 日涨停（图中箭头所示）之后，该股震荡上涨，到 2024 年
10 月 24 日（图中最后一根 K 线对应的日期）股价达到 4.62 元。

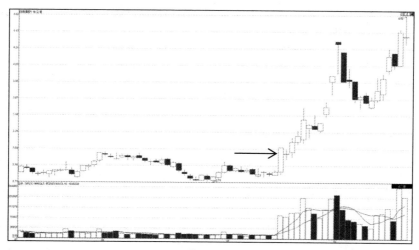

图 8-26

上面的案例展示的是在股价上涨周期初期追击涨停的情况，下面再看一个不能买入的
案例。图 8-27 所示的是九鼎新材（002201）的 K 线图（未复权），从图中可看到该股在 2022
年 7 月 25 日（对应图中最后一根 K 线）在一个很低的价格处收出一根带量的涨停板大阳线。

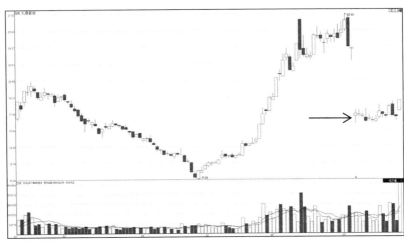

图 8-27

从绝对价格来看，涨停后的价格为 18.94 元，与前期的高点 27.55 元相比，下跌了很多。这里需要特别注意，在 2022 年 7 月 6 日（图 8-27 中箭头指向的日期）的价格是进行了 10 股转赠 4 股（每 10 股派现金 0.17 元）的除权后的价格，而很多新股民容易忽视除权。通过大比例配送除权后，股票的绝对价格看起来就很低了，很多主力选择这种时机来出货。

所以，在分析 7 月 25 日的涨停时，需要考虑除权的因素，最好是使用复权后的 K 线图进行分析，图 8-28 所示的是九鼎新材（002201）复权后的 K 线图，从复权后的 K 线图来看，7 月 25 日的涨停板（图中最后一根 K 线）还处于上涨趋势中，但从整体看，由于前期的上涨幅度已经很大，第二天最好不要追入。

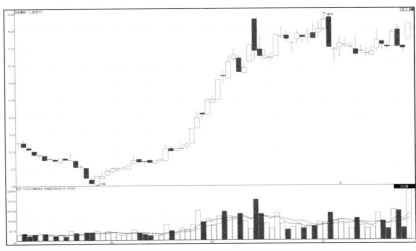

图 8-28

第二天（7月26日）该股开盘上冲后即快速跳水，其K线图如图8-29所示，全天收出一根带中阴线（如图中箭头所示），成交量继续放大。在随后的几个交易日中，该股价格开始下跌。

图 8-29

8.6　连续无量涨停

无量涨停是指个股在成交量很少甚至与之前成交量相比几乎无量的情况下，就达到了涨停板的情况。所有股民都期待自己持有的股票无量涨停，当然能连续无量涨停就更好了。

通常，出现无量涨停这种走势，一般都是因为个股有非常大的利好消息和巨量资金的热捧，特别是那些停牌很久、复牌后有重大利好的股票，更是会走出这种无量涨停的走势。出现无量涨停后，其走势很可能再拉涨停，至少第二天也会来个高开。及时监控市场上这种少之又少的超级强势股，可以在股价拉升一段涨幅之后大资金并无流出盘整时买入，短期内可以获得丰厚的收益。

例如，在2024年6月20日（对应图8-30所示的倒数第五根K线），万林物流（603117）受摘帽、拟增持股份等多重利好消息影响，开始出现连续一字板走势。

对于这种连续无量涨停的股票，股民应将其添加到自选股中进行关注。因为前期虽然有多个涨停，但成交量较小，主力的筹码全部锁定，一旦涨停板被打开就可以买入。该股在随后的3天，继续以涨停开盘。在第5个涨停板出现时，盘中涨停板被打开，且当日盘中大幅下跌，这时股民可以在低点买进，当天虽然收于阴线，但在收盘前股价出现了大幅上升。另外，当天的成交量已放大，应该是主动买入占多数，因为部分股民看到连续5个涨停板，想获利了结，正好有人接盘。

虽然该股已连续 4 天涨停，但由于成交量刚刚出来，显然后面还应该有一轮上涨。果然，在随后几天里虽然不再是开盘就涨停，但每天都是高开高走，并收到涨停板位置，其 K 线图如图 8-31 所示。如果在 6 月 26 日（图 8-31 中箭头所示）的盘中低点 3.78 元买进，在 7 月 3 日（对应图 8-31 中倒数第四根 K 线）收盘价 4.76 元卖出，则 5 个交易日的收益率超 25%！

图 8-30

图 8-31

第9章

不可不知的技术指标

分析技术指标是技术派的"必杀技",是技术分析人士几乎都掌握的技能。技术指标是根据一定的数理统计方法,基于股票历史价格、成交量等数据,运用计算公式计算出的,是用来判断股票价格走势的量化分析工具。

9.1 技术指标存在的意义

技术指标在技术分析中占有相当重要的地位。技术分析，一般来讲是指基于过去的价格、成交量等来分析和预测行情。简单地说，技术指标就是对过去的价格、成交量等数据进行统计分析得到的。

9.1.1 技术指标的意义

技术指标的意义在于用来预测股票价格未来的走势，揭示股票买卖的时机，验证价格运动的规律，揭示股市数据的奥秘。

下面以一个实例来介绍技术指标的意义。

如图 9-1 所示，华达新材（605158）2024 年 7 月下旬至 2024 年 10 月下旬走势的技术分析图中显示了均线指标、成交量指标和 MACD 指标。股民可综合这些技术指标对股价走势进行分析，如图 9-1 中箭头所示，3 个技术指标都出现了向上的黄金交叉（通常简称"金叉"）。

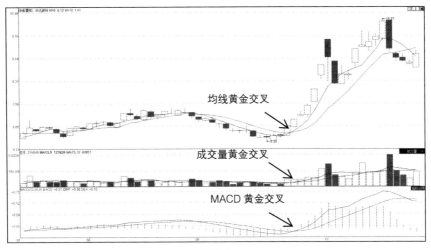

图 9-1

在箭头所指的几个交易日，均线指标、成交量指标、MACD 指标出现黄金交叉。这 3 个技术指标在相近的时间内形成黄金交叉，常称为三金叉，是见底信号。股民在发现这个见底信号之后，通常可以马上建仓。

在随后一段时间内，5 日均线和 10 日均线维持并排向上的态势，MACD 指标也一直慢慢向上。因此，股民买入股票后，可一直持有。直到 2024 年 10 月 24 日，均线指标与 MACD 指标同时出现死叉，如图 9-2 所示，这时股民可考虑减仓，甚至全部卖出。如果在出现黄金交叉时以 7 元左右的价格买入，在出现死叉时以 8.5 元左右的价格卖出，可获利 20% 左右。

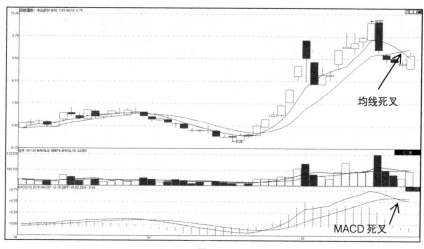

图 9-2

提 示

股民在买入股票时，为了稳妥起见，通常需要在几个技术指标都达到要求时再买入；而卖出股票时，为了尽量规避风险，通常是在出现一个卖出信号时就开始卖出。

从上面的案例可看出，技术指标有以下几个方面的作用。

- 预测股价走势：用来判断股价走势是见底、见顶还是盘整等。
- 提示股票买卖点：根据技术指标发出的信号确定买卖点。
- 验证股票的强弱：根据技术指标的值确定股票的强弱。

9.1.2 技术指标使用法则

技术分析的应用主要通过以下几方面进行。

- 指标背离。
- 指标的交叉。
- 指标的高低。

1. 指标背离

判断指标是否存在背离是指标最重要的作用，可以根据指标和股票价格的关系，分析股票的底部和头部区域，判断市场的买卖力度。

背离分为以下两种。

- 底背离：股票价格创阶段性新低，而技术指标还在上升。
- 顶背离：股票价格创阶段性新高，而技术指标还在下降。

图 9-3 分别是底背离和顶背离的示意图。

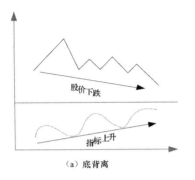
（a）底背离

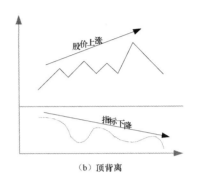
（b）顶背离

图 9-3

底背离出现在股价大幅下跌之后。此时股价在逐波下降（低点越来越低），技术指标并未随之走低，低点反而在逐步上移。底背离预示股价可能马上见底，在短期内可能出现反转，是见底信号。

顶背离出现在股价大幅上涨之后。此时股价在逐波上涨（高点越来越高），技术指标的高点不再继续走高，反而呈逐步走低的态势。顶背离预示股价可能不会再上涨，短期内可能出现反转，是见顶信号。

图 9-4 所示的是华通电缆（605196）在 2024 年 1 月 19 日至 2024 年 9 月 26 日的走势图。股价经过小幅整理后，在 5 月 21 日又创新高，但同期的 MACD 指标却未创新高，反而呈下降趋势，形成顶背离（如图 9-4 中两条直线所示）。这就预示着该股价格顶部即将形成，股民应考虑卖出该股，规避风险。由于顶背离形态的形成需要一个较长的过程，卖点的选择可参考其他技术指标来确定，如当出现 5 日均线和 10 日均线的死叉时。从图中可看出，顶背离形成后，该股价格从 13.24 元一路下跌到 7.40 元左右。

2. 指标的交叉

指标的交叉是指技术指标图形中的两条指标曲线发生相交现象，如前文介绍的均线交叉。通常将技术指标对应的曲线根据其表示的时间长度的相对关系分别称为快线和慢线，快线上穿慢线称为金叉，快线下穿慢线称为死叉。另外，在技术图表中还有一条称为 0 轴的水平横线，当指标曲线与 0 轴交叉时也形成一种交叉，称为 0 轴交叉。

对于指标的交叉最简单的用法，通常的理解是金叉买入、死叉卖出。但是有时金叉买进、死叉卖出会形成高价买进、低价卖出的情况（这种情况甚至很多），无法实现盈利。

如何找到一个好的买点呢？关注金叉买点、死叉卖点与 0 轴的关系。如果技术指标的金叉位于 0 轴之下，一般属于下跌过程中的反弹行情，并不意味真正的反弹，特别是离 0 轴越远，其反弹越弱。如果金叉出现于 0 轴之上，一般就处于上升行情（金叉离 0 轴越近越好），这个位置就是上升期的起点。如果死叉在 0 轴之上，多为调整行情；如果死叉出现在 0 轴之下，则属于下降趋势中的再次下跌行情。通过金叉点、死叉点和 0 轴的关系，股民通常可以找到比较好的波段操作买卖点。

图 9-4

3．指标的高低

指标的高低用法是指通过技术指标数值的高低来判断股票的强弱，捕捉股票的买卖时机。

技术指标的数值有两种情况：一种是取值为 0~100（含 0 和 100）中的一个值，如威廉超买超卖（WR）指标；另一种是随着股价或成交量等基础数据变化的值，没有上下限。

这里以威廉超买超卖指标为例，简单介绍指标的高低用法。

前面提到，WR 指标的取值为 0~100，其中值 50 是强弱的分水岭，大于 50 表示股票处于弱势，小于 50 表示股票处于强势。

另外，在弱势和强势区域又各自可分出几个小的区域，如值大于 75 的区域为超卖区，值小于 25 的区域为超买区。

有了这些定义，股民就可以依据值所处的区域决定股票的买卖点。下面以一个实例来简单介绍 WR 指标的用法。

如图 9-5 所示，经纬辉开（300120）的 WR 指标在 2024 年 5 月下旬进入超卖区，结合股价的走势，股民可逐步买入。到 2024 年 7 月上旬，WR 指标进入超买区，股民可逐步卖出。

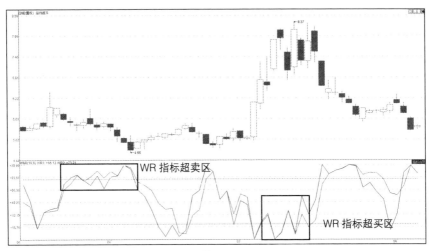

图 9-5

9.1.3 使用技术指标应注意的问题

技术指标只是股民进行分析的工具，每种工具都有其适用范围和适用环境。有些工具使用起来有时效果很差，有时效果很好。作为刚进入股市的股民，在使用技术指标时常犯的错误是机械地照搬结论，而不问这些结论成立的条件和可能发生的意外。一些股民盲目地绝对相信技术指标，犯了错误以后，又走向另一个极端，认为技术指标分析一点用也没有。这显然是错误的认识，是不会使用指标所致。

技术指标的变化和发出的买卖信号，是行情反映到指标中的数值，也是行情变化的体现。假若行情不发生变化，则指标也不会显示和发出信号。在某个时刻发出的是买进信号，在下一刻发出卖出信号，这种可能性是存在的。因此，技术指标的变化和发出的买卖信号是不确定的。所以，技术指标反映的是行情的过去，而预测的是未来行情走势的可能性。

在实战时，股民还需要注意，不要迷信技术指标。因为技术指标是由交易中的数据实时计算得来的，而有时资金充裕的机构操作者有可能通过交易改变相关数据，使某项（或几项）技术指标向其设计的方向运转。最常见的就是做 K 线，主力机构可以利用其资金量大的特点，控制某天的开盘价和收盘价。当然，随着市场的不断发展及信息传播速度的加快，某种做线的方式被大家知道后，主力机构操作者可能会设计其他的控制技术指标走势的方法，只是最初不为大众所知而已。

除了主力机构能控制这些技术指标外，很多技术指标本身也存在缺陷。例如，很多技术指标钝化、存在滞后性，常发出错误的买卖信号。股市中不少错误的反转信号是由技术指标的钝化造成的，特别是股价发生顶背离或底背离时，技术指标的灵敏度和可靠度较差。

需要注意的是，每一种技术指标都是针对某一个或某一部分功能而设计的，因此只能反映股价局部的走势，如使用 MACD 指标对于震荡走势进行分析基本上就不起作用。

最后，股价的走势还受到基本面的影响，对于突发事件，技术指标是无法预测的。当然，技术指标仍然是股市分析中很重要的一部分，在实战中应综合基本面、技术面等多方面的信息进行分析，使操作成功的概率增加，最大可能地提高收益。

9.2　均线的应用

均线在 K 线图中通常是"移动平均线"的简称，移动平均的英文是 Moving Average，缩写为 MA。移动平均线是以道琼斯公司的"平均成本概念"为理论基础，采用统计学中的"移动平均"原理计算出一段时期内股票价格的平均值，再将这些平均值在坐标系中的点连在一起形成的曲线。移动平均线显示股价的历史波动情况，根据这些波动情况可以分析股价未来的走势。

9.2.1　什么是移动平均线

在介绍均线的应用之前，首先要了解什么是移动平均线、其数值是怎么计算出来的、均线有什么特点。

1．移动平均线的含义

对连续的、周期固定的交易时间内的收盘价求算术平均值，根据得到的值绘制的曲线称为移动平均线。以 5 日均线为例，计算连续 5 个交易日的收盘价的算术平均值得到一个 5 日平均值；然后计算相邻的 5 个交易日的算术平均值，又得到一个 5 日平均值；依此类推，可得到若干个 5 日平均值，根据这些 5 日平均值绘制的曲线就是 5 日均线。

在 K 线图中通常有 4 条默认的移动平均线，分别是 5 日、10 日、20 日、60 日移动平均线，在界面左上方分别以 MA5、MA10、MA20、MA60 表示，如图 9-6 所示。

除了图 9-6 所示的 4 条移动平均线之外，常用的移动平均线还有 120 日均线和 250 日均线。在这些均线中，5 日和 10 日为短期移动平均线，是短线操作的参照指标。由于一周有 5 个交易日，5 日均线也可看作表示一周收盘价的平均值，因此，5 日均线又称为周线；而 10 个交易日正好是两周，相当于半个月，因此，10 日均线又称为半月线；同样，20 日均线又称为月线，60 日均线又称为季线，120 日均线称为半年线，250 日均线称为年线。

移动平均线的基本特性是利用平均数来消除股价不规则的偶然变动，以观察股市的动态变化。包含的天数越少，移动平均线对股价随机变动的反应就越灵敏；包含的天数越多，移动平均线受偶然因素的影响就越小。

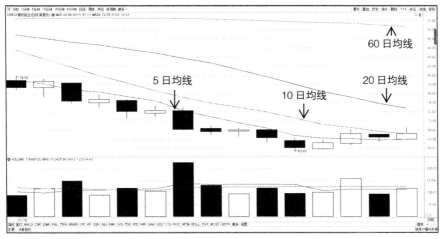

图 9-6

2. 如何绘制移动平均线

绘制移动平均线，首先要计算平均值。例如，有 12 个数，依次是 1~12，现在对这 12 个数绘制周期为 10 的算术移动平均线。首先分别计算第 1 组中的 10 个数 1~10、第 2 组中的 10 个数 2~11、第 3 组中的 10 个数 3~12 的算术平均值，分别得到 5.5、6.5、7.5，然后将这 3 个值在坐标系中对应的点连起来即可得到移动平均线。

算术移动平均线是最常用的均线。除此之外，移动平均线还有线性加权移动平均线、阶梯形移动平均线、平滑移动平均线等多种。

根据移动平均线周期的长短，可将移动平均线分为短期、中期和长期移动平均线。

- 短期移动平均线：一般都以 5 日或 10 日为计算周期，分别代表一周和两周的平均价变化。由于分析的周期短，可作为短线进出的依据，是短线股民经常关注的均线。相对于 10 日移动平均线，5 日移动平均线的波动较大，特别是在震荡行情中，5 日移动平均线的形状很不规则，操作信号不好把握，因此在大多数情况下，股民更愿意将 10 日移动平均线作为短线买卖的依据。

- 中期移动平均线：大多以 20 日为准，代表一个月的平均价或成本变化。另外，还有 30 日和 60 日均线，其中 60 日均线包含 3 个月的交易数据，一般又称为季线。中长线股民比较关注 60 日均线，视其为生命线。当股价上穿 60 日均线时，被认为进入上升周期，可买入建仓；而当股价跌破 60 日均线时，则应卖出离场。

- 长期移动平均线：大多以 120 日和 250 日为准；120 日线又称为半年线，250 日线又称为年线。上市公司会按要求一年公布两次财务报表，因此，长线股民特别关注长期移动平均线，通常认为股价站上年线时即可进入长线的上升周期。

在 K 线图中，除了上面介绍的几种以交易日为单位绘制生成的移动平均线之外，还有以分钟、周、月为单位绘制的移动平均线。

3．移动平均线的特点

移动平均线最基本的作用是消除偶然因素的影响，并有平均成本价格的含义。移动平均线具有以下几个特点。

- 追踪趋势：追踪价格的趋势，并追随这个趋势。如果从股价的图表中能够找出上升或下降趋势线，那么 MA 的曲线将保持与趋势线方向一致，能消除股价在这个过程中出现的起伏。原始数据的生成股价图表不具备保持追踪趋势的特性。
- 滞后性：在股价本身的趋势发生反转时，尽管 MA 有追踪趋势的特性，但 MA（尤其是长周期 MA）的反应往往过于迟缓，调头时间点落后于大趋势。这是 MA 的一个极大的弱点。等 MA 发出反转信号时，股价调头的深度已经很大了。
- 稳定性：由 MA 的计算方法可知，要较大幅度地改变 MA 的数值，无论是向上还是向下都比较困难，必须是当天的股价有很大的变动。因为 MA 反映的不是一天的变动，而是几天的变动，一天的大变动被几天一分摊，变动就会变小而显示不出来。这种稳定性既有优点也有缺点，在应用时应多加注意，掌握好分寸。
- 助涨助跌性：当股价突破 MA 时，无论是向上突破还是向下突破，股价有继续向突破方向再走一程的动力或惯性，这就是 MA 的助涨助跌性。
- 支撑线和压力线的特性：MA 的上述 4 个特性，使得它在股价走势中起到支撑线和压力线的作用。

9.2.2　移动平均线见底信号

多条移动平均线的相互位置关系可构成很多形态，通常可将这些形态分为几种，分别是黄金交叉、银山谷、金山谷、加速下跌和蛟龙出海。

1．黄金交叉

黄金交叉由两条移动平均线组成，周期短的均线由下向上穿过周期长的均线，且周期长的均线在向上延伸，这种交叉称为黄金交叉，如图 9-7 所示。

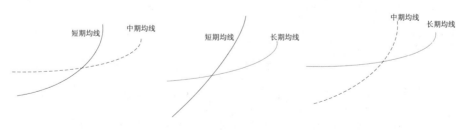

图 9-7

黄金交叉出现在涨势初期，表示股价已经见底，后市看涨。

如果在股价大幅下跌后出现黄金交叉信号，股民可积极做多。中长线股民在周 K 线或月 K 线出现该信号时应进行买入操作。

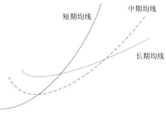

图 9-8

2. 银山谷

银山谷也出现在涨势初期，由 3 根移动平均线交叉组成，形状像一个尖头向上的不规则三角形，表示股价见底，后市看涨，如图 9-8 所示。

对激进型股民来说，银山谷一般可当作买入点，同时应以周期最长的均线作为止损参考线，一旦跌破该均线，应立即止损离场。

3. 金山谷

金山谷出现在银山谷之后。金山谷的构成方式和银山谷的构成方式相同，也是由 3 根移动平均线交叉组成，形状像一个尖头向上的不规则三角形。金山谷既可以处于与银山谷相近的位置，也可以高于银山谷，但不能低于银山谷。

金山谷图形可视作明确的买入信号，表示后市看涨。对于稳健型的股民而言，出现该信号时就可以开始买入了。

金山谷如图 9-9 所示，左图的金山谷与银山谷高度接近，右图的金山谷高于银山谷。

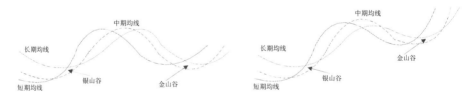

图 9-9

提 示

金山谷和银山谷相隔的时间越长，所处的位置相距越远，股价的上升潜力越大。

4. 加速下跌

加速下跌的均线图形出现在股价下跌末期。在加速下跌图形出现之前，均线都呈缓慢或匀速下跌状态；在加速下跌时，短期均线与中期、长期均线的距离越来越远，如图 9-10 所示。

出现加速下跌均线图形通常表示股价快要见底了，这时持仓者不宜再进行卖出操作了，如果这时进行"割肉"止损操作，可能会割在"地板"上。对于空仓者，可以趁股价加速下跌时买入部分筹码，待日后股价见底回升时再增加仓位。

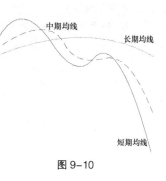

图 9-10

提 示

加速下跌图形出现之前，股价下跌的幅度越大，见底的信号越可靠。

5. 蛟龙出海

蛟龙出海图形出现在下跌后期或盘整期间，由一根大阳线同时穿过短期、中期、长期均线，收盘价位于这些均线的上方，如图 9-11 所示。

出现蛟龙出海这种图形，通常表示市场从底部开始反转，后市看涨。这时激进型的股民可大胆买入，稳健型的股民可观察一段时间，等股价站稳之后再买进。

图 9-11

提 示

蛟龙出海这种图形，其阳线实体越长，同时成交量放大，则发出的信号越可靠；若成交量没有放大，其可靠程度就较差。

9.2.3 移动平均线见顶信号

与移动平均线的见底信号类似，股价见顶也会反映在移动平均线上。常见的见顶移动平均线图形有 4 种，分别是死亡交叉、死亡谷、加速上涨和断头铡刀。

1. 死亡交叉

死亡交叉出现在下跌初期，由两根移动平均线组成，一根周期短的均线由上向下穿越一根周期长的均线，且周期长的均线方向朝下，如图9-12所示。

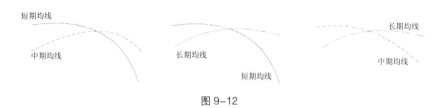

图9-12

死亡交叉图形出现，通常表示股价已经见顶，后市看跌。在股价大幅上涨后，若出现该信号，股民可积极做空。中长线股民在周K线出现该信号时应卖出股票。

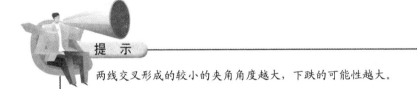

提 示

两线交叉形成的较小的夹角角度越大，下跌的可能性越大。

2. 死亡谷

死亡谷出现在下跌初期或下跌中期，由3根均线交叉组成，形状像一个尖头向下的不规则三角形，其中周期长的均线是向下的，如图9-13所示。

出现死亡谷图形表示股价已经见顶，后市看跌。见此信号后，股民应积极看空，尤其在股价大幅上扬后出现该图形时更要及时清仓离场。

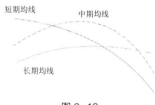

图9-13

提 示

死亡谷代表的卖出信号强于死亡交叉。

3. 加速上涨

加速上涨图形出现在上涨后期。在加速上涨图形出现前均线都呈平缓上升的状态；在加速上涨时，短期均线变陡，与中期、长期均线的距离越来越远，如图9-14所示。

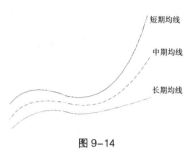

　　物极必反，加速上涨往往是一种见顶信号，后市看跌，即股价经过大幅上涨后，可能会掉头向下。在加速上涨图形出现后，股民可分批逢高卖出手中的股票；若发现短期、中期均线都向下延伸，应及时清仓出局。空仓者在这种图形出现时不要去追涨，应持币观望。

图9-14

提　示

　　加速上涨图形出现之前，股价上涨幅度越大，该图形发出的信号的可靠性越强。

4．断头铡刀

　　断头铡刀是一种明显的见顶信号，出现在上涨后期或高位盘整期，其图形是一根大阴线直接将短期、中期和长期均线切断，且收盘价位于这几根均线之下，如图9-15所示。

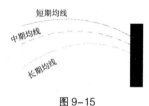

　　出现断头铡刀图形之后，股价一般都会出现一轮下跌，且下跌幅度较大，将给持股者造成很大的损失。因此，在经过一轮上涨后，若出现这种图形，股民不能再继续做多，必须尽快清仓离场。

图9-15

提　示

　　若断头铡刀图形出现时成交量也同步放大，则后期股价的下跌幅度更大。

9.2.4　其他发出买入信号的均线图形

　　除了前面介绍的见底信号，发出买进信号的移动平均线图形还有很多，本小节主要介绍多头排列、黏合向上发散、交叉向上发散、上山爬坡、逐浪上升、烘云托月等几种常见的图形。

1. 多头排列

多头排列是一种广义的说法，大部分做多的图形都可以是多头排列，如后面要介绍的黏合向上发散、交叉向上发散、上山爬坡等。

这里介绍的多头排列，是指由 3 根移动平均线组成，其排列顺序：最上面一根是短期均线，中间一根是中期均线，最下面一根是长期均线；3 根均线呈向上延伸的圆弧状且并排排列在一起，如图 9-16 所示。

2. 黏合向上发散

均线的黏合向上发散可分为两种情况：一种是均线首次黏合向上发散，另一种是均线再次黏合向上发散。下面分别介绍这两种黏合向上发散的特征。

（1）首次黏合向上发散。均线首次黏合向上发散既可处于下跌后的横盘末期，又可处于上涨后的横盘末期，短期、中期、长期均线同时向上发散，且几条均线发散前彼此靠近，看起来像"黏合"在一起，如图 9-17 所示。

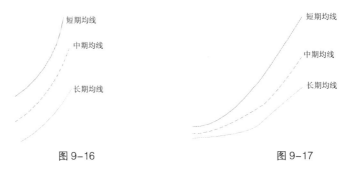

图 9-16　　　　　　　　　　　　　图 9-17

出现首次黏合向上发散图形，从技术层面来说是买进信号，后市看涨。激进型的股民可在向上发散的初始点买进。

提　示

"黏合"的时间越长，向上发散的力度越大；向上发散时，如成交量同步放大，则信号的可靠性越强。

（2）再次黏合向上发散。再次黏合向上发散图形出现在涨势中，几根均线在这次向上发散前曾有过一次向上发散（可以是黏合向上发散，也可以是交叉向上发散），但不久后又重新黏合在一起，随后再次向上发散，如图 9-18 所示。

出现再次黏合向上发散图形，从技术层面来说是买进信号，后市看涨，最佳买点应是第二次发散开始处。如果均线出现第三次、第四次向上发散，且向上力度不如第二次向上发散，那么在第三次、第四次向上发散时买入要谨慎。

黏合时间越长，继续上涨的潜力越大。另外，这里的"再次"多数指的是第二次，少数是指第三次、第四次，它们的特征和技术含义是一样的。

一些大牛股的上涨走势基本上都包含几次均线黏合和发散。均线黏合的过程就是股价的整理过程。经过一定时间的整理，股价才有继续上升的动力。

3．交叉向上发散

与黏合向上发散相似，交叉向上发散也分为首次交叉向上发散和再次交叉向上发散两种情况。

（1）首次交叉向上发散。首次交叉向上发散图形出现在下跌行情后期，短期、中期、长期均线从上向下逐渐收敛、交叉，再向上发散，如图9-19所示。

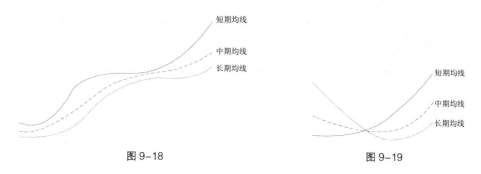

图 9-18　　　　　　　　　　　　　　　　图 9-19

交叉向上发散图形首次出现，从技术层面来说是买进信号，后市看涨。激进型的股民可以在向上发散的初始点买进。

提　示

交叉后向上发散的角度越大，后市的上涨潜力就越大；若向上发散时得到成交量的支撑，则信号的可靠性更强。

（2）再次交叉向上发散。再次交叉向上发散出现在涨势中，短期、中期、长期均线在这次交叉向上发散前曾有过一次向上发散（可以是黏合向上发散，也可以是交叉向上发散），但不久后发散的均线又开始逐渐收敛、交叉，并形成了死亡谷技术形态，然后多条均线又再次向上发散，如图9-20所示。

出现再次交叉向上发散图形，从技术层面来说出现了买进信号，后市看涨。均线交叉后再次向上发散时，无论对激进型股民还是稳健型股民而言都是一个较好的买点，股民可在向上发散的第一时间买入，此时风险较小。

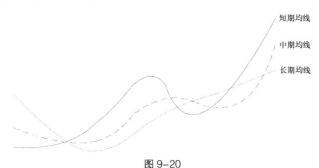

图 9-20

提 示

第二次交叉向上发散和上一次发散相隔的时间越长，继续上涨的潜力越大。

4．上山爬坡

上山爬坡形图形出现在涨势中，短期、中期、长期均线基本沿着一定的坡度往上延伸，如图 9-21 所示。

上山爬坡图形也是做多信号，后市看涨。股民可积极做多，只要股价没有过分上涨，有股票的可持股待涨，持币者可逢低吸纳。

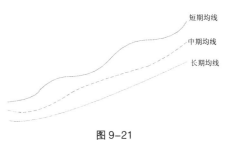

图 9-21

提 示

一般来说，坡度越小，上升越有后劲。

5．逐浪上升

逐浪上升形图形出现在涨势中，短期和中期均线在向上延伸过程中多次交叉，长期均线以斜线状托着短期和中期均线往上攀升，短期和中期均线走势一浪一浪往上，浪形十分清晰，如图9-22所示。

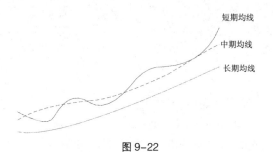

图9-22

逐浪上升是做多信号，后市看涨。建议股民积极做多，只要股价没有过分上涨，有股票的可持股待涨，持币者可逢低吸纳。

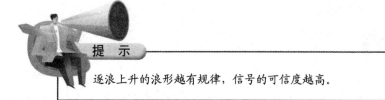

提 示

逐浪上升的浪形越有规律，信号的可信度越高。

6. 烘云托月

烘云托月图形出现在股价的盘整期，短期、中期均线平缓地向上延伸，长期均线在下面与短期、中期均线保持一定的相对稳定的距离，如图9-23所示。

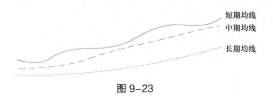

图9-23

烘云托月是看涨信号，看到烘云托月图形出现时股民可分批买进，待日后股价上升幅度变大时加码追进。

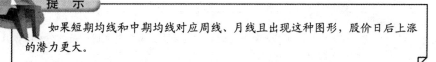

提 示

如果短期均线和中期均线对应周线、月线且出现这种图形，股价日后上涨的潜力更大。

177

9.2.5 其他发出卖出信号的均线图形

除了前面介绍的见顶信号，发出卖出信号的移动平均线图形还有很多，本小节主要介绍空头排列、黏合向下发散、交叉向下发散、下山滑坡、逐浪下降、乌云密布这几种常见的。

1. 空头排列

与多头排列相反，空头排列均线组合出现在跌势中。在股票下跌过程中，均线在大部分时间里是呈空头排列的。空头排列由 3 条移动平均线组成，最上面一根是长期均线，中间一根是中期均线，最下面一根是短期均线，3 根均线呈向下的圆弧状且并排排列在一起，如图 9-24 所示。

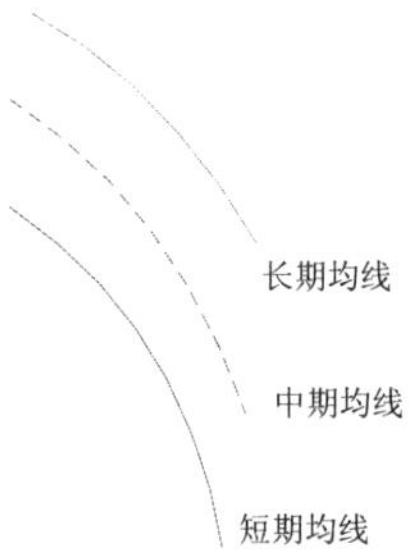

图 9-24

均线空头排列是做空信号，应继续看跌。在空头排列的初期和中期，股民应以做空为主，在空头排列的后期应谨慎做空。

提 示

空头排列是一个广义的概念，本小节后面介绍的很多种图形都属于空头排列，如黏合向下发散、交叉向下发散、下山滑坡、逐浪下降、乌云密布等。

2. 黏合向下发散

黏合向下发散分两种情况：一种是首次黏合向下发散，另一种是再次黏合向下发散。下面分别介绍这两种情况。

（1）首次黏合向下发散。首次黏合向下发散图形既可出现在上涨后的盘整末期，也可出现在下跌后的盘整末期。短期、中期和长期均线向下发散，几根均线发散前曾黏合在一起，如图 9-25 所示。

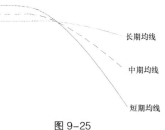

首次黏合向下发散图形是卖出信号，后市看跌。无论是激进型股民还是稳健型股民，见此信号都应清仓离场。

图 9-25

提 示

黏合的时间越长，向下发散的力度越大；向下发散时，如成交量同步放大，则后市更加不妙。

（2）再次黏合向下发散。再次黏合向下发散图形出现在跌势中，短期、中期、长期均线在本次向下发散前曾有过一次向下发散（可以是黏合向下发散，也可以是交叉向下发散），但不久又重新黏合在一起，并再次向下发散，如图9-26所示。

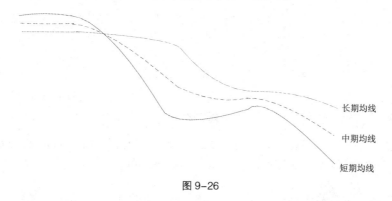

图 9-26

再次黏合向下发散图形是卖出信号，后市看跌。在股价大幅下跌后，如果均线出现再次黏合向下发散，则只可适度做空，以防止落入空头陷阱。

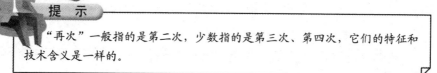

提 示

"再次"一般指的是第二次，少数指的是第三次、第四次，它们的特征和技术含义是一样的。

3．交叉向下发散

交叉向下发散也分为首次交叉向下发散和再次交叉向下发散两种情况。下面分别介绍其特征。

（1）首次交叉向下发散。首次交叉向下发散图形出现在上涨后期，短期、中期、长期均线从向上逐渐收敛后向下发散，如图9-27所示。

首次交叉向下发散图形是卖出信号，后市看跌。股民见此信号应及时做空，退出观望。一旦形成向下发散，股价常会出现较大跌幅。

图 9-27

（2）再次交叉向下发散。再次交叉向下发散图形出现在跌势中，短期、中期、长期均线在本次向交叉向下发散前曾有过一次向下发散（可以是黏合向下发散，也可以是交叉向下发散），但不久后又开始逐渐收敛，并形成了银山谷技术形态，多条均线随后再次向下发散，形成死亡谷，如图9-28所示。

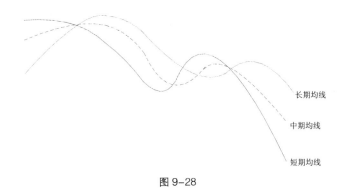

长期均线

中期均线

短期均线

图 9-28

再次交叉向下发散是卖出信号，后市看跌。在股价在大幅下跌后，如果均线出现再次交叉向下发散图形，则只可适度做空，以防止落入空头陷阱。

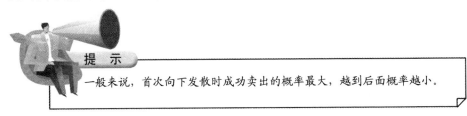

提 示

一般来说，首次向下发散时成功卖出的概率最大，越到后面概率越小。

4．下山滑坡

下山滑坡图形出现在跌势中，短期、中期、长期均线基本沿着一定的坡度往下延伸，如图 9-29 所示。

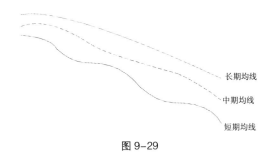

长期均线

中期均线

短期均线

图 9-29

下山滑坡是做空信号，后市看跌。出现该图形后，股民应积极做空，只要股价没有过分下跌就应退出观望。

5．逐浪下降

逐浪下降图形出现在跌势中，短期和中期均线在下降过程中多次交叉，长期均线以斜线形状压着短期和中期均线往下延伸，短期均线的浪形十分清晰，如图 9-30 所示。

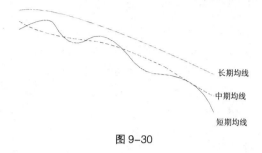

图 9-30

逐浪下降是做空信号，后市看跌。出现该信号后，股民应积极做空，只要股价没有过分下跌就应退出观望。

提 示

下跌时浪形越有规律，信号的可信度越高。

6. 乌云密布

乌云密布图形出现在股价的盘整期，短期和中期均线平缓地向下延伸，长期均线紧紧地贴在上面，如图 9-31 所示。

图 9-31

乌云密布图形是卖出信号，后市看跌。只要不是暴跌，股民就应该尽早退出观望。

提 示

如果短期均线和中期均线分别对应周线、月线，且出现这种信号，则日后股价下跌的幅度更大。

9.3 MACD 指标的应用

MACD 在股票术语中指的是指数平滑异同移动平均线，是从双移动平均线发展而来的，涉及周期短的移动平均值与周期长的移动平均值的差。MACD 的意义和双移动平均线基本相同，但使用起来更方便。MACD 代表的值从负数转向正数，是买进信号；从正数转向负数，是卖出信号。MACD 以大角度变化，表示快的移动平均线和慢的移动平均线的距离被非常迅速地拉开，代表市场大趋势发生转变。

9.3.1 MACD 指标的原理

MACD 指标是根据均线的构造原理，对股票的收盘价进行平滑处理，求出算术平均值后再进行计算得到的，是一种趋向类指标。

MACD 指标是基于快速（短周期）移动平均线与慢速（长周期）移动平均线聚合与分离的特征，加以双重平滑运算的结果。MACD 指标既去除了移动平均线频繁发出假信号的缺陷，又保留了移动平均线的效果，因此，MACD 指标具有平均线反映趋势、相对稳定等特点，是用来研判买卖股票的时机、预测股票价格涨跌的技术分析指标。

MACD 指标的计算包含 EMA（指数移动平均值，也称平滑移动平均值）、DIF（差离值）和 DEA（DIF 的平滑移动平均值）这 3 项数值。其中，DIF 是核心，DEA 是辅助。DIF 是短周期 EMA 和长周期 EMA 的差。

在炒股软件中，MACD 指标显示区域通常包含一组柱状线和两根折线：柱状线表示 MACD 主指标，这些柱状线又称 MACD 柱；两根折线分别为 DIF 线和 DEA 线。

9.3.2 MACD 指标的计算方法

在应用 MACD 指标时，要在分析图中绘制以下 3 种线。

- ● DIF 线：根据短周期 EMA 和长周期 EMA 的差值绘制而成。
- ● DEA 线：根据 DIF 线的 N 日指数平滑移动平均值绘制而成。
- ● MACD 柱：根据 DIF 与 DEA 的差，在垂直方向上绘制的彩色柱状线。

MACD 指标默认的参数：短周期 EMA 的周期为 12 日，长周期 EMA 的周期为 26 日，DIF 的周期为 9 日。下面以这些参数为例介绍 MACD 的计算过程。

（1）计算 EMA。

12 日 EMA 的算式为：

> EMA（12）= 前一日的 EMA（12）×（12-1）/（12+1）+ 当日收盘价 ×2/（12+1）

26 日 EMA 的算式为：

> EMA（26）= 前一日的 EMA（26）×（26-1）/（26+1）+ 当日收盘价 ×2/（26+1）

（2）计算 DIF。

> 当日 DIF = 当日 EMA（12）－ 当日 EMA（26）

（3）计算 DEA。

DEA 为 DIF 的 9 日平滑移动平均，DEA 可看作对 DIF 的平滑处理。

> 当日 DEA = 前一日 DEA × 8 / 10 + 当日 DIF × 2 / 10

DIF 和 DEA 的数值既可为正值也可为负值。

（4）计算 MACD。

> 当日 MACD=（当日 DIF － 当日 DEA）× 2

9.3.3　如何使用 MACD 指标

MACD 指标的一般研判标准主要是围绕 DIF 和 DEA 这两条线及柱状线情况及其形态展开。其中，MACD 值大于 0 时用红色柱状线表示，小于 0 时用浅蓝色或绿色柱状线表示。分析依据主要包括 DIF 值和 DEA 值及其所处的位置、DIF 线和 DEA 线的交叉情况、红色柱状线的收缩情况和 MACD 的图形形态这四个方面。

- DIF 和 DEA 均大于 0 且线条都向上延伸，一般表示股票处于多头行情中，可以买入或持股待涨。
- DIF 和 DEA 均小于 0 且线条都向下延伸，一般表示股票处于空头行情中，可以卖出或观望。
- DIF 和 DEA 均大于 0 且线条都向下延伸，一般表示股票行情处于退潮阶段，股价将下跌，可以卖出或观望。
- DIF 和 DEA 均小于 0 且线条都向上延伸，一般表示股票上涨行情即将启动，可以买进或持股待涨。
- DIF 与 DEA 都大于 0，且 DIF 线向上突破 DEA 线，表明股票处于强势之中，股价将再次上涨，可以加码买进或持股待涨，这就是 MACD 指标"黄金交叉"的一种形式。
- DIF 和 DEA 都小于 0，且 DIF 线向上突破 DEA 线，表明股票即将转强，股价跌势已尽，将止跌向上，可以开始买进股票或持股待涨，这是 MACD 指标"黄金交叉"的另一种形式。
- DIF 与 DEA 都大于 0，且 DIF 线向下突破 DEA 线，表明股票即将由强势转为弱势，股价将大跌，这时应卖出大部分股票而不能买入股票，这就是 MACD 指标的"死亡交叉"的一种形式。
- DIF 和 DEA 都小于 0，且 DIF 线向下突破 DEA 线，表明股票将进入极度弱势，股价还将下跌，可以卖出股票或观望，这是 MACD 指标"死亡交叉"的另一种形式。

另外，股民还可对 MACD 指标中的柱状线进行研判。

- 红色柱状线持续变长，表明股票处于牛市行情中，股价将继续上涨，这时应持股待涨或买入股票，直到红色柱状线不再变长时考虑卖出。

- 绿色柱状线持续变长，表明股票处于熊市行情之中，股价将继续下跌，这时应持币观望或卖出股票，直到绿色柱状线开始变短时可以考虑少量买入。
- 红色柱状线开始变短，表明股票牛市即将结束（或将进入调整期），股价可能会大幅下跌，这时应卖出大部分股票而不能买入股票。
- 绿色柱状线开始变短，表明股票的下跌行情即将结束，股价将止跌向上（或将进入调整期），这时可以少量进行长期战略建仓而不要轻易卖出股票。
- 红色柱状线开始消失，绿色柱状线开始出现，这是转向信号之一，表明股票的上涨行情（或高位盘整）即将结束，股价将开始加速下跌，这时应开始卖出股票而不能买入股票。
- 绿色柱状线开始消失，红色柱状线开始出现，这也是转向信号之一，表明股票的下跌行情（或低位盘整）即将结束，股价将开始加速上升，这时应开始买入股票或持股待涨。

对于 MACD 指标，股民还可结合股价均线的走势进行形态方面的分析，主要是对顶背离或底背离的出现进行研判。

顶背离现象一般是股价在高位即将反转向下的信号，表明股价短期内即将下跌，是卖出股票的信号。底背离现象一般是股价在低位可能反转向上的信号，表明股价短期内可能反弹向上，是短线买入股票的信号。

与 MACD 指标的顶背离一般出现在涨势行情比较可靠且股价在高价位时，通常只要出现一次顶背离的形态即可确认股价即将反转；而股价在低位时，一般要反复出现几次底背离后才能确认。因此，MACD 指标用于顶背离研判的准确性要高于用于底背离研判，这一点股民要加以注意。

9.3.4　MACD 指标实战

MACD 指标的实战技巧主要集中在分析 MACD 指标的"金叉""死叉"以及 MACD 指标中的红、绿色柱状线的情况这两大方面。

在图 9-32 所示的华翔股份（603112）的分析图中显示了 K 线图、MACD 指标，从图中可以看到，2024 年 2 月 20 日，MACD 出现金叉 1，提示股民可以买入股票，然后该股价格逐步攀升，到 5 月 15 日，MACD 出现死叉，股民可考虑卖出股票。在这两个多月的时间里，股价从 10 元左右涨至 13.5 元左右，上涨幅度超过 30%。

华翔股份（603112）随后又走出一个背离走势，MACD 指标在向上走，但股价却在逐步盘整向下，在 2024 年 7 月 29 日，MACD 指标又出现金叉 2，预示着盘整将结束，随后该股又出现一轮上升行情。

图 9-32

9.4　RSI 指标的应用

RSI 是 Relative Strength Index 的缩写，直译为相对强弱指数，股票分析中通常称为 RSI 指标。该指标最早被用于期货交易中，后来人们发现用这个指标来指导股票交易，投资效果也十分不错。该指标经过不断改进，现在已经成为应用最广泛的技术指标之一。

9.4.1　RSI 指标的原理

投资的一般原理认为，股民的买卖行为是各种因素综合作用结果的反映，行情的变化最终取决于供求关系。而 RSI 指标正是根据供求平衡的原理，通过测量某一段时间内股价上涨总幅度占股价变化总幅度平均值的百分比，来评估多空力量的相对强弱程度，进而提示具体操作的。

RSI 指标基于股票市场上供求关系原理确定买卖力量的相对强弱程度，是一个判断未来市场走势的技术指标。

运用 RSI 指标对单只股票或整个市场指数的基本变化趋势做出分析，要先计算单只股票一定时间段的收盘价或整个指数一定时间段收盘指数的强弱，而不是直接对股票的收盘价或股票市场指数进行平滑处理。

简单地说，RSI 指标是一定时期内涨幅与涨幅加上跌幅的比值。它是买卖力量在数量上的体现，股民可根据其所反映的行情变动情况及轨迹来预测股价未来的走势。在实战中，通常将其与移动平均线配合使用，以提高行情预测的准确性。

9.4.2　RSI 指标的计算方法

RSI 指标的计算公式有两个。

第一个计算公式：

假设 A 为 N 日内收盘价的正数之和，B 为 N 日内收盘价的负数之和乘以−1，那么 A 和 B 均为正，将 A、B 代入 RSI 计算公式，则

$$RSI（N）= A ÷ （A + B）× 100$$

第二个计算公式：

$$RS（相对强度）= N 日内收盘价涨幅之 N 日均值 ÷ N 日内收盘价跌幅之 N 日均值$$

$$RSI（相对强弱指标）= 100 − 100 ÷ （1 + RS）$$

9.4.3　RSI 指标的应用原则

RSI 指标的应用主要针对长期 RSI 线和短期 RSI 线的交叉状况、RSI 的线条形状等进行。

RSI 值的变动范围为 0～100，一般分布在 20～80。80 和 20 分别为超买区和超卖区的分界点：大于 80 为超买区，小于 20 为超卖区。

- RSI 大于 80，表示市场买方力度过强，多方大胜，市场处于超买状态，后续行情有可能出现回调或转势，此时股民可卖出股票。
- RSI 小于 20，表示市场上卖盘多于买盘，股价下跌的幅度过大，市场已处于超卖状态，股价可能出现反弹或转势，股民可适量建仓。
- RSI 在 50 左右，说明股票处于整理行情，股民可观望。
- 短期 RSI 大于长期 RSI，股票处于多头市场。
- 短期 RSI 小于长期 RSI，股票处于空头市场。
- 短期 RSI 线在低位向上突破长期 RSI 线，是 RSI 的"黄金交叉"，为买入信号。
- 短期 RSI 线在高位向下突破长期 RSI 线，是 RSI 的"死亡交叉"，为卖出信号。

在实战中，应将 RSI 指标与其他技术指标综合在一起分析。RSI 图形中曾经出现的最高点具有较强的反压作用，曾经出现的最低点具有较强的支撑作用。

多头市场中如果有价格回档，多头的第一道防线是 RSI 为 50、第二道防线是 RSI 为 40、第三道防线是 RSI 为 30。

空头市场中如果有价格反弹，空头的第一道防线是 RSI 为 50、第二道防线是 RSI 为 60、第三道防线是 RSI 为 70。

多头市场中 RSI 值每次因股价回档下跌而形成的低点密集区往往位于多头的第一道防线附近。空头市场中股价处于反弹盘整阶段 RSI 所出现的高点密集区通常位于空头的第一道防线附近。

盘整阶段 RSI 的值为 40～60，如果市场走强，RSI 值往往可以在 80 以上；反之，市场不景气时，RSI 值在 20 以下。

9.4.4 RSI 指标的缺陷

虽然 RSI 指标有可以先于其他技术指标发出买入或卖出信号等诸多优势，但股民应当注意，RSI 同样也会发出误导人的信息。由于多方面的原因，该指标在实际应用中也存在不足之处。

RSI 指标最重要的作用是能够显示当前市场的基本态势，指明市场处于强势、弱势还是盘整之中，同时还能大致显示顶或底是否来临。但 RSI 指标只是从一个角度考量市场，所能给股民提供的只是一个辅助参考，并不意味着市场趋势就一定是 RSI 指标揭示的那样。特别是在市场剧烈震荡时，更应参考其他指标综合分析，不能简单地依赖 RSI 发出的信号来做出买卖决定。下面列出 RSI 指标的一些缺陷。

- 分析周期差异：周期较短的 RSI 指标虽然比较敏感，但快速震荡的次数较多，可靠性较差；周期较长的 RSI 指标尽管信号可靠，但指标的敏感性不够，对市场变化反应迟缓，因而会令人错过买卖机会。
- RSI 根据收盘价计算，如果当天行情的波动很大、上下影线较长，RSI 就不可能较为准确地反映此时行情的变化。
- 超买、超卖出现后，RSI 指标钝化，易发出错误的操作信号。在"牛市"或"熊市"的中间阶段，RSI 值升至 90 以上或降到 10 以下的情况时有发生，此时指标钝化后会出现模糊的误导人的信息，若依照该指标操作可能会出现失误。
- RSI 指标与股价"背离"的出现常常滞后。一方面，市场行情已经出现反转，但是 RSI 指标的"背离"信号却可能滞后出现；另一方面，有时"背离"现象出现数次后，行情才真正开始反转，在实际操作中较难确认何时开始真正的反转。
- 当 RSI 值在 50 附近波动时，该指标往往失去参考价值。一般而言，RSI 值为 40 ~ 60 时的参考作用并不大。按照 RSI 的应用原则，当 RSI 从 50 以下向上突破 50 分界点时，代表股价已转强；RSI 从 50 以上向下跌破 50 分界点，则代表股价已转弱。但实际情况经常让股民一头雾水，RSI 在股价由强转弱后却不下跌、由弱转强后却不上涨的现象相当普遍。这是因为在常态下，RSI 会在股价尚处于盘整时率先出现走强或走弱的现象。在实际运用中若要克服这个缺点，可以在价格变动幅度较大且涨跌转换较频繁时，将 RSI 参数设定得小一点；在价格变动幅度较小且涨跌转换不频繁时，将 RSI 参数设定得大一点。

9.4.5 RSI 指标实战

如图 9-33 所示，涪陵电力（600452）的日线分析图中显示了 K 线、RSI 指标。从图中可以看到，在 RSI 指标处于超卖 1 状态时，股价即将到达阶段性底部，近期可能会有反弹。随后 RSI 指标形成了向上的金叉，股价上涨；在 RSI 指标进入超买 1 状态时，股价即将到达阶段性顶部，这时可考虑逐步卖出前期买入的筹码。

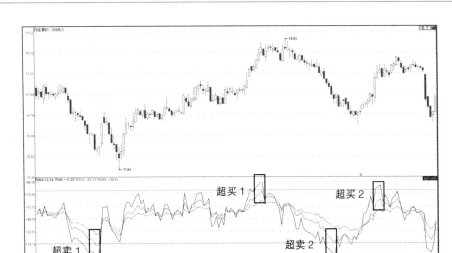

图 9-33

图 9-33 中还显示了超卖 2 和超买 2 的位置，读者可自行分析。

9.5 BOLL 指标的应用

BOLL 指标又叫布林线指标或布林带指标，其英文全称是 Bollinger Bands，是用该指标的开发者（John Bollinger，约翰·布林格）的姓来命名的，主要用来研判股价中长期运动趋势。

9.5.1 BOLL 指标的原理

BOLL 指标是根据统计学中的标准差原理设计出来的一种非常简单实用的技术分析指标。一般而言，股价的运动总是围绕某一价值中线（如均线、成本线等）在一定的范围内变动，布林线指标正是在这个基础上引入"股价通道"概念而开发的。布林格认为股价通道的宽窄随着股价波动幅度的大小而变化，而且股价通道又具有变异性，它的位置会随着股价的变化而自动调整。由于具有灵活、直观和能反映趋势等特点，BOLL 指标渐渐得到广泛应用。

在众多技术分析指标中，BOLL 指标属于比较特殊的一类。绝大多数技术分析指标是通过数量的方法构造出来的，它们本身不直接依赖趋势分析和形态分析，而 BOLL 指标却与股价的趋势和形态有着密不可分的联系。BOLL 指标中的"股价通道"概念正是股价趋势理论的直观表现形式。BOLL 指标利用"股价通道"来显示股价的各种价位，股价波动很小、正在盘整，股价通道就会变窄，这可能预示着股价暂时处于平静期；股价波动超出狭窄的股价通道的上轨，预示着股价的异常激烈的向上波动即将开始；股价波动超出狭窄的股价通道的下轨，同样也预示着股价的异常激烈的向下波动即将开始。

股民常常会遇到两种交易陷阱：一种是买低陷阱，股民在所谓的低位买进之后，股价不仅没有上涨，反而不断下跌；另一种是卖高陷阱，股民在所谓的高点卖出后，股价却一路上涨。BOLL 指标理论认为各类市场是存在联动的，市场内和市场间的各种变化都是相对的，是不存在绝对性的。股价的高低是相对的，股价在上轨线以上或在下轨线以下只反映该股股价相对较高或相对较低，股民在进行决策前还须综合参考其他技术指标。

总之，BOLL 指标中的股价通道对预测未来行情的走势有重要的参考作用，股价通道也是 BOLL 线指标所特有的分析工具。

9.5.2　BOLL 指标的计算方法

在所有的指标中，BOLL 指标是计算最复杂的指标之一。BOLL 指标引入统计学中的标准差概念，涉及中轨线（MB）、上轨线（UB）和下轨线（LB）的计算。另外，和其他指标的计算一样，由于选用的计算周期不同，BOLL 指标也包括日 BOLL 指标、周 BOLL 指标、月 BOLL 指标、年 BOLL 指标以及分钟 BOLL 指标等各种类型。经常被用于股市研判的是日 BOLL 指标和周 BOLL 指标。虽然它们在计算时周期的取值不同，但基本计算方法一样。

这里以日 BOLL 指标为例介绍 BOLL 指标的计算方法。

（1）日 BOLL 指标的计算公式。

> 中轨线 = N 日的移动平均线
>
> 上轨线 = 中轨线 ＋ 两倍的标准差
>
> 下轨线 = 中轨线 － 两倍的标准差

（2）计算 MA。

> MA = N 日内的收盘价之和 ÷ N

（3）计算标准差 STD，假设日收盘价为 C。

> STD = 对 N 日的（C － MA）的二次方之和除以 N 的值求平方根

（4）计算 MB、UB、LB 线。

> MB = （N － 1）日的 MA
>
> UB = MB ＋ 2 × STD
>
> LB = MB － 2 × STD

在股市分析软件中，BOLL 指标共由 4 条线组成，即上轨线 UB、中轨线 MB、下轨线 LB 和价格线。其中上轨线 UB 是 UB 数值的连线，用黄色表示；中轨线 MB 是 MB 数值的连线，用白色表示；下轨线 LB 是 LB 数值的连线，用紫色表示；价格线以 K 线形式表示，颜色为浅蓝色或红色。

和使用其他技术指标一样，在实战中股民不需要进行 BOLL 指标的计算，但需要大概了解 BOLL 的计算方法和过程，以便掌握 BOLL 指标的实质。

9.5.3 BOLL 指标的应用原则

应用 BOLL 指标时应主要关注上、中、下轨线的位置以及这些线与 K 线的关系等，以判断股价的走势。

1．上、中、下轨线的位置

BOLL 指标中的上、中、下轨线所形成的股价通道的移动范围是不确定的，通道的上轨线和下轨线随着股价的波动而变化。通过上、中、下轨线的走向和相互之间的距离等可对股价的走势进行简单判断，一般的规则如下。

- 在正常情况下，股价应始终在股价通道内运行。如果股价脱离股价通道运行，则意味着行情处于非正常状态。
- 在 BOLL 指标中，股价通道的上、下轨线表示的是股价正常运行的最高价位和最低价位。中轨线和下轨线都可以用来对股价的运行标识支撑，而上轨线和中轨线有时则用来对股价的运行标识压力。
- 一般而言，股价在 BOLL 指标的中轨线上方运行表明股票处于强势；股价在 BOLL 指标的中轨线下方运行表明股票处于弱势。
- BOLL 指标的上、中、下轨线同时向上运行，表明股票非常强势，股价短期内将持续上涨，股民应坚决持股待涨或逢低买入。
- BOLL 指标的上、中、下轨线同时向下运行，表明股票非常弱势，股价短期内将持续下跌，股民应坚决持币观望或逢高卖出。
- BOLL 指标的上轨线向下运行，而中轨线和下轨线却还在向上运行，表明股价处于整理态势之中。如果股价处于长期上升趋势，则表明这是上涨途中的强势整理，股民可以持股观望或逢低短线买入；如果股价处于长期下跌趋势，则表明这是下跌途中的弱势整理，股民应以持币观望或以逢高减仓为主。
- BOLL 指标的上轨线向上运行，而中轨线和下轨线同时向下运行的情况并不多见。
- 当 BOLL 指标的上、中、下轨线几乎同时处于水平方向横向运行时，则要看股价目前的走势来判断。股价前期一直处于长时间的下跌行情后开始出现 3 条线横向移动，表明股价进入构筑底部阶段，股民可以开始分批少量建仓，一旦 3 条线向上发散则可加大买入力度。股价前期处于小幅的上涨行情后开始出现 3 条线横向移动，表明股价进入上升阶段的整理行情，股民可以持股待涨或逢低短线吸纳，一旦 3 条线向上发散则可短线加码买入。股价刚刚经历一轮大跌行情时开始出现 3 条线横向移动，表明股价处于下跌阶段的整理行情，股民应以持币观望和逢高减仓为主，一旦 3 条线向下发散则坚决清仓离场。BOLL 指标的 3 条线在股价行情顶部横向运动的可能性极小，这里不做研判。

2.K线和上、中、下轨线的关系

通常情况下，K线位于上下轨线之间，也有短期突破上轨线或下轨线的情况。在实战中，根据K线与上、中、下轨线之间的位置关系，可对股价的走势进行预测，一般的规则如下。

- K线向上突破中轨线，表示股价的强势特征开始出现，股价将上涨，中长线股民应以买入为主。
- K线向上突破上轨线，表示股价的强势特征已经确立，股价将可能短线大涨，短线股民应持股待涨或买入。
- K线向上突破上轨线以后，运动方向继续向上时，如果上、中、下轨线的运动方向也同时向上，则表示股票依旧强势，股价短期内还将上涨，股民应坚决持股待涨，直到K线的运动方向开始有掉头向下的迹象时再密切关注行情是否反转。
- 如果K线开始掉头向下，股民应格外注意其与上轨线的关系。一旦K线掉头向下突破上轨线，则股价短期的强势行情可能结束，甚至在短期内将大跌，股民应及时卖出股票，离场观望。特别是对于那些短线涨幅很大的股票更应如此。
- K线向下突破上轨线之后，如果上、中、下轨线的运动方向也同时开始向下，则表示股价的短期强势行情即将结束，股价的短期走势不容乐观，股民应以逢高减仓为主。
- K线向下突破中轨线，表示股价前期的强势行情已经结束，股价的中期下跌趋势已经形成，股民应及时卖出股票；如果上、中、下线也同时向下则中期下跌趋势得到进一步确认。
- K线向下跌破下轨线并继续向下，表示股价处于极度弱势的行情，股民应坚决以持币观望为主，尽量不买入股票。
- K线在下轨线之下运行了一段时间后，如果运动方向有掉头向上的迹象，则表明股价短期内将止跌企稳，股民可以少量逢低建仓。
- K线向上突破下轨线，表示股价的短期行情可能回暖，股民可以及时适量买进股票，做短线反弹行情。
- K线一直处于中轨线上方并和中轨线一起向上运动，表示股价处于强势上涨的过程中，只要K线不跌破中轨线，股民就应坚决持股。
- K线一直处于中轨线下方并和中轨线一起向下运动，表示股价处于弱势下跌的过程中，只要K线不向上反转突破中轨线，稳健的股民都可一路观望。

3.BOLL线的"喇叭口"

BOLL线的"喇叭口"指的是BOLL指标的上轨线和下轨线同时大幅远离中轨线或者向中轨线大幅靠拢而形成的类似喇叭口的特殊形状。根据上轨线和下轨线运行方向和所处位置的不同，可以将喇叭口分为开口型喇叭口、收口型喇叭口和紧口型喇叭口3种类型。

（1）开口型喇叭口。股价经过长时间的底部整理后，上轨线和下轨线逐渐靠近，上、下轨线之间的距离越来越小，随着成交量的逐渐放大，股价突然急速飙升，此时上轨线也急速向上攀升，而下轨线却加速向下延伸，这样上、下轨线组成的形状就像一个大喇叭。这种喇叭口称为开口型喇叭口。

开口型喇叭口是一种股价短线大幅向上突破形成的形态。它表示的是股价经过长时间的低位横盘筑底后，即将向上变盘。上、下轨线出现方向截然相反而坡度却很大的走势，预示着多方力量逐渐强大而空方力量逐步衰竭，股价将处于短期大幅上升行情之中。

开口型喇叭口的形成必须具备以下两个条件。

- 股价要经过长时间的中低位横盘整理。整理的时间越长，上、下轨线之间的距离越小，股价未来上升的幅度越大。
- 上下轨线开始开口时要有明显的大的成交量出现。

开口型喇叭口的确立以K线向上突破上轨线、股价伴随成交量放大向上突破中长期均线为准。开口型喇叭口出现时，股民如能及时短线买进通常会获利丰厚。

（2）收口型喇叭口。股价经过短时间的大幅上升后，上轨线和下轨线逐渐相互远离，上、下轨线之间的距离越来越大，随着成交量的逐步缩小，股价在高位急速下跌，此时上轨线开始急速掉头向下，而下轨线还在加速攀升，这样上、下轨线组成的形状就像一个反向的大喇叭口。这种喇叭口称为收口型喇叭口。

收口型喇叭口是一种股价短线大幅向下突破形成的形态。它是股价经过短时期的大幅上升后，即将向下变盘时所出现的一种走势。上、下轨线出现方向截然相反而坡度很大的走势，预示着空方力量逐渐强大而多方力量开始衰竭，股价将处于短期大幅下跌的行情之中。

收口型喇叭口的形成虽然对成交量没有要求，但也必须具备一个条件，即股价在前期大幅地短线攀升。通常情况下，之前攀升的幅度越大，上、下轨线之间的距离越大，股价未来下跌的幅度越大。

收口型喇叭口的确立以上轨线开始掉头向下、股价向下跌破短期均线为准。收口型喇叭口出现时，股民如能及时卖出则能保住收益，至少能最大限度地减少损失。

（3）紧口型喇叭口。股价经过长时间的下跌后，上、下轨线都逐渐向中轨靠拢，上、下轨线之间的距离越来越小，随着成交量越来越小、股价在低位反复震荡，上轨线还在向下延伸，而下轨线却在缓慢上升，上、下轨线组成的形状就像一个反向的小喇叭口。这种喇叭口称为紧口型喇叭口。

紧口型喇叭口是一种显示股价将长期小幅盘整筑底的形态。它表示的是股价经过长期大幅下跌后，即将长期调整的一种走势。上、下轨线逐步缓慢靠拢，表示多空双方的力量逐渐趋于平衡，股价将处于长期横盘整理的行情中。

紧口型喇叭口的形成条件和确认标准比较宽松，只要股价经过较长时间的大幅下跌后，成交量极度萎缩，上、下轨线之间的距离越来越小，就可认定紧口型喇叭口初步形成。紧口型喇叭口出现后，股民既可以观望等待，也可以择机少量建仓。

9.6　KDJ 指标的应用

　　KDJ 指标称为随机指标，是一种相当实用的技术分析指标。它最先用于期货市场的分析，后被广泛用于股市的中短期趋势分析，是期货和股票市场上较常用的指标。

9.6.1　KDJ 指标的原理

　　KDJ 指标的计算与绘制：基于统计学的原理，通过一个周期（常为 9 日、9 周等）内出现过的最高价、最低价及周期内的收盘价及这三者之间的比例关系，得出一个周期的未成熟随机值 RSV，然后根据平滑移动平均值的计算方法来得到 K 值、D 值与 J 值，最终得到曲线图。

　　KDJ 指标是以最高价、最低价及收盘价为基本数据进行计算的。K 值、D 值和 J 值分别在坐标系中对应一个点，将若干个这样的点连起来，就形成完整的、能反映价格波动趋势的 KDJ 曲线。KDJ 曲线主要利用价格波动的真实波幅来反映价格走势的强弱和超买超卖现象，是一种能在价格尚未上升或下降之时发出买卖信号的技术工具。

　　KDJ 曲线本质上是随机波动的，用来研判中短期行情走势比较准确。

9.6.2　KDJ 指标的计算方法

　　KDJ 指标的计算比较复杂，首先要计算一个周期（n 日、n 周等）的 RSV 值，然后计算 K 值、D 值、J 值等。以 n 日 KDJ 数值的计算为例，其计算公式如下：

$$n 日 RSV = （C_n - L_n） ÷ （H_n - L_n） × 100$$

　　式中，C_n 为第 n 日收盘价，L_n 为 n 日内的最低价，H_n 为 n 日内的最高价。RSV 值始终在 $1\sim100$ 波动。

　　接着计算 K 值与 D 值，其计算公式如下：

$$当日 K 值 = 2/3 × 前一日 K 值 + 1/3 × 当日 RSV$$
$$当日 D 值 = 2/3 × 前一日 D 值 + 1/3 × 当日 K 值$$

　　若无前一日 K 值与 D 值，则可分别用 50 来代替。

　　另外，在 KDJ 指标中，还有一个 J 指标，其计算公式如下：

$$J = 3K - 2D$$

　　J 值反映的是 K 值和 D 值的乖离程度，从而领先 K 值和 D 值找出头部或底部。J 值可以超过 100。

9.6.3　KDJ 指标的应用原则

　　KDJ 指标主要是通过 K、D 和 J 这 3 条曲线所构成的图形关系来显示股市中的超买超卖，走势背离及 K 线、D 线和 J 线相互交叉突破等现象，可用来预测股价中期、短期及长期趋势。

KDJ 指标有 3 条曲线，在使用 KDJ 指标研判行情走势时，主要是从 K、D、J 的值，KDJ 曲线的形态，KDJ 曲线的交叉，KDJ 曲线的背离和 K 线、D 线、J 线的运行状态以及 KDJ 曲线与股价曲线的关系等方面来综合考虑的。

- K、D、J 的值：KDJ 指标中，K 值和 D 值的取值范围都是 0～100，J 值可以超过 100 或低于 0。根据 K、D、J 的值，可将股票所处区域划分为三种区域，即超买区、超卖区和徘徊区。按一般划分标准，K、D、J 在 20 以下为超卖区，宜买入；K、D、J 在 80 以上为超买区，宜卖出；K、D、J 在 20～80 为徘徊区，宜观望。

- KDJ 曲线的形态：当 KDJ 曲线图形形成头肩顶底形态、双重顶底形态（即 M 头、W 底）及三重顶底等形态时，也可以按照形态理论的研判方法加以分析。

- KDJ 曲线的黄金交叉：黄金交叉分为在 50 线以下和 50 线以上两种情况。在 50 线以下形成黄金交叉，表明股票即将转强；在 50 线以上形成黄金交叉，表明股票处于一种强势之中，股价将再次上涨，可以加码买进股票或持股待涨。

- KDJ 曲线的死亡交叉：KDJ 曲线在高位（80 以上）向下形成死亡交叉，表示股市即将由强势转为弱势，股价将大跌。当股价经过一段时间的下跌，而股价向上反弹的动力缺乏，各种均线对股价形成较强的压力时，如果 KDJ 曲线经过短暂反弹到达 80 线附近，但未能重返 80 线以上且再次形成死亡交叉，则表明股市将再次进入极度弱市中，股价还将下跌，可以卖出股票。

9.6.4　KDJ 指标与其他指标综合应用

KDJ 指标作为一种常用的技术指标，与其他技术指标综合应用，可对股价走势预测得更准确。这里简单介绍 KDJ 指标与 MACD 指标、KDJ 指标与 BOLL 指标的综合应用。

1. KDJ 指标与 MACD 指标的综合应用

KDJ 指标是一种超前指标，多数情况运用于短线操作；MACD 指标一般反映中线的整体趋势。从理论上分析，KDJ 指标的超前主要体现在对股价变化的反应速度上，但其变化速度较快，往往造成频繁出现买卖信号，从而让人的判断失误较多。MACD 指标则基本与市场价格同步移动，发出信号的要求和限制较多，从而避免假信号的出现。将这两者结合起来判断市场的好处是，可以更为准确地把握住 KDJ 指标发出的短线买入与卖出的信号。同时，由于 MACD 指标反映中线趋势，利用两个指标可以判定股票价格的中、短期波动。

当 MACD 指标保持原有方向时，即使 KDJ 指标在超买或超卖状态，股价也大概率仍将按照已定的趋势运行。因此在操作上，股民可以借此判断市场是调整还是反转，同时也可以适当地回避短期调整风险，以博取短期价差。比如，股票在经过一段时间调整后，MACD 指标开始维持上升趋势，而 KDJ 指标经过调整后也已在 50 线上即将形成金叉，则预示着股价短线上有机会上扬。总的来说，对于短线的判断，KDJ 发出的买卖信号需要用 MACD 指标来验证，一旦二者发出相同指令，则买卖的准确率将较高。

2．KDJ 指标与 BOLL 指标的综合应用

KDJ 指标是超买超卖类指标，而 BOLL 指标则是支撑、压力类指标。两者综合应用的好处是可以对 KDJ 指标发出的信号把握更为精准；同时，由于 BOLL 指标反映的往往是价格的中期运行趋势，因此综合使用这两个指标对判断价格到底是短期波动还是中期波动具有一定作用，尤其是对判断价格到底是短期见顶（底）还是进入了中期下跌（上涨），研判效果比较好。

我们知道，BOLL 指标中的上轨线有压力作用，中轨线和下轨线有支撑作用，因此当价格下跌到中轨线附近或者下轨线上方时，可以不理会 KDJ 指标所发出的信号。当然，如果 KDJ 指标也走到了低位，那么应将此时的形势视作短期趋势与中期趋势相互验证的结果。需要注意的是，当价格下跌到下轨线之下时，即使得到支撑而出现回稳，KDJ 指标也同步上升，但趋势转向的信号已经发出，所以至多只能抢一次短线反弹。而当 KDJ 指标走上 80 高位时，采取卖出行动就较为稳妥，因为股价跌破中轨线将引发 BOLL 线开口变窄，股价需要进行较长时间的盘整，所以无论是从防范下跌风险来看，还是从持仓成本来看，都不宜继续持有。

第10章

跟对主力，你也行

在股市中，主力资金对股价的影响十分明显，对于散户来说，如果能识别出主力的行为并正确地跟踪主力，与主力周旋，则可最大限度保证在股市中的盈利。可是，主力混杂在市场里的众多股民中，如何找到主力并顺利跟上主力的步伐呢？

10.1　主力都有谁，什么是跟主力

散户要想跟对主力，首先必须要知道什么是主力、哪些是主力，以便在市场交易中找到主力，然后跟上其操作步伐，从而获利。

10.1.1　主力都有谁

主力通常是指资金量很大，能影响某一只或几只股票价格走势的机构投资者甚至个人投资者。主力通常具有以下特点。

- 在市场中投入的资金量巨大。
- 主力要操作某只股票，必须买入该股票，买入股票后就成为其股东了。因此，主力也是股东。
- 通常是持有大量流通股的股东。
- 可以影响股票在二级市场的价格。

其实，主力与散户是一个相对概念。当散户在股市中投入足够多的资金，规模达到能影响某只股票价格走势之时，该散户也就成了投资该股的一个主力了。

持有价值几千万元甚至几亿元的股票的散户，已经能影响所持股票的价格走势，这种散户其实已经将角色转换到主力了。因此，主力其实包含机构投资者和自然人投资者两种，只不过市场中拥有资金量大的投资者更多是机构，所以，通常情况下主力指的是机构投资者（也称为主力机构）。目前，我国境内股票市场的机构投资者主要有以下几类。

- 基金公司，基金公司握有巨量资金，这些资金绝大部分被投入股票市场。
- 保险公司，保险公司的保费有一部分被投入股票市场。
- 券商，是指经营证券交易的公司，也称证券公司。这些公司除给投资者提供交易服务外，也投资股票市场。
- QFII（Qualified Foreign Institutional Investors），即合格的境外机构投资者，这些投资机构可以到境内股票市场投资。
- 社保基金（全国社会保障基金的简称），社保基金按国家法律规定，可将资金按一定比例投资于股票市场，以实现资金的保值增值。

10.1.2　主力和散户的区别

主力和散户由于存在资金、技术、操作理念等方面的不同，在股票市场中操作的风格也不同，主力与散户比较明显的区别主要如下。

- 主力通常使用几亿元、十几亿元操作一只股票，而散户则用几万元、十几万元或几十万元同时操作几只或十几只股票。
- 主力操作一只股票要用几个月、一年甚至几年时间，散户操作一只股票可能用几天或几周时间。

- 主力一年操作一两只股票就全身而退；散户一年操作几十只股、上百只股还心有不甘，甚至希望每天都有操作。

- 主力在操作某只股票前，对该股的基本面、技术面通常都要做长时间的详细调查和分析，制订周密的计划后才敢行动；散户操作股票时，通常在几分钟内就决定了买卖。

- 主力特别喜欢一些较冷门股票，将其由冷炒热赚钱；散户喜欢操作当前最热门的股票，由热握冷而赔钱。

- 主力虽然有资金、信息等众多优势，但仍然不敢对技术理论掉以轻心，道琼斯理论、趋势理论、江恩法则等基础理论早已烂熟于胸；很多散户连 K 线知识都没能很好地掌握，就开始宣扬技术无用论。

10.1.3 什么是跟主力

跟主力就是根据主力操作的特点，从众多的股票中发现有主力买入的股票，并根据主力的操作风格选择合适的时机买进，然后在合适的时机卖出，从而获利的一种操作方法。

跟主力最主要的就是要跟上主力的步伐，在主力拉抬某只股票时要马上买进，在主力洗盘时要按兵不动或买进，在主力出货时要抓紧跑，这样就能获得较高的利润。如何才能很好地跟上主力呢？这就要看你的看盘能力和操作能力了。

跟主力有多种方法，分析技术指标是最重要的。下面先简单介绍一下跟主力的过程。

要保证跟主力的准确率，从技术面来看，重要的是分析持仓量。散户通过近期筹码的变化，找出主力的价位和筹码量。通常情况下，"吸筹→洗盘→拉升→出货"是主力操作一只股票的流程。在主力吸筹时跟着买进，风险较低，但周期长，资金利用率低；在主力洗盘时按兵不动，或跟着主力买进，以高抛低吸的方式操作，难度大，但收益高；在主力拉升初期跟着主力买进，收益高，周期短；主力出货时要及时跟着出货。

投资者可以根据自己的喜好和操作风格选择何时入场。喜欢做中长线的可选择主力吸筹时入场；喜欢做短线的可在洗盘或拉升时入场，因为喜欢做短线的投资者喜欢周期短的操作方式，如果在主力吸筹时入场，他们会发现持有一段时间后股价还没怎么动，最后的结果往往是在股价开始上涨前就卖出了。

10.2 主力是如何选股的

对于大多数的散户来说，选择买入什么股票基本上是冲动的、无序的、盲目的，随意性很大，有的喜欢听分析师推荐，有的喜欢听周围朋友的推荐，有的喜欢从互联网等渠道看别人推荐，还有的老股民喜欢自己分析。总的来说，散户选股具有一厢情愿、草率跟风等特征，而主力选股有较为严格的标准和方法。本节就来了解一下主力通常是怎么选股的。

10.2.1 主力选股的依据

主力的资金量大，操作某只股票需要较长的时间收集筹码，如果收集的筹码足够多，那么出货也需要较长的时间，因此主力操作一只股票的时间比较长。主力要在一段较长的时间内保证所操作的股票价格有可观的上涨幅度，所以选股时必须很慎重，需要考虑方方面面的情况。

通常，主力在准备操作某只股票之前要认真调查，进行周密的分析、计算和严格的管理，主力选股需要按以下几方面去分析。

1. 基本面

主力会从宏观经济环境、市场人气、公司基本面等情况综合考虑，通常会选择宏观经济运行已达周期谷底并有回升迹象时，或大盘/个股价格下降至最低点要反弹时启动操作，因为此时大盘/个股经过长时间的下跌，风险已得到充分释放。

在操作某只股票时，主力会充分利用利空、利好消息，以保证操作过程畅通；在必要时，还会通过自己的分析师在不同媒体发布看多或看空该股的分析信息。

主力还会对上市公司的基本面进行分析，主要查看以下几方面的信息（这些信息都是公开发布的）。

- 募股、配股资金产生效益的质量与时间。
- 未分配利润及资本公积金、净资产值。
- 有无送股历史，流通股数量。

主力通常喜欢选择有利润增长潜力、未分配利润多、资本公积金与净资产值高、无送股历史的这类股票。

基本面有改观潜力的个股，也是主力优先选择的目标。那些基本面很好、所处行业有国家产业政策扶持的公司，由于其前景被看好、股价已经比较高，且买入其股票的投资者多，所以股票筹码比较分散，主力难以吸筹，主力一般对这类股票就没办法操作。而基本面差、无人问津的股票，如果有潜在题材或概念使其基本面改观，就是主力喜欢的，一旦收集到足够的筹码，等上市公司发布题材消息，股价短期内就可翻倍。

2. 技术面

技术面也是主力选股时考量的一个重要因素，主力通常要考虑上市公司以下几方面的指标。

- 流通盘大小。流通盘大小是评估和决定股票投资价值及在二级市场中的价格很重要的参考指标。上市公司所处行业好、成长性佳，业绩优良，分配能力强，流通盘较小、股本扩张潜力大，对主力来说都是非常理想的上市公司特征。当然，不同的主力在考虑流通盘大小时会根据自身的条件进行选择，其中，需要注意的是收集筹码的比例、可调配资金的数量和操盘的时间及能力等。如果主力资金量不是太大，去操作流通盘很大的股票，那就像"小马拉大车"，没办法把握股价的走势。

- 筹码分布。主力还要看准备操作的股票的筹码分布是否均匀，这主要看筹码分布在哪些价位、在哪些投资者手中。通过分析筹码分布判断上方在什么价位是套牢区，这部分筹码在哪一类投资者手中。

- 股价走势。先根据股价前期走势，判断一只股票是已经初步完成探底还是正处于下跌过程，再决定是否买进。如果该股还处于下跌过程中，则买进的成本就比较高。

3. 题材面

题材和概念的运用是证券市场的一大特色。几乎每天都可以在各种媒体上看到或听到各种各样的题材和概念，如高科技纳米、稀缺性资源、成长性绩优、股权置换、新生重组等，不一而足，这些多数是主力用来辅助出货的说辞。在主力的操作步骤中，出货是最为关键的一步，因此，题材的选用也就十分重要了。

主力操作的股票通常都具有丰富的题材，如果没有题材，主力也会结合上市公司的新闻、股票分析师的分析为操作的股票制造题材、"讲故事"。

通常，主力采取反复震荡上扬方式，在市场无其他题材抢风头的阶段将操作的股票一炮打响。收购、合资、合作、股权转让、资产重组、资产增值等是市场永恒的热门题材。资产重组股更是重中之重，因为经过重组的上市公司基本面通常会有改观，股本也会得到扩张。

4. 操作面

从操作层面来看，主力喜欢那些股性活跃的股票，特别是股价处于高位或低位的，主力往往会坚决地进行反向操作。股价与指数处于高位时股票一般有以下几点特征。

- 反复出现巨量。
- 众多中线指标处于高位。
- 获利盘较多，且散户多集中在热门股上获利。
- 利多时涨，利空时也涨。
- 由于不断上涨，对于出现的大跌，散户也无所畏惧，处于不理性的状态。

如果股票的特征与以上列出的相反，则说明股价与指数处于低位，主力喜欢在这时介入，而不是在股价较高时去接盘。股价价位选择的一个基本原则就是股价至少有50%的上升空间。股票买进之后只有拉高出货才能获利，主力虽然有时也会故意通过低抛高吸而洗筹，但主要的获利手段还是高位了结。因此，从这个意义上说，买进的个股价格越低，后续拉升的空间也就越大，获利的空间也就越大。

10.2.2   主力喜爱哪些类型的股票

散户要想很好地跟上主力的操作，必须要了解主力喜爱的股票类型。在选股时，不要只选择自己喜欢的股票，而应站在主力的立场，考虑哪些股票是主力喜爱的，这样才能摸着主力的脉搏，顺利跟上主力的节奏。那么，主力喜爱哪些类型的股票呢？

1．绩优成长股

操作绩优成长股的过程就是价值发现的过程，主力通过寻找市场上价值被低估的股票，并在低位吸足筹码，等待市场中众多投资者来发现该股（主力会通过一些方法让散户去发现），然后顺势将股价推高后卖出股票。

其实投资股票，光看"故事"、题材是不行的，最终还是要看上市公司的投资价值。如果上市公司具有前景好、经营管理有方、营销策略得当、科技实力雄厚、地理位置优越等特点，其往往业绩优良、成长性好，最终肯定能给投资者带来丰厚的回报。

主力选择这些绩优成长股的理由如下。

- 风险低、利润高。
- 股票活跃度高。
- 广大投资者乐于跟进，即使被套也有解套的机会。
- 股票卖出容易。

2．超跌股

除了上面介绍的绩优成长股，还有哪些股票算好股票呢？对于长期下跌的股票是不是必须得回避？其实，股市往往也遵循物极必反的规律，股价上涨到一定程度后，就会出现涨不动的情况；反之，股价下跌到一定程度后就可能再也跌不下去了。事实上，主力要获利，都必须通过逢低建仓、逢高卖出来实现。散户应明白股票越涨风险越大、越跌则风险释放得越多的道理。

主力喜爱超跌股的理由如下。

- 风险已得到释放。
- 通常被严重低估，投资价值大。
- 跌无可跌时自然会涨。
- 股价超跌，挤除了泡沫，预期收益高。

图 10-1 所示的是安邦护卫（603373）的 K 线图，从图中可看到，该股在 2023 年 12 月 20 日（图中最左侧 K 线对应的日期）的最高价为 53.99 元，经过一段时间的下跌，到 2024

年 2 月 6 日其最低价为 23.49 元，与 53.99 元相比，下跌幅度超过 50%。股价超跌，风险已被释放，随后该股价格开始逐步上升，成交量也开始回升，到 2024 年 3 月 28 日，其股价又上涨到最高 46.63 元（图中箭头所示位置）。

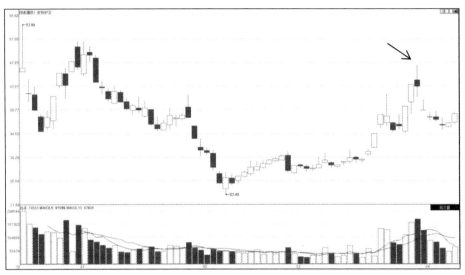

图 10-1

3. 题材股

主力操作某只股票时，通常会以某个题材为"旗号"吸引更多投资者参与，收购、合资、合作、股权转让、资产重组等是主力常用的题材。

2023 年上半年，多地相继发布关于虚拟电厂的政策，虚拟电厂有望迎来建设热潮，这是当时的虚拟电厂题材背景。当年的杭州亚运会采用 100% 绿色电能供应，实现零碳排放的目标，这在亚运会历史上是首次，这就是绿电题材背景。杭州热电是正宗的绿电题材股，且与虚拟电厂题材有一定关联，加上其盘小绩优，从而得到市场的追捧。虽然亚运会的开幕时间为 2023 年 9 月，但题材行情往往会在股市提前上演。2023 年 6 月上旬，杭州热电（605011）价格一度冲高至 40 元以上。图 10-2 所示的便是其从 2023 年 2 月下旬至 2023 年 7 月下旬的走势。

主力喜爱题材股的理由如下。

- 题材对上市公司有实质利好。
- 股票因题材而声名大振，关注度高。
- 大部分投资者喜欢追逐题材，卖出方便。

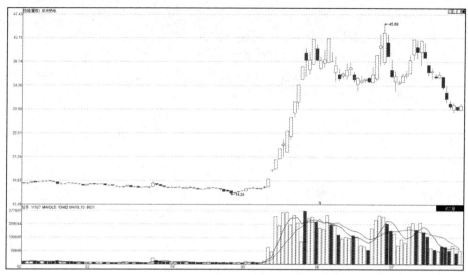

图 10-2

4．冷门股

某只股票主力卖出完毕后，由于只有散户参与交易，其成交量就很小，若该股成交量长期处于低位，就成为被遗忘的对象，这时散户也没有操作该股的热情，该股就成了冷门股。在一定时机下，如行业发生变化或其他题材使得冷门股开始有人关注，冷门股仍然冷门时就非常利于主力建仓，等悄悄吸足筹码之后，主力或机构投资者就会利用各种新闻将该股从冷门炒成热门，并在众多投资者发现该股从而使股价暴涨时，将筹码卖出。

主力喜爱冷门股的理由如下。

- 参与者少，建仓方便。
- 股价低，建仓成本低。
- 建仓完毕，拉抬轻松，可以留出足够的出货空间。
- 将冷门股炒热后，出货方便。

5．新股

新股上市时，由于没有历史数据作为参考，有些散户对新股心里没底，不敢买进。但主力普遍喜新厌旧，在一些特定时期，甚至出现过逢新必炒的情况。主力喜爱新股的理由如下。

- 新股的题材较多，有利于操作。
- 由于新股刚上市，中签的散户很多想卖出获利，主力很容易集中吸筹，达到控盘的目的。

- 新股上方无套牢盘，主力拉升股价时没阻力。

- 新股市场定位不确定，如果定位偏高，则有利于主力日后洗盘；若定位偏低，则主力吸筹更放心，如果该股日后被发现有投资价值，那么主力更是不用费多大劲就能把股价推到新的台阶。

第11章

懒人的手段：投资基金

　　本书前面各章主要介绍股票的相关知识，要想成为真正的股民，就必须掌握这些知识，并付出大量精力实践。如果由于工作忙碌等原因没有太多时间去关注股市，又想让自己的财富保值增值，该怎么办？其实，对于懒人（或没太多空闲时间的人）来说，投资基金也是一种选择。那么，什么是基金？该如何购买基金？

11.1 基金是怎么运作的

将钱存在银行，银行会给我利息，这就是银行使用我的资金的成本；我也知道银行拿着我的钱去放贷，贷款利息比存款利息高，因此银行能从中赚到利差。

那么，基金是怎么运作的呢？听说投资基金也可能亏损，本金并不一定安全，该怎么操作才放心呢？因此，了解基金的管理和运作模式，才能做到心里有底。

与其他投资工具相比，基金的风险与回报处于相对温和的位置，相对而言更讲究长期的增值潜力。

11.1.1 基金如何管理和运作

购买基金到底是一种什么样的投资方式呢？简单地说，就是个人把钱交给基金公司（资金由银行托管），基金公司用你这些钱替你买卖股票或其他投资品并记录你持有的份额，如果这些股票或投资品价格上涨，则你持有的基金份额就增加（赚钱）；如果这些股票或投资品价格下跌，则你持有的基金份额就减少（亏损）。

那么，基金公司怎么赚钱？基金公司和托管银行赚取的分别是管理费和托管费，通常按照基金资产净值的一定比例收取，不管投资是盈是亏，都要收取这些费用。

下面举一个例子来说明基金的运作。

假设你在银行有5万元的存款，你想找一个投资渠道让自己的存款增值（起码不贬值）。想做生意，没有时间，而且这点钱又太少；炒股又不具备相关专业知识，工作忙也没时间去学习。正好有位朋友是炒股高手，你就和他商量将这笔钱给他，让他帮忙炒股。当然，他也不能白帮忙，不管炒股是否赚钱，都按比例给他一定的劳务费。这种模式在法律上来讲叫合伙投资。你一个人投入的钱比较少，这位朋友提取的劳务费当然也少，反正都要花时间研究股票，于是你这位朋友又找了一些人投资。这样，他操作的资金量就大了，提取的劳务费也就多了。这种合伙投资的规模足够大就成了基金投资。

这种民间合伙基金投资的活动，如果出资人与操盘人建立了完备的合同，就成了私募基金。目前，我国私募基金也非常活跃。

如果这种合伙投资的活动经过国家证券行业管理部门（中国证券监督管理委员会）的审批，被允许这项活动的发起人向社会公开募集、吸收投资者加入合伙出资，这就是发行公募基金，也就是大家常见的基金。

基金管理公司正是这种合伙投资的模式，公司会从大家的资产中按一定的比例每年提取基金管理费。为了投资者资产安全，不被基金公司私自挪用，证监会规定，基金的资产不能存放在基金公司，基金公司和基金经理只管交易操作，不能管钱。基金的所有资金要存放在银行，在银行建立一个专门账户，由银行管账、记账，这称为基金托管。当然银行也是要收取相关费用的，银行收取的费用称为基金托管费，也是从基金的资产（也是投资者投入的）中提取。

通过这样的安排，即使基金管理公司倒闭甚至托管银行出事了，但哪一方都无权碰投资者放入基金专户的资产，因此基金资产的安全是有保障的。

11.1.2　关于基金的几个认知误区

一些准备投资基金的投资者由于对基金不了解，通常会将基金与股票、银行存款、债券等混为一谈，下面分别简单介绍一下基金与这三者的区别。

1．基金不是股票

由于大多数基金参与股票交易，当相关股票价格上涨时，基金净值一般也在上涨。因此，很多投资者将两者混为一谈。其实，这两者是有区别的。首先，投资者购买基金只是委托基金管理公司从事股票、债券等的投资；而购买某上市公司的股票则代表投资者成了该公司的股东。另外，基金通常会购买众多不同的股票和债券，能有效分散风险，收益相对比较稳定；而单一的股票投资往往不能充分稀释风险，因此收益的波动相对较大、风险也较大。

2．基金不是银行存款

很多投资者通过银行购买基金，从而认为基金与银行存款没太大区别。其实，这两者有本质的区别：银行存款代表商业银行的信用，银行要保证储户的本金安全，并按中国人民银行的规定支付给储户一定的利息，将钱存银行基本不存在风险；而基金主要投资于证券市场，大多数基金没有保本的承诺，投资者要承担本金损失的风险。相比于银行存款，基金收益更高，风险也更高。

3．基金不是债券

债券是约定按期还本付息的债权债务关系凭证。国内债券种类主要有国债、企业债券和银行债券等。国债没有信用风险，利息免税；企业债券利息较高，但要缴纳 20% 的利息税，并且存在一定的信用风险；银行债券由银行发行，利息略高于同期的存款利率。相比之下，主要投资于股票的基金收益比较不固定，风险也比较高；而只投资于债券的债券基金可以借助组合投资，提高收益的稳定性，并分散风险。

11.2　基金的分类

我们经常可以听到开放式基金、封闭式基金、股票型基金等名词，这些是基金的不同种类。那么，基金有哪些分类呢？

11.2.1 分类标准

根据不同的分类标准，可以将基金划分为不同的种类。一般可按以下几种标准进行分类。

- 根据基金规模是否可变化，可分为开放式基金和封闭式基金。开放式基金不上市交易，一般通过银行申购和赎回，基金规模不固定；封闭式基金有固定的存续期，其间基金规模固定，一般在证券交易场所上市交易，投资者通过二级市场买卖。
- 根据基金组织形态的不同，可分为公司型基金和契约型基金。基金通过发行基金股份成立基金投资公司的形式设立的，通常称为公司型基金；由基金管理人、基金托管人和投资人三方通过基金契约设立的，通常称为契约型基金。
- 根据投资风险与收益的不同，可分为成长型基金、收益型基金和平衡型基金。
- 根据投资对象的不同，可分为股票基金、债券基金、货币市场基金、基金中基金和混合基金等。

11.2.2 按基金规模是否可变化分类

开放式基金和封闭式基金这两个概念是最常听到的，所以首先介绍这两种基金，然后介绍这两种基金有什么区别。

1. 开放式基金

开放式基金（Listed Open-Ended Fund，LOF），又称为"上市型开放式基金"。

开放式基金不在证券交易所上市交易，投资者一般通过银行等代销机构或直销中心申购和赎回。开放式基金的规模不固定，相关机构可随时向投资者出售，投资者也可随时要求赎回；没有存续期的限制，从理论上来说，开放式基金可以永远存在，开放式基金的单位价格由资产净值决定，称为基金净值。

通俗地说，开放式基金的规模是在不断变化的，会因市场供求情况的变化，随时发行新的份额或被投资人赎回一部分份额。它的发行额可变，基金份额（单位）总数可随时增减，投资者可按基金的净值在指定的营业场所申购或赎回。

目前，开放式基金已成为国际基金市场的主流品种。

2. 封闭式基金

封闭式基金，是相对于开放式基金而言的，是指基金规模在发行前已确定，在发行完毕后和规定的期限内，基金规模固定不变的投资基金。

世界各国的投资基金起步时大多为封闭型的。这是由于在投资基金发展初期，买卖封闭式基金的手续费远比赎回开放式基金份额的手续费低。从基金管理的角度看，由于没有请求赎回受益凭证的压力，可以充分利用投资者的资金来实施其投资战略以谋求利益的最大化。

　　封闭式基金有固定的存续期，在一定时间内基金的规模固定不变，不接受新的申购或赎回。持有封闭式基金的投资者可通过证券交易所卖出持有的份额，就像卖出所持有股票一样；同样，投资者也可以通过证券交易所买入封闭式基金份额，这时买入的份额是其他持有者卖出的，因此，基金总的份额是不变的。

　　封闭式基金在证券交易所按与股票类似的方式进行交易，这种竞价方式的交易，其交易价格受市场供求关系的影响，因此，封闭式基金的净值并不必然反映基金的净资产值，即相对其净资产值，封闭式基金的交易价格有溢价、折价现象。国外封闭式基金的实践显示其交易价格往往存在先溢价、后折价的价格波动规律。从我国封闭式基金的运作情况看，无论基本面状况如何变化，封闭式基金的交易价格走势也始终未能脱离先溢价、后折价的价格波动规律。

　　例如，图 11-1 所示的是华夏创新未来 LOF（501207）在 2024 年 9 月 26 日的分时走势图，该基金当日的净值（收盘价）为 0.458 元。

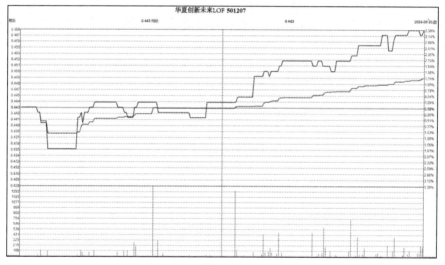

图 11-1

3．开放式基金与封闭式基金的区别

　　根据前面介绍的开放式基金和封闭式基金的特点，可总结出这两种基金的区别，具体如下。

　　● 基金规模的变化方式不同。封闭式基金均有明确的存续期限（如我国规定封闭式基金的存续期不得少于 5 年），在此期限内已发行的基金不能被赎回。虽然特殊情况下此类基金可进行扩募，但扩募须具备严格的法定条件。因此，在正常情况下，基金规模是固定不变的。而开放式基金所发行的基金是可赎回的，而且投资者在基金的存续期间内也可随意申购，这使得基金的资金总额每日均不断变化。也就是说，开放式基金一直是"开放"的状态。

- 基金单位的交易方式不同。封闭式基金发起设立时，投资者可以向基金管理公司或销售机构认购；当封闭式基金上市后，投资者又可委托券商在证券交易所按市价买卖。而投资者投资开放式基金时，则可以随时向基金管理公司或销售机构申购或赎回。

- 基金单位价格形成方式不同。封闭式基金价格受市场供求关系影响较大，对比基金净值通常存在溢价或折价；而开放式基金的价格是以基金单位的资产净值为基础计算的，可直接反映基金单位资产的净值。

- 基金交易费用不同。投资者在买卖封闭式基金时与买卖上市股票一样，要在价格之外付出一定比例的证券交易税和手续费；而开放式基金的投资者需缴纳的相关费用（如首次认购费、赎回费）则包含于基金价格之中。通常，买卖封闭式基金的交易费用要高于买卖开放式基金。

- 基金公司的投资策略不同。由于封闭式基金不能随时被赎回，基金公司募集得到的资金可全部用于投资，也就可以制订长期的投资策略，取得长期经营绩效；而发行开放式基金则必须保留一部分现金，以便投资者随时赎回，由于资金不能尽数用于长期投资，基金公司通常投资于变现能力强的资产。

11.2.3 按基金组织形态的不同分类

根据基金组织形态的不同，基金可分为公司型基金和契约型基金。

1. 公司型基金

公司型基金又叫作共同基金，基金本身是一家股份有限公司，公司通过发行股票或受益凭证的方式来筹集资金。投资者购买了该家公司的股票，就成为该公司的股东，凭股票领取股息或红利，获得投资所获得的收益。

公司型基金有以下特点。

- 公司型基金的形态为股份公司，但又不同于一般的股份公司，其业务集中于从事证券投资信托。

- 公司型基金的资金来源于投资者认购的股份，资金归属于基金公司法人。

- 公司型基金的公司结构与一般的股份公司一样，也设有董事会和股东大会。基金资产由公司拥有，投资者就是这家公司的股东，也是该公司资产的最终持有人。股东按其所持有的股份多少在股东大会上行使权利。

- 按照公司章程，董事会对基金资产负有安全增值责任。为管理方便，共同基金往往设定基金经理人和托管人。基金经理人负责基金资产的投资管理，托管人负责对基金经理人的投资活动进行监督。托管人可以在银行开设户头，以自己的名义为基金资产注册。为明确双方的权利和义务，共同基金公司与托管人之间有契约关系，托管人的职责列明在他与共同基金公司签订的"托管人协议"上。如果共同基金出了问题，投资者有权直接向共同基金公司索取资金。

目前，境内尚不存在公司型基金。

2．契约型基金

契约型基金又称为单位信托基金，其运作方式是由专门的投资机构（银行或企业）共同出资组建一家基金管理公司，基金管理公司作为受托人通过与委托人签订"信托契约"的形式发行受益凭证（如基金单位和基金股份等）的方式，将社会上不确定的多数投资者不等额的资金集中起来，形成一定规模的信托资产，交由专门的投资机构按资产组合原理进行分散投资，获得的收益由投资者按出资比例分享，投资者同时承担相应风险。

契约型基金本身并非法人实体，不设董事会，监督职责由基金托管人和基金份额持有人大会承担。契约型基金通常指定一家证券公司或承销公司代为办理受益凭证——基金单位持有证的发行、买卖、转让、利润分配、收益及本益偿还支付。

契约型基金账户完全独立于基金管理公司或基金托管人的账户，即使基金管理公司或基金托管人因经营不善而倒闭，基金资产也不被列入破产财产，债权人不能动用基金的资产。契约型基金管理的职责是管理、保管、处置信托财产，监督基金经理人的投资工作，确保基金经理人遵守公开说明书所列明的投资规定，使他们采取的投资组合符合信托契约的要求。在单位信托基金出现问题时，信托人对投资者负有索偿责任。

契约型基金具有以下特点。

- 集合投资。
- 专家管理、专家操作。
- 组合投资、分散风险。
- 资产经营与资产保管分离。
- 利益共享、风险共担。
- 以纯粹的投资为目的。
- 流动性强。

目前，境内的证券投资基金均为契约型基金。

11.2.4　按投资风险与收益的不同分类

根据投资风险与收益的不同进行分类，基金可分为成长型基金、收入型基金和平衡型基金。

1. 成长型基金

成长型基金是以资本长期增值作为投资目标的基金，其投资对象主要是市场中有较大升值潜力的小公司股票和一些新兴行业的公司的股票。这类基金一般很少分红，经常将投资所得的股息、红利和盈利用于再投资，以实现资本增值。这类基金预期的风险和收益水平都较高。

2. 收入型基金

收入型基金是以追求基金当期收入为投资目标的基金，其投资对象主要是绩优股、债券、可转让大额定期存单等收入比较稳定的有价证券。收入型基金一般把所得的利息、红利都分配给投资者。这类基金预期的风险和收益水平都较低。

3. 平衡型基金

平衡型基金是指以既要获得当期收入又要追求基金资产的长期增值为投资目标，把资金分散投资于股票和债券，以保证资金的安全和盈利的基金。

平衡型基金既追求当期收入又追求长期资本增值。这类基金主要投资于债券、绩优股和部分普通股，这些有价证券在投资组合中有比较稳定的组合比例，平衡型基金一般把资产总额的 25%~50%用于绩优股和债券，其余的用于普通股投资。其风险和收益状况介于成长型基金和收入型基金之间。

11.2.5 按投资对象的不同分类

根据投资对象的不同，基金可分为股票基金、债券基金、货币市场基金、基金中基金和混合基金等。

1. 股票基金

股票基金是最主要的基金品种，以股票作为主要投资对象。根据《公开募集证券投资基金运作管理办法》规定，基金资产的80%以上投资于股票的基金称为股票基金。股票基金的主要功能是将大众投资者的小额资金集中起来，投资于不同的股票组合，投资目标侧重于追求长期资本增值。

2. 债券基金

债券基金主要以债券为投资对象，包括国债、企业债和可转债等，根据《公开募集证券投资基金运作管理办法》规定，基金资产的80%以上投资于债券的为债券基金。债券基金的申购和赎回手续费较低，适合于想获得稳定收入的投资者。债券基金基本上属于收益型投资基金，一般会定期派息，具有风险低且收益稳定的特点。

3．货币市场基金

根据《公开募集证券投资基金运作管理办法》规定，仅投资于货币市场工具的为货币市场基金。货币市场基金主要投资于现金、一年以内（含一年）的银行定期存款和大额存单、剩余期限在 397 天（含）以内的债券、期限在一年以内（含一年）的债券回购、期限在一年以内（含一年）的中央银行票据，以及中国证券监督管理委员会及中国人民银行认可的具有良好流动性的货币市场工具。同时，货币市场基金不得投资于股票、可转债券、剩余期限超过 397 天的债券、信用等级在 AAA 级以下的企业债券，以及中国证券监督管理委员会、中国人民银行禁止投资的其他金融工具。

4．基金中基金

根据《公开募集证券投资基金运作管理办法》规定，80%以上的基金资产投资于其他基金份额的，称为基金中基金。基金中基金并不直接投资股票或债券，而是仅投资其他基金，体现了对基金市场的长期投资策略。基金中基金的投资风险相对较低，但收益率往往也偏低。

5．混合基金

根据《公开募集证券投资基金运作管理办法》规定，投资于股票、债券和货币市场工具，但股票投资和债券投资的比例不符合股票基金、债券基金及基金中基金规定的为混合基金。由于混合基金同时以股票、债券等为投资对象，因此可以通过在不同资产类别上的投资，来实现收益与风险之间的平衡。

11.2.6　其他分类

基金的分类方式很多，囿于篇幅，这里不再逐一列举，下面再简单介绍一些常见的关于基金的概念。

1．指数基金

指数基金是一种按照证券价格指数编制原理构建投资组合来进行证券投资的基金。从理论上讲，指数基金的运营方法简单，只要根据每一种证券在指数中所占的比例购买相应比例的证券，长期持有即可。

作为一种纯粹的被动管理式基金，基金周转率及交易费用都比较低，管理费也趋于最小。这种基金不会对某些特定的证券或行业投入过量资金，一般会保持全额投资而不进行市场投机。当然，不是所有的指数基金都严格符合这些特点，性质不同的指数基金会采取不同的投资策略。

2．交易型开放式指数基金

交易型开放式指数基金的英文缩写为 ETF，又称交易所交易基金。ETF 是一种在交易所上市交易的开放式证券投资产品，交易手续与股票完全相同。ETF 管理的资产是一揽子股票组合，这一组合中的股票种类与某一特定指数，如上证 50 指数，包含的成分股票相同，每只股票的比例也与该指数的成分股构成比例一致，ETF 交易价格取决于它拥有的一揽子股票的价值，即"单位基金资产净值"。ETF 的投资组合通常完全复制标的指数，其净值表现与盯住的特定指数高度一致，如上证 50ETF 的净值变动就与上证 50 指数的涨跌高度一致。

在一级市场上，大投资者可以用一揽子股票换份额（申购）、以份额换一揽子股票（赎回），中小投资者难以参与。在二级市场上，无论是大投资者还是中小投资者都可以按市场价格进行 ETF 份额的交易。ETF 都是跟踪某一选定指数的基金，本质上是一种指数基金。与传统指数基金相比，ETF 的买卖更方便（可以在交易时间随时买卖）、交易成本更低。

在使用股指期货与股指现货套利时，投资者通常可考虑买入 ETF 来进行对冲，以下列出的是一些常见的 ETF。

- 上证 50ETF（510050），投资于上海证券交易所市值前 50 名的股票。
- 红利 ETF（510880），投资于上海证券交易所分红最多的 50 只股票。
- 上证 180ETF（510180），投资于上海证券交易所规模大、流通性好，最具代表性的 180 只股票，如果要和股市同步，建议购买上证 180ETF。
- 深证 100ETF（159901），投资于深圳证券交易所流通性好、成长性强，最具代表性的 100 只股票。
- 中小 100ETF（159902），投资于深圳证券交易所标的中小企业 100 指数成份股、备选成份股。

3. QDII 基金

QDII（Qualified Domestic Institutional Investors，合格的境内机构投资者）基金是在境内设立，经有关部门批准从事境外证券市场的股票、债券等有价证券业务的证券投资基金。QDII 制度是在货币没有实现完全可自由兑换、资本项目尚未开放的情况下，有限度地允许境内投资者投资境外证券市场的一项过渡性制度。

4. QFII 基金

QFII（Qualified Foreign Institutional Investor）的中文意思是"合格的境外机构投资者"。在 QFII 制度下，合格的境外机构投资者（QFII）被允许把一定额度的外汇资金汇入并兑换为人民币，通过严格监督管理的专门账户投资境内证券市场，投资本金及收益经托管银行审核后可兑换为外汇汇出。QFII 制度代表的是对外资有限度地开放本地证券市场。QFII 运作的证券投资基金便是 QFII 基金。

根据中国证券监督管理委员会、中国人民银行、国家外汇管理局联合发布的《合格境外机构投资者和人民币合格境外机构投资者境内证券期货投资管理办法》，QFII 的投资范围包括在证券交易所挂牌交易的 A 股及全国中小企业股份转让系统（新三板）挂牌股票、债券、基金及经监管批准的其他金融衍生产品等。

11.3 查看基金的详细信息

投资股市的投资者称为股民，投资基金的投资者称为基民。面对多种多样的基金，基民该买入哪一只或多只基金呢？与股民购买股票类似，基民在买入基金之前需要做足功课，从众多的基金中选出要买入的基金。

基金公司每天都会发布所管理基金的基金净值（根据基金净值的走势选择基金是一种最常用的方法）等数据，这些数据可通过基金公司网站、专门的基金综合网站、基金客户端软件、炒股软件等多种途径获取。

11.3.1 通过基金公司网站查看基金信息

互联网的普及为投资者带来很大的好处。现在基金公司几乎都有自己的网站，基民可通过基金公司的网站查看该公司所管理基金的详细信息。

下面以查看华夏基金管理有限公司管理的华夏回报混合 A（基金代码：002001）的信息为例，演示查看基金信息的方法，具体操作步骤如下。

（1）通过网络搜索引擎或其他渠道查询华夏基金管理有限公司的网站。

（2）打开华夏基金管理有限公司网站，如图 11-2 所示。

图 11-2

（3）在图 11-2 所示的网页上方单击"基金产品"链接，打开基金产品页面，从中找到"华夏回报混合 A（002001）"，单击该基金的名称，即可打开该基金的信息页面，如

图 11-3 所示。

在图 11-3 所示的网页中显示了华夏回报混合 A（002001）的各种信息，首先可看到的
是该基金的近一年涨跌幅，及最近一个交易日的净值和日涨跌幅，在这些数据下方显示的
是一张折线图，可根据需要使其显示业绩走势、单位净值走势或累计净值走势。在网页上
还有其他的一些链接，单击这些链接可查看很多非常详细的内容。

图 11-3

11.3.2 通过基金综合网站查看基金信息

通过基金管理公司的网站只能查看到该公司所管理的基金，基民应该将眼光放得更开
一些，关注不同基金管理公司的基金。基民可通过基金综合网站来查看基金的信息。目前，
互联网中这类基金综合网站很多，通常都包含了所有基金的信息。

例如，天天基金网就是一个基金综合网站，网站首页顶部区域如图 11-4 所示。

图 11-4

在网站首页顶端的那一行链接中，单击"基金导购"，即可显示图 11-5 所示的信息。

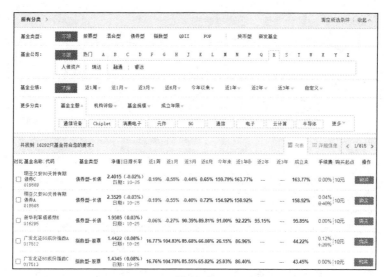

图 11-5

在图 11-5 所示的基金排名表中单击基金名称链接，即可显示该基金的相关信息，图 11-6
所示是广发北证 50 成份指数 A（017512）的详细信息。在该页面中，除可看到基金的净值
等基本信息外，还可看到基金重仓的股票、基金的各种历史数据等信息。

图 11-6

11.3.3 通过炒股软件查看基金信息

目前各类炒股软件都提供了查看基金信息的功能，通过炒股软件可查看不同类型基金
的信息。通达信软件是很多证券公司免费提供给投资者使用的一款炒股软件，下面以这款
软件为例，介绍通过炒股软件查看基金信息的操作方法。

在通达信炒股软件的主界面窗口，在菜单栏中单击"市场"→"基金理财"→"开放
式基金"，可打开"开放式基金"的列表，如图 11-7 所示。

在图 11-7 所示列表中，以股票信息的显示方式显示基金的相关信息，包括代码、名称、

最新日期、最新净值、累计净值、涨幅等数据。

基金理财　公募REITs

	代码	名称	最新日期	最新净值	累计净值	涨幅%	估算涨幅	基金类型	产品类型
1	000001	华夏成长	20241025	0.8540	3.4170	0.59	0.67	开放式	混合型
2	000003	中海可转债A	20241025	0.8010	1.0110	0.63	-0.02	开放式	债券型
3	000004	中海可转债C	20241025	0.7850	0.9950	0.51	-0.02	开放式	债券型
4	000005	嘉实增强信用	20241025	1.0223	1.5233	-0.03	-0.05	开放式	债券型
5	000006	西部量化成长混A	20241025	1.8592	2.1872	1.15	2.77	开放式	混合型
6	000008	嘉实中证500联接A	20241025	1.6947	1.7607	1.38	1.36	开放式	基金型
7	000011	华夏大盘精选混A	20241025	15.1550	22.3110	1.16	1.46	开放式	混合型
8	000014	华夏聚利债券A	20241025	1.7408	1.7408	0.86	0.09	开放式	债券型
9	000015	华夏纯债A	20241025	1.1396	1.5302	-0.02	-0.05	开放式	债券型
10	000016	华夏纯债C	20241025	1.1356	1.4664	-0.02	-0.05	开放式	债券型
11	000017	财通可持续混合	20241025	1.2940	3.1100	1.01	1.32	开放式	混合型
12	000020	景顺长城品质混A	20241025	3.0630	3.2310	0.76	1.12	开放式	混合型
13	000021	华夏优势增长混合	20241025	2.4010	3.5710	1.61	1.26	开放式	混合型
14	000024	大摩双利增强债A	20241025	1.1647	1.6555	-0.14	-0.05	开放式	债券型
15	000025	大摩双利增强债C	20241025	1.1433	1.6105	-0.13	-0.05	开放式	债券型

开放式基金　货币型基金　开放式基金指数　开放式基金板块▲　沪深所有基金　交易所基金▲　券商集合理财　券商货币理财

图 11-7

在图 11-7 所示的开放式基金报价表中选中要查看信息的基金，按 F10 键后再单击“持股情况”，即可查看到该基金的持股情况，如图 11-8 所示。

000021
华夏优势增长混合

最新动态	基金概况	基金经理	基金净值
收入分配	资产负债	投资组合	持股情况

持股情况☆ ◇000021 华夏优势增长混合 更新日期：2024-10-27◇ 通达信基金F10
★本栏包括【1.持股明细】【2.买入股票明细】【3.卖出股票明细】

【1.持股明细】
截止日期:2024-09-30

股票代码	股票名称	持股数量(万)	持股市值(万)	占流通股比%	占净值比%
300395	菲利华	480.00	20606.50	0.938599	4.42
300750	宁德时代	76.17	19185.50	0.019522	4.11
002371	北方华创	50.01	18302.44	0.094255	3.92
688120	华海清科	100.01	16187.84	0.588361	3.47
300604	长川科技	351.30	13317.82	0.746403	2.86
600276	恒瑞医药	254.06	13287.57	0.039828	2.85
600703	三安光电	1000.06	12460.80	0.200453	2.67
600893	航发动力	260.47	10754.84	0.097733	2.31
688012	中微公司	60.00	9840.28	0.096574	2.11
000596	古井贡酒	47.30	9602.85	0.115761	2.06

图 11-8

顺便介绍一下，在同花顺软件的扩展行情中，单击“市场”→“基金理财”→“基金类型”→“封闭式基金”，即可看到图 11-9 所示的“封闭式基金”的报价。

在封闭式基金报价列表中选中要查看的基金，再按 F10 键，即可看到图 11-10 所示的基金基本情况。

开放式基金每天只有一个净值，而封闭式基金与股票交易类似，在股市开盘期间都可以进行报价交易，交易价格是根据市场情况实时变化的。在图 11-9 所示的封闭式基金报价列表中选中某只基金，按 F5 键可查看封闭式基金的分时走势图，图 11-11 所示的是鹏华创新未来 LOF（501205）2024 年 10 月 25 日的分时走势图。

	代码	名称	涨幅%↓	现手	现价	总手	昨收	开盘	最高	最低
1	501058	新能源车	+4.43	15↓	1.650	8754	1.580	1.584	1.666	1.584
2	501057	新能源车	+3.83	109↑	1.679	21896	1.617	1.626	1.700	1.617
3	501017	国泰融丰	+3.06	2↑	1.179	2	1.144	1.140	1.179	1.140
4	501030	环境治理	+3.03	112↓	0.476	11119	0.462	0.462	0.476	0.462
5	501031	环境治理	+2.87	30↑	0.466	2746	0.453	0.454	0.470	0.454
6	502056	医疗基金	+2.86	1↑	0.683	4003	0.664	0.655	0.684	0.655
7	501051	圆信永丰	+2.75	1↑	1.644	14	1.600	1.658	1.658	1.610
8	501201	科创红土	+2.33	4↓	1.012	4418	0.989	0.989	1.019	0.971
9	501046	财通福鑫	+2.05	1↑	2.289	7854	2.243	2.268	2.292	2.245
10	501007	互联网医	+2.05	1↑	0.896	450	0.878	0.867	0.896	0.867
11	501219	智胜先锋	+1.88	5↓	1.139	72991	1.118	1.119	1.144	1.119
12	501038	银华明择	+1.81	60↑	1.690	60	1.660	1.690	1.690	1.690
13	501005	精准医疗	+1.74	187↑	0.817	4521	0.803	0.800	0.819	0.795
14	501015	财通升级	+1.72	241↓	1.185	1388	1.165	1.162	1.200	1.162
15	501088	嘉实瑞虹	+1.66	1↑	0.734	38	0.722	0.721	0.734	0.721
16	501098	科创建信	+1.60	30↑	1.014	60	0.998	1.035	1.035	1.014
17	501089	消费红利	+1.59	1↑	1.148	2411	1.130	1.137	1.148	1.130
18	508021	国泰君安	+1.58	3↑	4.372	35723	4.304	4.301	4.383	4.280

图 11-9

图 11-10

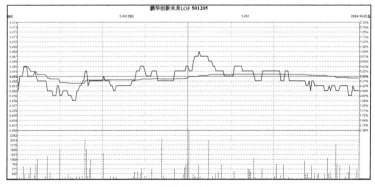

图 11-11

图 11-12 所示的是货币型基金的报价列表，由于货币型基金的操作标的不是股票，因此看不到其主要的持股情况。

	代码	名称	最新日期	万元收益	年化收益率%	状态	最近份额	所属机构
1	004121	兴银现金添利A	20241025	1.0059	2.0070	暂停大额申购	11.7亿	兴银基金
2	018092	兴银现金添利C	20241025	0.9621	1.8450	暂停大额申购	123.0亿	兴银基金
3	000856	摩根天添盈货币B	20180621	0.9009	3.2990	正常开放		摩根基金
4	007866	创金合信货币C	20241025	0.8368	1.7730	暂停大额申购	265.0亿	创金合信基金
5	001893	华宝添益B	20241027	0.8346	1.6020	正常开放	75.4亿	华宝兴业基金
6	001909	创金合信货币A	20241025	0.8149	1.7320	暂停大额申购	116.4亿	创金合信基金
7	000678	华宝现金宝E	20241027	0.8122	1.5890	暂停大额申购	54.2亿	华宝兴业基金
8	240007	华宝现金宝B	20241027	0.8122	1.5880	暂停大额申购	7.40亿	华宝兴业基金
9	020827	交银货币D	20241025	0.7882	1.8950	暂停大额申购	5944万	交银施罗德基金
10	519589	交银货币B	20241025	0.7882	1.8980	暂停大额申购	1.18亿	交银施罗德基金
11	004179	丰润货币B	20241027	0.7514	1.9880	正常开放	104.7亿	圆信永丰基金
12	000905	鹏华安盈宝货币A	20241025	0.7453	1.7860	暂停大额申购	221.9亿	鹏华基金
13	018875	创金合信货币E	20241027	0.7439	1.6000	暂停大额申购	37.3亿	创金合信基金
14	019288	鹏华安盈宝货币E	20241025	0.7413	1.7710	暂停大额申购	24.25万	鹏华基金
15	519588	交银货币A	20241025	0.7230	1.6550	暂停大额申购	3.31亿	交银施罗德基金

图 11-12

使用炒股软件，除了可以查看不同基金的报价之外，通常还可以通过按 F10 键查看基金更详细的信息。例如，在封闭式基金报价列表中选中泓德泓富 A（001357），然后按 F10 键，可打开图 11-13 所示的基金信息页面。

图 11-13

11.4 选择基金要注意的事项

面对众多的基金管理公司和基金，基民该怎样选择呢？选择基金时又需要注意哪些问题？下面列出一些要点供参考。

11.4.1 了解自己的需求

在购买基金之前，花点时间进行自我评估，制订一个较为完善的财务规划。一般从以下几方面进行考虑。

1．评估每月的收支情况

基民首先应考虑自己的财务状况，包括目前的收入、开支、储蓄以及额外的收入来源等。如果财务状况比较好，能够承担较高的风险，可采用比较积极的投资计划；反之，就应当采用比较稳健的投资计划。

2．明确投资目标

基民的投资目标应该根据自己收入和支出情况确定，在不同阶段需求会有所不同。你的短期的目标是什么？长远的目标又是什么？

无论投资目标是什么，基民在制订时必须要切合实际，如果希望投资一个月后就翻倍，那么就不要在基金市场投资。

3．估算投资期限

如果投资期限较长，就可以承担短期损失的风险，同时预期实现长期的、较高的收益；反之，则应当进行较为稳健的投资。

4．能承受多大风险

每一位投资者都需要了解风险与回报的关系，以及学习如何在两者之间取得平衡。能承受多大风险因人而异，因为它很大程度上取决于个人对风险的看法。例如，对于同一种投资策略，一部分投资者会认为它稳健，另一部分投资者则可能认为它过于激进。了解自己对风险的看法和态度，有助于制订合适的投资计划。

11.4.2　如何选择基金

选择基金通常可关注几个方面的内容，包括基金公司、基金历史业绩、基金经理和股票趋势等方面。

1．基金公司

基金公司的服务水平、诚信程度、操作水平都会对基民的选择产生很大影响。另外，每家基金公司都会建立自己的股票池，旗下基金会从股票池中挑选股票进行投资，不少基金的持仓重合度高，所以"一荣俱荣，一损俱损"的情况并不鲜见。对于各基金公司的评价可以参见各大金融网站和证券报刊等单位每年的评选。

2．基金历史业绩

这是一个很重要的指标，过往业绩代表了这只基金的运营水平，虽然不代表将来一定会取得同样的业绩，但是这种基金总比其他过往业绩不好的或者新的基金更加可靠。

3．基金经理

基金经理的能力对于基金业绩的影响还是很大的，所以，基金经理以往的表现也是一个很重要的指标。各大网站都有关于操作得比较好的基金经理的报道和介绍。另外，一只基金的基金经理是有可能更换的。

4．股票趋势

大部分基金持有一定比例的股票，如果大盘短期的走势不好，则基金的净值通常会下降，这就是很多人做波段反倒容易亏损的原因。但是看一个大趋势是相对容易的，所有人都认为是牛市时，那么早入手基金肯定比晚入手好。

基金是鼓励长期投资的，通过用时间换取空间，基民可以比较轻松地获得依附于大趋势的投资收益（通常这种收益大于多次短期操作的总收益）。

11.5 基金的认购与申购

根据基金的种类不同，基金的交易方式也有所不同。对于封闭式基金，由于其交易是在证券交易所二级市场进行的，因此，其交易方式与股票的交易方式完全相同，这里就不再介绍了。本节主要介绍开放式基金的交易。

11.5.1 购买基金的准备过程

基民购买基金前，需要认真阅读基金的招募说明书、基金契约及开户程序、交易规则等文件，各基金销售网点一般都备有上述文件，以备投资者随时查阅。

个人投资者要携带代理基金销售的银行的借记卡、有效身份证件（如居民身份证、军官证、士官证、警官证等，不同银行的要求或有不同），机构投资者则需要带上营业执照、机构代码证或登记注册证书原件以及上述文件加盖公章的复印件、授权委托书、经办人身份证及复印件。在银行的柜台网点填写基金业务申请表格，填写完毕后领取业务回执，个人投资者还要领取基金交易卡，在办理基金业务当日两天以后可以到柜台领取业务确认书。在领取业务确认书后，就可以从事基金的购买和赎回了。

在完成开户准备之后，基民就可以自行选择时机购买基金了。个人投资者可以带上代理行的借记卡和基金交易卡，到代销的网点柜台填写基金交易申请表格（机构投资者则要加盖预留印鉴），通常须在购买当天的 15:00 以前提交申请，柜台受理后领取基金业务回执。在办理基金业务两天之后，投资者可以到柜台打印业务确认书。

当然，这些过程也可通过网络进行，基民通过网上银行或基金管理公司的网站进行在线认证申请，开通基金账户。

11.5.2　基金认购与申购

开放式基金购买方式有认购和申购两种。基金首次发售基金份额称为基金募集，在基金募集期内购买基金份额的行为称为基金的认购。而投资者在募集期结束后，申请购买基金份额的行为通常叫作基金的申购。

通常投资者在开放日，即上海证券交易所和深圳证券交易所的交易日（9:00—15:00），15:00 前提交的有效申购申请，将按"未知价"原则以当日计算出的净值确认，15:00 之后提交的申请通常按下一开放日计算的净值确认。

在基金募集期内认购，一般会享受一定的费率优惠。但认购期购买的基金一般要经过封闭期才能赎回，而申购的基金在第二个工作日就可以赎回。单纯从费率角度来简单比较，认购基金要比申购基金更加具有吸引力。

在实际投资过程中，一些认购基金的投资者在相当长的一段时间内并没有获得预期收益，而很多申购基金的投资者反而总体收益较好。究竟是认购正在募集的新基金好，还是申购已有一段运作历史的老基金好？投资者在投资之前，必须从较深的层次分析新、老基金存在的差异。

通常来说，如果投资者打算做短期投资，认购新基金多少有一定的风险。因为新基金有几个月的封闭期，其间几乎是没有运作收益的，在走出封闭期之后，基金的运作水平在发行期还不得而知。

当然，这也不是绝对的，如果投资者考察与新基金有同种风格的老基金，发现此类风格的老基金收益率普遍较高，那么便可以在预测此类基金未来可能的收益率的基础之上，大胆采用认购方式，就可以在一定程度上回避这类风险。

不过对于货币型基金来说，由于它的净值永远为 1 元，也没有交易费用，所以对普通投资者而言，认购和申购并没有太多区别。可见，在决定认购还是申购时，除了要考察同类老基金的业绩以外，还要看基金的类型。对不同类型的基金应采取不同的购买方式。

11.5.3　基金的赎回

赎回又称买回，就是投资者卖出所持有的基金份额。赎回是针对开放式基金的，投资者以自己的名义直接或通过代理机构向基金管理公司要求部分或全部退出对基金的投资，并将钱款汇至该投资者的账户内。投资人需填写一份买回申请书，并注明买回基金的名称及单位数（或金额）、买回款项欲汇入的银行账户，钱款一般需 3~4 个工作日到账。

1．赎回方式

基金采用"份额赎回"方式，赎回价格以 T 日的基金份额净值为基准进行计算，计算公式如下：

> 赎回总额 ＝ 赎回份额 × 赎回当日基金份额净值
>
> 赎回费用 ＝ 赎回总额 × 赎回费率

赎回金额的处理方式：赎回金额为按实际确认的有效赎回份额乘以申请当日基金份额净值并扣除相应的费用，四舍五入保留到小数点后两位。

2．巨额赎回的处理

一些投资大的基金投资者，如果一次赎回的份额很多，有可能形成巨额赎回。当出现巨额赎回时，基金管理人可以根据本基金当时的资产组合状况决定全额赎回或部分顺延赎回，也就是说，如果是巨额赎回，有可能会被顺延。

- 全额赎回：当基金管理人认为有能力支付投资者的全部赎回申请时，按正常赎回程序执行。
- 部分顺延赎回：当基金管理人认为支付投资者的赎回申请有困难或认为支付投资者的赎回申请可能会对基金的资产净值造成较大波动时，基金管理人在当日接受赎回比例不低于上一日基金总份额的 10%的前提下，对其余赎回予以申请延期办理。对于单个基金份额持有人的赎回申请，应当按照其申请赎回份额占当日申请赎回总份额的比例，确定该单个基金份额持有人当日办理的赎回份额；投资者未能赎回部分，除投资者在提交赎回申请时选择将当日没能办理的部分予以撤销外，延迟至下一个开放日办理，赎回价格为下一个开放日的价格。依照上述规定转入下一个开放日的赎回不享有赎回优先权，并以此类推，直到全部赎回为止。部分顺延赎回不受单笔赎回最低份额的限制。

11.5.4　什么是基金定投

基金定投是定期定额投资基金的简称，是指在固定的时间以固定的金额投资指定的开放式基金，类似于银行的零存整取方式。例如，公司每月 15 日发工资，可以设置每月 16 日购入 1000 元的某只基金。

基金定投可平均成本、分散风险。普通投资者很难实时掌握正确的投资时间点，常常可能在市场高点买入、在市场低点卖出。而采用基金定期定额投资方式，不论市场行情如何波动，每个月固定一天定额投资基金，由银行自动扣款，自动依基金净值计算可买到的基金份额数。这样投资者购买基金的资金是按期投入的，投资的成本也比较平均。

基金定投适合长期投资。由于定期定额是分批进场投资，当股市在盘整或是下跌的时候，反而可以越买成本越低，股市回升后的投资回报率也胜过单笔投资。我国股市长期看应是震荡上升的趋势，因此定期定额是十分合适的长期投资理财计划。

基金定投更适合投资新兴市场和小型股票基金。中长期定期定额投资绩效波动性较大的新兴市场或者小型股票基金，由于股市回调时间一般较长且速度较慢，而上涨时的速度较快，所以投资者往往可以在股市下跌时累积较多的基金份额，也就能够在股市回升时获取较为可观的投资回报率。

基金定投由银行定期扣款，手续简单。定期定额投资基金只需投资者去基金代销机构办理一次性的手续，此后每期的申购和扣款均自动进行，一般以月为单位，也有以半月、季度等其他时间段作为定期单位的。相比而言，如果自己去购买基金，投资者需要每次都亲自到代销机构办理手续。因此，定期定额投资基金也被称为"懒人理财术"，这个称谓充分体现了其便利的特点。

11.5.5　购买基金后该做什么

购买基金后，基民该做什么呢？对于基民来说，选择投资基金而不是投资股票，是因为时间和精力不够。购买基金之后，基民还是应该花一些时间关注所购买基金的相关信息，而不是买入后就不管了。通常，购买基金后还需要做以下事情。

- 留心所持有基金的公告等披露的信息，关心投资基金的表现，如基金单位净值、投资组合、投资策略以及对后市的看法，掌握该基金的投资现状和收益水平。
- 注意基金管理公司的人事变动，如果基金管理公司发生了重大人事变动，那么应该密切关注该基金的投资变动情况，以便及时调整投资策略。
- 了解市场对基金投资的评论，基民可以借助一些专家对基金市场的评论，加深对基金投资的认识，如同类基金的业绩表现、投资市场的景气状况等，以便对所投资基金的相对表现和发展前景做出客观、准确的判断。
- 根据自己的支出需求，调整分红方式，开放式基金有现金分红和分红再投资两种方式，基民可以自由选择。如果希望能够增加基金投资额，可以向基金管理公司申请红利再投资的分红方式，这样可以简化再投资手续并节省费用。

第 12 章

短线炒股实战

股市并不是每时每刻都有机会的。那么，究竟该如何把握进出场时机呢？这需要从长线、中线、短线 3 种投资方式来加以分析。本章介绍短线炒股的技巧。

12.1　认识短线炒股

股民要按短线方式操作，首先应了解什么是短线炒股以及短线炒股的特点。

12.1.1　什么是短线炒股

短线、中线、长线通常是按股民持股时间的长短来区分的，持股时间不同，股票的分析方法和操作方法也有所不同。

短线炒股通常是指持股时间为几天，最多一两个月，然后就卖出的一种操作方式。短线股民以博取短期价格差为目的，在买进股票后很快就会卖出，具有较浓的投机色彩。对短线股民说，市场永远充满机会，从理论上讲所有股票都有操作的价值。但不难发现，有些时候股市会出现股票"普绿"的现象，市场中仅有少数的股票上涨，即使是两市涨幅最大的个股也令股民难以获利，此时便是短线投资者的"操作禁忌时间"。还有一种情况就是，虽然盘中不时有一些个股会突然冒头，有的甚至涨幅还不小，但均属于典型的个股表现，没有丝毫的板块联动效应，而这些个股在一时"冲动"后往往很快归于沉寂，甚至可能就是主力拉高出货行为的表现，此时追高买入将冒很大的风险。因此，介入个股操作，尤其是在大市不好时炒个股，一定要注意防范掉进主力挖掘的多头陷阱的风险。同时，短线股民还应该制定铁的纪律：如在什么情况下可以买进，在什么情况下不能买卖；设定的止损、止盈规则必须严格执行，不要期待"奇迹"出现等。

短线炒股一般不怎么关注股票的基本情况，主要依据技术图表分析结果进行。一般的短线股民做短线时在自己设定的时间内如果发现没有差价可赚或股价下跌，就会平仓卖出，再去买其他股票做短线。

短线股民一般会快进快出，对单次收益要求不高。短线操作要有严格的操盘纪律，看错了马上止损，有收益时也会根据事先设立的止盈点操作，以戒除贪心。

12.1.2　短线炒股的特点

短线炒股强调的是快进快出。了解短线的特点，并按短线的特点和规律进行操作，才能提高短线操作的成功率。

1. 避险第一，赚钱第二

短线炒股要把躲避风险放在第一位，不赚钱不要紧，但不能赔钱，至少要尽量少赔钱，因为股市之中不缺少机会，只缺少资本。赚得少也不要紧，只要有盈利，就能够积少成多，使账户资金数额稳步上升。

因此，短线炒股时一般不关注这些股票：下跌中的股票、震荡调整中的股票、涨得慢的股票、涨幅很小的股票、股性不活跃的股票、没有成交量的股票、近段时间已被深度操作过的股票、有问题的股票、有退市风险的股票。短线炒股的重点是操作那些能涨且正处在快速拉升阶段的股票。

2. 快进快出，空仓等机会

短线操作时，要看到机会才介入，如果没有机会就空仓等待机会。强调既不盲目地买进某只股票，也不提前买进某只股票，以免因过早进场等待而耽误时间，影响资金的使用效率。短线操作只在股票即将被拉升时才买进，在第二天或第三天股票价格上涨一定幅度后就应果断离场，千万不能贪。

短线操作既不抄底也不逃顶，只跟上涨行情的中间一段。抄底往往需要较长时间的等待，赚钱效率太低；逃顶虽然可以将利润最大化，但风险较高，一不小心就会被套住。

3. 透过现象，跟上主力节奏

短线股民在操作时，不要局限于对 K 线图表、数据、技术指标等的分析，还要透过盘面和盘口所表现出来的图表，把握住主力的操作节奏，并跟上主力的节奏，在主力拉抬时买进，在主力出货前卖出，享受主力拉抬带来的乐趣和获取丰厚的利润。

12.2 什么人适合短线炒股

很多股民喜欢做短线，但做短线对操作的要求很高，尤其是对纪律和心态的要求极为严格，而且对技巧和方法也有要求。理论上讲，只要方法得当，每个人都可以成为短线高手，短期内就能使自己账户资金增加。实际上，大多数做短线的股民是亏损的。那么，什么人适合短线炒股呢？

通常情况下，具有一定经验的老股民才适合短线炒股。新股民对股市的情况（基础知识、交易知识等）了解不够，在此情况下短线进出，反复操作，亏损累累将是大概率的结局。短线炒股需要熟练掌握股市的分析技术。股市有句谚语：中线重质，短线重势。这个"势"就是个股的技术走势。不懂技术走势，就很难抓住个股的最佳买卖点，就不能判断出支撑位和压力位。在这种前提下短线操作，只能凭运气。一旦行情趋弱，亏损是必然。

能制订详细操作计划的股民适合短线炒股。短线炒股强调的是快进快出，但并不是随便买入或卖出，在每一次操作前都应做好计划，如在什么价位进入、什么价位止盈、什么价位止损。制订好计划之后，就可从容应对后市出现的各种情况，做到心中有数，操作起来不慌乱。

能严格遵守操作纪律的股民适合短线炒股。短线炒股强调避险第一、赚钱第二，当出现未预料到的大幅下跌等情况时，要严格按纪律进行"割肉"止损，不要带有侥幸心理，错过操作的最好时机。这就像很多情况下，交通事故的发生并不是因为驾驶员驾驶技术不过关，而是因为不遵守交通规则。

有充足时间看盘的股民适合短线炒股。短线炒股突出一个"短"字，股民需要时刻关注盘面的变化，并根据这些变化进行操作。如果没时间看盘，当盘面反转却未及时操作，就可能错失买入良机或错过卖出机会而将到手的利润丢掉，甚至造成亏损。

资金量较小的股民更适合短线炒股。一般来说，如果账户中的资金在 30 万元以上，就不建议全部做短线。资金量较大而又频繁进出，仅交易手续费就已经不少了。另外，短线炒股有一个缺点就是劳身又劳神，资金量大相对来说可以买的股票品种和数量就多一些，仅选股的时间和精力就要多出不少，何况还有看盘时的忙碌，还有行情骤然变化时往往因品种或数量多而难以一时全部清仓。如果持有的股票品种较少，买进时又很有可能因单笔数量大而引起主力的注意，使操作变得困难。资金量较大的股民，可采取中短结合的方式，用大部分资金进行中线投资，用小部分资金进行短线操作。

要短线炒股，还应行事果断，有风险承受能力。在短线操作中，如果优柔寡断，操作时往往慢半拍，对买卖信号执行不坚决，在犹豫间错过最佳的时机。

12.3　短线炒股要求具备的心理素质

从某种意义上说，炒股炒的就是心态。具备良好的心态是短线炒股取得成功的前提条件，心态有时比技术更重要。

因此，股民应具备较好的心理素质，也就是说要有健康的股市心理。这种健康的心理和心态一般人或多或少都会具备，要做短线的股民更应有意识地训练自己的这种心理素质。

12.3.1　相信自己

在任何行业自信都是取得成功的首要条件。如果自己都不相信自己，那么，在遇到困难时马上就会在心里打鼓。只有相信自己的能力，相信自己能够学会炒股必备的技能且能在实战中运用，才能在股市上有收获。

12.3.2　尊重市场，摆正自己的位置

很多股民在操作时往往一厢情愿，当市场的走势与自己的想法相反时，股民不是去修正自己的思路，而是去责怪市场的走势有问题。

股市永远是对的，即使股市错了，它也是对的！对股市运行规律的无知和心态失衡，是炒股失败的最主要原因。永远要尊重市场！相信自己的判断是建立在对基本面和股市内外环境有深刻理解、顺应市场运行规律的基础上的。现实与股民入市之初的愿望往往会有很大一段距离。

12.3.3 独立思考和判断

独立思考和判断，是股民从炒股第一天起就必须认真学的一门必修课程。大多数股民人云亦云，热衷于追捧热门股和概念股，听股票分析师的推荐。在实战中，股民需要冷静，用自己的经验和直觉对股市中的热门股、炒作概念进行分析。

12.3.4 对目标个股果断决策

短线操作的机会稍纵即逝，股民观看盘口，能根据盘口的变化第一时间果敢买进是获取预期回报的前提。但有时股民对某种似曾相识的 K 线形态没有信心，说明对这种 K 线形态缺乏足够的实战经验。因此，短线股民应多从实战中总结经验，在实战时才能做到取舍果断。

12.3.5 忍耐

短线炒股强调的是快进快出，经常需要耐心保持空仓等待真正的机会，这种宁可错过百只也不错买一只的心理素质，有时甚至可以使股民在数个交易日内顺利完成全年的投资目标。这需要股民在此起彼伏的机会和诱惑面前保持冷静与克制，而长时间的空仓凝聚出来的力量必将在目标个股被操作的主升浪中爆发出来，那时股民会明白质量永远胜过数量的意义。

12.3.6 不计持仓成本

在短线实战中，对于持仓成本的斤斤计较是短线股民致命的弱点，为一分钱套住一元钱的事在股市里屡见不鲜，短线高手从来不执迷于持仓成本的计算。要该出手时就出手，坚定地执行既定攻防方案，即使亏损依然有成功的愉悦。心里只有对与错，脑中没有盈与亏，这就是高手必备的"不计成本"的心理素质。

12.4 短线炒股中综合排名榜的使用技巧

短线炒股特别注重盘面的变化，通常股民需要关注的有当天的涨幅、跌幅排名，几分钟之内的涨跌幅排名，委比、量比、总成交量等数据。为了方便股民查看这些数据，炒股软件都提供了一个称为"综合排名"的功能，在一个窗口中将这些数据排名靠前的股票显示出来，方便短线股民查看。

12.4.1 查看综合排名

在多数炒股软件中使用快捷代码 80～89 中的不同数字，可分别查看到不同市场的综合排名。图 12-1 所示的是沪深 A 股在 2024 年 10 月 25 日的综合排名，在这个窗口中股民可看到沪市和深市 A 股的主要指标排名。

今日涨幅排名			快速涨幅排名	瞬时:5分钟			即时委比前几名		
301613	N豪鹏	117.28 +323.39%	600573	惠泉啤酒	18.00	+3.15%	301365	距晴股份	15.53 +100.00%
300472	新元科技	8.80 +20.05%	002058	威尔泰	13.80	+1.92%	301292	海科新源	18.35 +100.00%
301059	金三江	11.98 +20.04%	300056	中创环保	19.36	+1.89%	301281	科源制药	59.47 +100.00%
380320	海达股份	15.53 +20.03%	600516	金枫酒业	5.30	+1.89%	301296	宇邦新材	41.35 +100.00%
688353	华盛锂电	23.44 +20.02%	600171	上海9号	42.41	+1.58%	301152	天力锂能	41.20 +100.00%
300035	中科电气	12.71 +20.02%	002480	新筑股份	13.80	+1.50%	301091	深城交	56.22 +100.00%
300731	利创新源	26.30 +20.02%	300080	久量股份	25.18	+1.45%	301059	金三江	11.98 +100.00%
301024	霍普股份	30.64 +20.02%	301222	浙江恒威	26.52	+1.41%	301024	霍普股份	30.64 +100.00%
301365	矩晴股份	15.53 +20.02%	300652	雷迪克	32.29	+1.22%	300776	永冠新能	78.12 +100.00%
			300538	国发股份	15.53	+1.19%	300731	科创新源	26.30 +100.00%
今日跌幅排名			快速跌幅排名	瞬时:5分钟			即时委比后几名		
301592	C六九	148.00 -12.9%	000158	常山北明	25.63	-1.80%	600573	惠泉啤酒	18.00 -97.83%
300446	台基股份	48.77 -7.35%	301626	C天秣	117.80	-1.77%	000820	神雾节能	3.79 -96.25%
301160	预信新材	55.80 -6.99%	688223	晶科能源	9.78	-1.51%	688143	长盈通	23.29 -95.04%
300563	协创数据	78.73 -6.26%	600738	兰州黄河	4.23	-1.17%	603282	亚光科技	15.35 -93.44%
301036	神宇股份	55.04 -6.15%	688440	磁谷科技	37.50	-1.11%	688662	富信科技	25.61 -93.44%
600658	双乐股份	55.04 -6.04%	300822	贝仕达克	12.97	-1.07%	688628	优利德	37.60 -93.23%
301589	诺瓦星云	189.19 -5.58%	600611	大众交通	8.57	-1.04%	688216	气派科技	23.06 -92.27%
300339	润和软件	62.59 -5.15%	002247	聚力文化	2.05	-0.97%	301260	格力博	15.07 -91.77%
600376	莫块科技	39.81 -4.99%	600530	交大昂立	3.08	-0.94%	300680	经址莱马	27.69 -91.43%
			300339	润和软件	62.59	-0.92%	300753	爱丽家居	14.80 -91.20%
今日振幅排名			今日量比排名				今日成交额排名		
301613	N豪鹏	117.28 213.00%	000796	凯撒旅业	4.00	12.85	300059	东方财富	22.70 2,602,861
300063	天龙集团	11.40 25.37%	688429	时创能源	29.69	6.56	300750	宁德时代	258.00 1,488,754
301297	富为信	88.04 24.11%	688353	华盛锂电	23.44	6.27	600839	四川长虹	11.26 1,429,248
300320	海达股份	15.70 22.94%	301059	金三江	11.98	5.53	600158	常山北明	25.63 1,247,290
300152	静动力	4.48 22.18%	002626	金达威	16.76	5.47	300339	润和软件	62.59 1,109,450
301333	迅艺品	62.63 21.83%	600579	克劳斯	7.40	5.13	688981	中芯国际	53.70 1,048,722
301824	看育股份	30.64 21.74%	080040	科德教育	8.45	4.94	601162	天风证券	4.79 1,025,937
688293	奥谱达	39.74 21.44%	301317	鑫磊股份	23.05	4.84	600171	上海贝岭	42.41 1,012,521
600680	海优新材	47.40 21.27%	603177	德创环保	8.39	4.71	601012	隆基绿能	20.46 963,619
301266	宇邦新材	41.35 20.57%	000839	中信国安	3.15	4.42	002456	欧菲光	13.15 912,165

图 12-1

图 12-1 所示的窗口中每个窗格显示一种指标的排名，包含 9 个小窗格，分别显示今日涨幅排名、今日跌幅排名、今日振幅排名、快速涨幅排名、快速跌幅排名、今日量比排名、即时委比前几名、即时委比后几名、今日成交额排名。

12.4.2　判断当日大盘强弱

通过综合排名中的今日涨幅排名可判断出当日大盘的强弱。

在"今日涨幅排名"小窗格中可看到当日涨幅最大的股票及涨幅，这直接告诉我们当日、当时市场中最强大的主力的活动情况。如果连力量最强大的主力都不敢出手，则可以立即对市场强弱做出判定。

- 如果涨幅前 5 的股票都处于涨停状态，则说明市场处于强势，所有短线战术可以根据目标个股的状态坚决果断地展开。此时，大盘背景为个股的表现提供了良好条件。
- 如果涨幅前 5 的股票中没有涨停的并且涨幅大于 5% 的股票少于 3 只，则表示市场处于弱势，短线战术应该根据目标个股强弱状态小心地展开。大盘背景没有为个股的表现提供条件。
- 如果涨幅前 5 的股票的涨幅都小于 3%，则市场处于极弱势，短线战术必须停止展开。此时，市场基本没有提供机会，观望和等待是最好的策略。

12.4.3　判断当日是否具备短线获利机会

根据综合排名中的数据，可判断当日是否具备短线获利机会。

首先，关注个股上涨力度，这可通过涨幅、成交量查看。如果当日盘中综合排名涨幅前 5 的股票中个股涨幅没有超过 5%的，则可以判定所有主力都慑于大盘的弱势不敢动作，因此不具备短线操作机会。量比排行榜上没有量比数值大于 3 且涨幅也同时大于 3%的个股，则当日肯定不具备短线操作机会。

其次，看是否形成热点。如果当日盘中涨幅榜前列的股票板块、题材混乱，不能形成横向或纵向关联，就表示热点散乱，当日基本不具备短线操作机会。这种状况暗示的是市场中基本上是散户在活动，主力大资金处于局外观望，短线股民也应该观望。

12.4.4　监控主力异动

盘口 5 分钟涨速是监控主力异动的最佳指标，当主力主动出击时，盘中量能会迅速放大，并形成标准的量峰结构，这说明当天真正的攻击性拉升行情已经展开，收盘必须考虑追涨买入。同样，如果主力在拉升时量峰结构不明显，或者只有数笔大单对敲性拉升，就几乎可以肯定这是主力当天做出的诱多行为。

在当天即时盘中，5 分钟内涨速最快、涨幅最大的品种，其动态信息均会及时地反映在 5 分钟涨速排行榜中。盘口 5 分钟涨速排行领先的个股与所处的位置非常重要，可参考以下几个方面。

- 股价处在上升通道，5 日线、10 日线金叉向上，如果盘中出现标准的量峰结构，代表主力出击带来的放量上涨。
- 股价处在 30 日线上方展开的震荡整理区，如果盘中出现标准的量峰结构，说明股价即将展开突破性上涨。
- 股价处在下降通道，5 日线、10 日线死叉向下，如果盘中出现标准的量峰结构，表示股价出现技术性反弹。
- 股价处在阶段性头部震荡整理期间，如果盘中 5 分钟涨速出现无量拉升，或者是单一性量峰结构，说明主力在对敲拉升出货。

基于盘口 5 分钟涨速操作，关键在于要弄清楚股价所处的阶段和位置，而判断股价位置则可以用均线和日 K 线来辅助。根据这两大技术系统，再结合股价在盘中的量能特征，就可以判断主力的行为属性与股价发展的方向。

12.4.5　查看委比排名

委比指标用以衡量一段时间内买卖盘相对力量的强弱。

- 当委比值为正值并且委比数值大，说明市场买盘强劲。
- 当委比值为负值并且绝对值大，说明市场抛盘较强。
- 委比值从-100%到＋100%，说明买盘逐渐增强，卖盘逐渐减弱。
- 委比值从＋100%到-100%，说明买盘逐渐减弱，卖盘逐渐增强。

在综合排名中，如果涨幅排名前列全部是涨停的股票，则即时委比排名前列也基本上都是这些股票，且其委比指标必定是+100%。

12.4.6　短线的秘密武器——量比

不论用哪一款炒股软件，在查看股票交易数据时，都可以看到量比指标，在综合排名窗口中也有一个小窗格显示量比排名。

量比指标所反映的是当前盘口的成交力度与最近 5 天的成交力度的对比。这个指标的值越大表明盘口成交越趋活跃，从某种意义上讲，越能体现主力即时做盘、准备随时出击的盘口特征。

一般来说，根据量比值的不同，股民应采取不同的操作方法，通常按照以下规则进行操作。

- 0.8~1.5，说明成交量处于正常水平。
- 1.5~2.5 之间代表温和放量，如果股价也处于温和缓升状态，则升势相对健康，可继续持股；若股价在下跌，则可认定跌势难以在短期内结束，从量的方面判断应可考虑止损退出。
- 2.5~5 代表明显放量，若股价相应地突破重要支撑或阻力位置，则突破有效的概率颇高，可以相应地采取行动。
- 5~10 代表剧烈放量，如果在个股处于长期低位出现剧烈放量突破，则后续上涨空间巨大，是"钱"途无量的象征。但是，如果在个股已有巨大涨幅的情况下出现这种情况，则需要高度警惕。
- 大于 10，一般可以考虑反向操作。在涨势中出现这种情形，说明见顶的可能性极大，即使不出现彻底反转，涨势也会暂停相当长一段时间。在股票处于绵绵阴跌的后期，如果突然出现这样的巨大量比，则说明该股在目前位置彻底释放了下跌动能。
- 大于 20 的情形是极端放量的一种表现，这种是特别强烈的反转信号。在连续上涨之后，成交量极端放大但股价滞涨，是强烈的涨势行将结束的现象。反之，股票在持续的跌势中出现极端放量，则是建仓的大好时机。

12.5　寻找短线黑马

短线黑马是指各种原因造成的价格在短时间内大涨的股票。对于短线股民来说，发现并买入短线黑马，可使利润增长最快。

12.5.1　短线黑马的特征

首先，能成为黑马的个股在启动前总是会出现各种利空消息，主要表现在以下几个方面。

- 上市公司的经营恶化。
- 有重大诉讼事件。
- 被监管部门谴责、约谈或调查。
- 在弱市中大举扩容。

虽然利空的形式多种多样，但是在一点上是相同的：容易导致股民对该公司的前景产生悲观情绪，有的甚至使股民绝望从而不计成本地抛售股票。

其次，黑马形成前的走势也让股民对它不抱希望。因为走势非常难看，通常是连续的各种阴线击穿各种技术支撑位，走势形态也显示出严重的破位状况，各种常用技术指标也表示其非常弱势，股民因此感到后市的下跌空间巨大，开始恐慌，持股信心开始动摇。

最后，能成为黑马的个股在筑底阶段会有不自然的放量现象，量能的有效分析方法显示出有增量资金在积极买进。因为散户资金不会在基本面利空和技术面走坏的双重打击下蜂拥建仓，所以这时的放量通常表示部分恐慌盘在不计成本地出逃，而此时股价若保持不跌则常常说明有主力正在趁机建仓。

12.5.2　发现短线黑马

短线黑马总是主力突然拉升的结果，爆发力极强，90%的黑马股爆发第一天就被封在涨停板位置，其后几个交易日可能会出现连续的涨停板。这种突然爆发的黑马股，股民应该怎么及时发现并买进呢？通常可根据以下技术特征判断。

- 量比值很大，一般应大于3，越大越好。
- 市场中存在热点板块。
- 开盘后排在涨幅榜前列。
- 观看日K线图，该股近6个月时间内股价总体处于1/3平台以下，越低越好。
- 3日均线第一天钩头向上，向上的角度越大越好。
- 日线的KDJ指标的三条线均在中低位且方向向上。
- 流通盘小，股价较低更好。

12.6　牛市短线炒股技巧

短线操作的目标是博取短期差价，因此不管是在牛市、熊市还是在震荡市中，短线股民都可以进行操作，只是操作手法稍有不同。

在牛市中，大部分股票的走势是在不断上涨，虽然股市整体是一个上涨的趋势，但没有哪只股票能一直涨个不停，总是涨一段时间，盘整一段时间，然后再涨一段时间。这种波段上涨可将股价逐步推高。因此，对于短线股民来说，在牛市中操作的关键就在于抓住上涨波段，避开盘整阶段。在卖出一只股票避开其盘整的这段时间，可买进另一只正在上涨的股票。这样，通过追逐不同股票的上涨波段，使得最终的利润比一直持有一只股票更高。

下面列举一些在牛市进行短线炒股的操作技巧。

所谓"擒贼先擒王"，在牛市中炒短线就要跟涨。在大势好时个股会涨说明有众多股民看好它。因此，此时应激进一些，跟强势股，不跟弱势股，天天跟热门领涨的龙头股，尽量保证手上资金天天处于涨势的个股中。

如何选领涨的个股呢？

选择涨幅榜前列刚起涨（第一天拉收涨停板）的股票，从 K 线图上看，5 条均线流畅且呈多头排列，方向集体向上且最好又刚要突破关口。

所持有的股票，如果开盘 15 分钟后不涨停，哪怕已涨 3%，也要马上换股；然后顺势而为，换成在当天剩下交易时间段内极可能会涨停的股票。

短线股民不要在乎自己的股票今天是涨还是跌，要在乎今天有没有比这更好的股票。

每天都可以换股票，只有不断追求更好，才能防止盈利下跌。

对于可能涨停的个股，在挂单时应多加几分甚至几角钱进行委托买入，因为有的股票奔着涨停去时抢筹的股民很多，如果委托价太低可能买不到；等发现委托没成交而重新委托时股票可能已经涨停了。

12.7　震荡市博短线的技巧

震荡市特别适合短线操作，因为震荡市中很多股票总是上涨一波后又向下调整，然后再上涨、再调整。短线股民如果把握好节奏，那么在一段时间内所操作的股票价格可能总的来说没什么上涨，但收益可能已增加不少。

在震荡市中博短线可参考以下技巧进行操作。

首先，股民可以参照个股 30 日均线来进行抢反弹操作。同大盘一样，个股的 30 日均线较为重要，在股价上升时它是条支撑线，股价下挫后反弹时它又是条阻力线。如果股价在下挫后企稳，向上反弹时冲击 30 日均线明显有压力，而且上攻 30 日均线时成交量也没有放大，日 K 线留下的上影线较长（表明上档阻力强），那么股民可以及时减仓。相反，如果个股上攻 30 日均线有较大成交量支持，股价冲过 30 日均线后可以再看几天然后择机买入。总的来说在个股于 30 日均线处震荡时是股民进行短线操作博取差价的好时机。

其次，对有一种个股的操作应有利就走，这种个股就是那种近期涨幅巨大或是在反弹时涨幅较大的个股。有些个股的确在一段时间内有较大的下挫，反弹之后一些持股的股民就认为不立即抛出风险并不大，这种观点有一些问题。别忘了大盘还处于震荡市，个股受大盘的影响，在上涨到一定幅度后可能会遇到很多获利抛盘将价格打压下来，如果不及时

卖出，个股调整时就会将到手的利润吐出，甚至出现亏损，并影响操作节奏。

另外，短线炒股强调快进快出，要避免短线长做。有些股民本来是以进行短线操作的想法买进某只股票的，看到该股票有利润后，往往会产生获取更多利润的想法。例如，买入当天就有 8% 的利润，股民就开始盘算要是持股一个星期可获利多少。由于贪心，股民改变了自己的初衷，也打乱了原来的操作计划，一旦被套，获利转为亏损会大大影响自己的操作心态，这是十分不利的。

12.8 短线炒次新股

为什么短线股民喜欢新股、次新股？因为新股、次新股上方没有套牢盘，炒作起来比较方便，而且往往流通股本不大，上市后都会有进一步的分红扩股计划，这些都能成为未来的炒作题材。再加上新股上市首日一级市场投资者抛售踊跃，主力资金往往能够通过两小时便完成以往需要两个月甚至更长时间的吸筹过程，这些都是新股的绝对优势，让老股"望尘莫及"。

12.8.1 次新股的特点

次新股有以下特点。

1．操作的利润高

很多次新股在上市后的前几个交易日就能产生很大的利润空间。例如，苏州规划（301505）在 2023 年 7 月 19 日（箭头所指 K 线对应的日期）上市，上市后的两周时间内，股价由最低 35.08 元涨到 74.63 元，涨幅超过 100%。图 12-2 所示的是该股上市后一段时间的 K 线。

有的次新股的价格能在一个月左右的时间内上涨十几倍甚至几十倍。典型的例子是，暴风集团（300431）在 2015 年 3 月 24 日上市交易，上市首日的最低价为 9.43 元，到 2015年 5 月 21 日达到最高价 327.01 元。图 12-3 所示的便是该股上市后这段时间的 K 线。但这种价格远远高于实际价值的情况并不会太长久，2020 年 11 月 9 日下午 3 点，暴风集团退市。退市当日收盘价 0.28 元，市值仅为 9227 万元。

2．操作的风险大

高利润大概率伴随着高风险。次新股是市场中风险最大的种类之一，把握不好次新股的操作节奏，往往会遭受巨大的亏损。

一个典型案例就是中国石油（601857）。2007 年 11 月 5 日，中国石油在 A 股市场上市，此事当时媒体宣传力度很大，引来无数股民的追捧。中国石油当天于 48.60 元开盘，但随后股价一直下跌，收盘时股价为 43.96 元。随后股价逐步下跌，到 2024 年底股价仍然没有再次达到上市首日开盘的水平，上市首日买入后一直持股的股民至今没有等来解套的机会。图 12-4 所示为该股的 K 线走势。

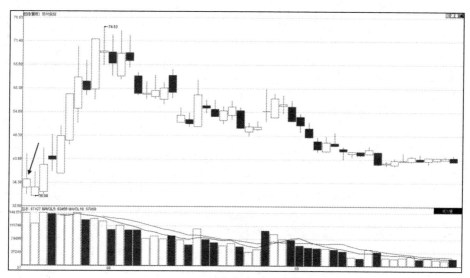

图 12-2

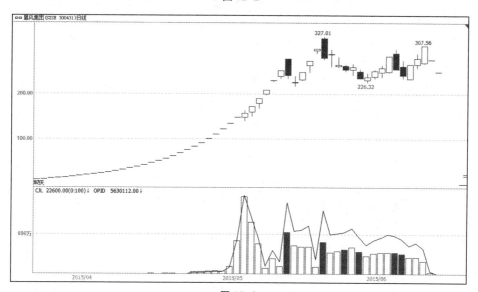

图 12-3

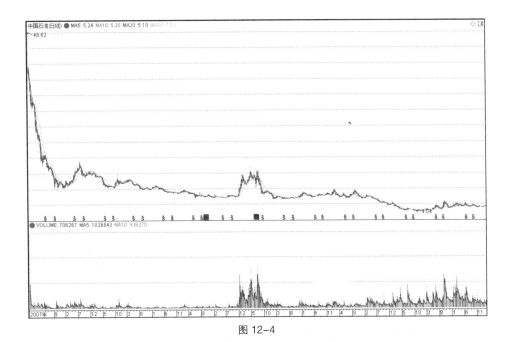

图 12-4

12.8.2 如何炒次新股

有的次新股能大幅上涨，让买入的股民获得丰厚的利润；有的次新股却逐波下跌，使买入的股民亏损累累。

那么，如何炒次新股呢？

次新股适合激进的、短线操作的股民参与。对于稳健的、中长线操作的股民来说，炒次新股不太适合。

在炒次新股的思路方面，股民应综合分析基本面、资金面、信息面、技术面，才能在操作中获得收益。

一般情况下，具备下列特征的次新股容易受到热烈追捧。

如果某只次新股属于"第一"概念，被炒的概率就大。例如，中国中铁股份有限公司是第一家先发行 A 股后发行 H 股的企业，其股票中国中铁（601390）上市后就容易被疯狂追买。

如果某只次新股属于"唯一"概念，被炒的概率也高。例如，中国人寿（601628）上市时是当时唯一的保险业股票，上市的头几天就吸引了大量资金。

有些股票，用 A 股以前的估值方法暂时无法对它进行估计，容易形成估值争执，这样的股票也容易被炒，如西部矿业（601168），其公司拥有很多矿业资源的采选业务，无法用传统的 PE 估值法进行估计，其股价在上市后不到两个月便从最低 29.58 元上涨至最高 68.50 元。

对于一些具有独特属性的公司，其股票上市时也容易受到热捧，如全聚德（002186），因为其是一家百年老店，难以复制。

一些具有地区概念的股票，如果该地区具有某些特殊属性，上市后也容易被股民追逐。

当某只新股其公司所属的行业和概念与当时的行情高度吻合时，也容易引发股民追逐。

绝对价格较低的次新股，容易吸引股民参与。通常，价格在 10 元以下的次新股容易出现长牛之势，短中长线都容易出现大牛行情。例如，西域旅游（300859）2020 年 8 月 6 日上市当日的开盘价为 8.63 元，1 个多月后价格已上涨到 45.45 元。

换手率是次新股走势的"晴雨表"，如果换手率较低，那这多半是股民惜售的表现，这类股极有可能成为中长线牛股；换手率高则是短期爆发的前兆。

12.9 刺激的超短线

超短线是股票操作上的一种说法而已，主要指的是在一周内甚至一两天内买进和卖出获利的操作，更极端的超短线操作是在尾盘买入，次日冲高就卖出。

超短线一般只适合有一定专业操盘技术的人，买进就涨，有 3% 的获利就可以清仓离场，并频繁操作。做超短线需要有扎实的操盘技术功底，要想以做超短线作为获利的方法，复盘选股能力、临盘判断速度和执行力缺一不可。

还有一种超短线的操作是利用手中持有的股票做 T + 0 操作。这种方法通常在大盘比较平稳时使用，股民的仓位可以重些。所持个股明显在做箱体运行时是比较好的做 T + 0 的时机，盘中买入时机在箱体下沿出现盘中急跌时。由于股票可以当日卖出，所以在该股出现修复性的上涨时就可卖出，切忌犹豫。

对于在头天收盘前买入、第二天拉高就卖出的超短线操作，则适合在指数出现波动时进行，这种超短线操作仓位要轻。选择在收盘前有拉高动作并且属于热门题材的股票，及时买进。理想的情况是收盘前账面上就有盈利，至少应把手续费赚够；买入的股票成交量要大，无量空拉的股票尽量回避；若是被一笔大单拉升的个股，要留意其次日低开，最好选择在 3 日均线上是 V 形上涨的股票，底部越低越好。买入这类股票要见利就卖，行情不好时有 2%～5% 的净利润就可以平仓。

怎样做好超短线呢？下面列出一些建议供参考。

- 要有敏锐的市场洞察力和充分的看盘时间。
- 能够及时发现市场的短期热点，事实上总有少数个股不理会大盘走势走出漂亮的短线行情，同时带动整个板块。短线操作就是要选择这类被市场广泛关注但大部分人还在犹豫要不要买进的个股。
- 在热门板块中挑选个股时，一定要操作走势最强的龙头股，不要出于资金安全的考虑去操作补涨或跟风的个股。

- 从技术上分析，必须是 5 日线向上且有一定斜率的股票才考虑，买入的时机是在中长阳线放量创新高后无量回探至 5 日线企稳时。但有的时候遇到连续放量上涨的个股，尤其是低位放量涨起来的个股，次日量比为数倍乃至数十倍的，则可以追涨进场。
- 牢记短线就是投机，投机一旦失败就要有勇气止损出局，这是铁的纪律。
- 做超短线要设立目标位，有 3%~5% 的利润就平仓离场，不能贪心。
- 做超短线更应设好止损位，一旦到达止损位，应坚决"割肉"离场。一般股价跌破 5 日线或股价小于前两天（2 日均线走平）或前 3 天（3 日均线走平）的收盘价时就应该止损。
- 要减少持仓时间，应经常保持空仓，看到机会才出手。

12.10 短线炒股案例

2024 年 7 月，上证指数虽然整体仍呈盘整状态，但市场题材行情此起彼伏，短线炒股应选择涨势强劲、题材好的品种。

2024 年 7 月 10 日（星期三），汽车制造、无人驾驶题材在大众交通（600611）的带领下，早盘快速上涨。此时需要马上在涨幅榜上寻找与汽车制造、无人驾驶相关的个股，可以发现金龙汽车（600686）从 2023 年 7 月以来，一直在宽幅震荡，在相关题材走强的背景下，早盘顺利突破几条均线所示的价格，并且成交量放量大涨，有封板的可能，于是以 7.70元买入进行短线操作。

- 买入价格：7.70 元。
- 止盈位：远离 5 日均线 10% 时止盈。
- 止损位：5 日均线和 10 日均线距离较近，因此以 10 日均线为止损位。

该股在上午盘临近结束时即涨停。当日成交量是前一交易日的两倍还多，且 K 线形态突破盘整区，如图 12-5 所示（箭头指向 K 线代表的日期为 2024 年 7 月 10 日），这应该是主力强力吸筹的表现，后市应该会有大的涨幅。

2024 年 7 月 11 日（星期四），汽车制造板块在无人驾驶概念的影响下继续走强，金龙汽车继续保持强势上涨，收出一根中阳线。在大众交通仍然强势涨停、无人驾驶概念仍然火热的情况下，就可以继续持有金龙汽车。个股在快速上涨过程中，往往会因获利盘离场而出现高开低走的大阴线，但由于板块强势、个股强势，后续涌入的资金往往更多，出现连续上冲的势头依然强烈，所以在累计涨幅不大、未出现连续几日滞涨时，最好不要轻易平仓。

在大幅度上涨后，如果出现深幅回落再上冲的宽幅震荡，且在突破高点时出现低开低走的阴线（图 12-6 中箭头所示），此时股价的收盘价已不再创新高，则说明股价上冲的动能

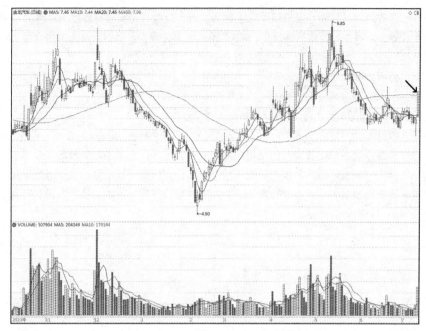

图 12-5

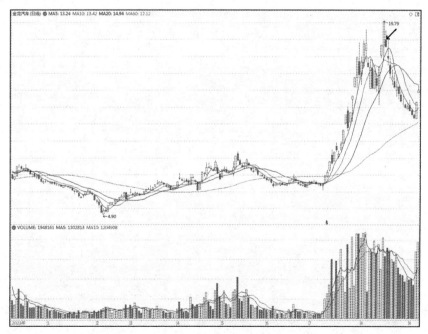

图 12-6

大部分已经被消耗。另外，当日换手率达到 22.04%，其前一个交易日的换手率为 28.79%。在这个位置上，很多低位筹码被换出，40% 的筹码被高位接盘。所以，在此时平仓是比较合理的选择。

下面分析本次操作的收益。

- 买入：2024 年 7 月 10 日，价格为 7.70 元。
- 卖出：2024 年 8 月 16 日，价格为 17.85 元。
- 收益率：（17.85 –7.70) / 7.70 ≈ 132%（不计交易费用）。

操作总结：短线就是要选择行情出现爆点的时候进场，且耐心等到行情临近尾声，早早离场会错失"鱼身"行情。要看行业指数是否配合，行业指数走强，立刻遴选个股，要选择突破区间且放量的个股；在效率降低时，即收盘价不再创新高、换手率极高时离场，不要去想后市还有多少涨幅。

第13章

中长线炒股实战

在股票市场做短线对股民的技术、心理素质要求都比较高，不太适合风格稳健的股民，也不适合没时间看盘的股民，更不适合新股民。本章将介绍适合更多股民使用的中长线炒股方法，与短线炒股方式相比，其在选股、选择买点和卖点等方面的操作有所不同。

13.1 中长线的定义

中长线炒股是怎么定义的呢？中长线是相对短线而言的，持股时间为一个月到一年时间通常叫作中线；超过一年通常叫作长线持股。

先说长线。长线股民的基本理念是股市总的运行方向始终是曲折向上的，因而选择具有投资价值的个股买进后就坚定持股。这部分股民的心态稳定，无论大市如何波动都不随波逐流，他们的词典中不存在"割肉""斩仓"等名词，并且不少人确实收益颇丰。长线炒股的前提是在市场十分低迷时进场，且必须选对股票，比如在市场已经下跌了较长时间（最少为半年甚至一年以上），两市成交总额非常低时，就可以考虑逐渐进场了。即使进场时的价格水平距真正的底部尚有一定距离，也是可以接受的。

再说中线。对于中线炒股来说，大多以做波段为主，这就需要判断一段时间以来行情的高点与低点出现的时间、高点低点时的操作空间以及评估与之相对应的政策面、基本面等因素。做波段需要花较长时间跟踪自己选定的个股，而不是随便找几只股票一买了之。中线股民对大势的关注程度远远高于长线股民，因为市场状况在很大程度上决定个股的中期运行趋势。长线股民注重上市公司基本面，中线股民更看重大盘及个股走势的规律性。

股市中有句谚语：长线是金。这就是说，长期持有某只股票可能为持者带来更大的收益。例如，伊利股份（600887）在1996年3月12日上市时开盘价为9元，截至2024年10月25日，伊利股份（600887）的复权最高价格已达到3916.5元（出现于2021年1月5日），其K线图（后复权）如图13-1所示。

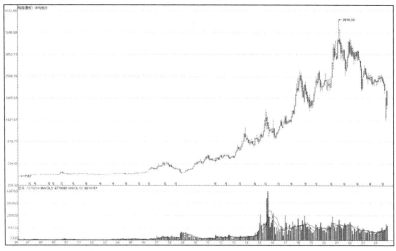

图 13-1

如果股民从其上市之初就持有该股，到2021年初该股股价最高时其持股市值升值超400

倍。由此可见，长线持股能带来丰厚的回报。

其实，打开股票分析软件，逐只股票地查看可以发现，从一个较长的周期来看，大部分股票的股价是呈上升趋势的。

13.2　什么人适合中长线炒股

找到个股较好的买点，买入股票后长时间持有，当大盘或个股走势开始变坏时，找一个较好的时机卖出获利；等大盘或个股走势见好时再找机会买进，通过这样的波段操作，在一个较长的时间内使自己账户中的资金逐步增加。这就是中长线炒股的过程。

中长线炒股适合具有以下特征的股民。

（1）看盘时间较少。对于有本职工作要做，不能保证每天都有时间看盘的股民来说，采用中长线方式进行股票的操作是不错的选择。在空闲时间关注大盘走势，当发现适合中长线时机来临时，再选择适合自己风格的股票择机买进。

（2）能制订详细操作计划。与短线炒股相比，中长线炒股持有股票的时间更长，更需要进行精心的计划。在中长线炒股中，不仅要针对所操作股票进行计划，如什么价格区间建仓、什么价格区间卖出，还需要针对大盘的走势变化制订应对计划，如大盘在什么点位时考虑建仓、大盘在什么点位时考虑卖出。制订好计划之后，如果没时间在交易期间查看行情，可在下班后查看一下大盘和个股的走势，如果大盘或个股的变化达到计划中设定的买入或卖出位置，则第二天抽时间进行操作即可，否则不需要进行任何操作。

（3）能严格遵守操作纪律。与短线炒股类似，中长线炒股也必须严格遵守操作纪律，当出现未预料到的大幅下跌等情况时，要严格按纪律进行"割肉"止损，不要因侥幸心理而错过最好的操作时机。

（4）关心国内与国际的政治、经济新闻。这些新闻通常对股市的走势有影响，一些突发新闻甚至可能会让股市走势反转。

（5）有耐心，禁得住诱惑。中线股炒股的周期较长，如果自己看准的个股买入后如果没上涨，而周围朋友的股票却在上涨，这时要能禁得住诱惑。有的股民看到自己的股票没涨，别人的股票在涨，可能会卖出手中的股票，去追正在上涨的股票，结果可能是追入的股票开始下跌，卖出的股票却在上涨。因此，股民要有持股的耐心。

（6）掌握一定技术分析方法。做短线对技术面的要求较高，做中长线也需要掌握一定的技术分析方法，否则就只能靠运气买卖股票。

13.3　中长线炒股的牛人

长线是金！在股票市场中能够长期生存，并获得成功的投资者多数是长线炒股者。巴菲特堪称这方面的佼佼者。

巴菲特是有史以来最有成就的投资家之一，他依靠在股票和外汇市场的投资，成为世界顶级富豪。他倡导的价值投资理论风靡世界。

巴菲特的公司伯克希尔·哈撒韦公司在 1965—2006 年的 42 年间，公司净资产的年均增长率达 21.46%，累计增长 361156%；同期标准普尔 500 指数成分公司的年均增长率为 10.4%，累计增长为 6479%。

巴菲特最骄人的业绩是持有《华盛顿邮报》股票 30 年，股票增值 128 倍。

有人曾做过统计，巴菲特对一只股票的投资周期没有少于 8 年的。巴菲特曾说："短期股市的预测是毒药，应该把它摆在最安全的地方，远离儿童以及那些在股市中的行为像小孩般幼稚的投资人。"

巴菲特投资的原则：不要频频换手，直到有好的投资对象才出手。如果没有好的投资对象，那么他宁可持有现金。据晨星公司统计，现金在伯克希尔·哈撒韦公司的资产配比中占 18% 以上，而大多数基金公司只有 4% 的现金。

13.4　股票的选择

很多人选股的时候并不明确自己要选的股是长线股还是中线股或者是短线股，这一点相当危险。通常，在选股之前要确定自己要选哪一种类型的股票，然后针对不同类型的股票选择不同的操作策略。例如，选长线股就是准备长线持有的，不会因为中途一些小波动而放弃。中线股也是这样，先要确定大致的持股周期，不要随意改变计划。值得提醒的是，很多股民朋友选择短线股，在短线投机失败后被动地延长持股周期，最终导致被"深套"，这是许多股民大幅亏损的主要原因。

股票市场上，从较长周期看，短线收益赶不上中长线，这已经被无数事实证明。那么，怎样才能选出可以长线持有的潜力股，争取较大的利润呢？

13.4.1　中长线选股原则

中长线投资，通常不太关注技术面中的信息，而更加注重基本面的信息，从基本面出发找出值得中长线投资的股票，然后关注技术面，找一个相对的低点买入。下面介绍中长线投资的选股原则。

- 关注行业方面的变化，找国家产业政策支持的行业。在这些行业中找有拐点出现或发展前景良好的行业。

- 选择行业龙头，选择中小盘潜力股票。买任何一只长线股票前，一定深入研究公司的基本面情况，最好选择那些在行业中具有龙头地位的股票，盘子不能太大，太大的涨幅有限。
- 关注公司的基本面，一般选主业清晰的公司，最好公司只有一种主业，最多不超过两种主业。
- 考察上市公司的高层和经营的可信度，上市公司一般都有投资者关系部负责与流通股股东交流，股民可以通过互联网或电话等形式和公司的管理层进行交流。
- 找准目标，操作一只股票，最好重仓持有，不要同时持有太多的股票。作为散户，将精力集中在一两只股上才能更好地摸透它的股性。
- 关注资金参与程度，通过 K 线图和流通股股东的进出情况来了解资金介入的程度。最好买进一些基金已大规模持有，或至少十大流通股股东为基金，或可信度高的研究机构所推介的股票。
- 发掘被低估的股票，而且要知道股价被低估的原因或者股价下跌的原因。选择好的介入时机，一般而言被低估的股票的上涨不会一蹴而就，会出现几波下探，可以在 2~3 波下跌后买进；对于在高位的股票，可以等调整的时候再买进。
- 要有心理控制力，对自己选出的股票要有信心，而不要一会儿看这个人的操作，一会儿看那个人的操作，弄得自己拿不定主意。

13.4.2　中长线选股误区

在中长线选股过程中，如果太过关注某一方面，也容易走入误区，如热衷于从行业的角度选股、认为基本面因素比技术面因素更重要、认为老股中不易产生中线黑马等。

1. 热衷于从行业角度选股

首先从行业角度着手选股的思路是科学、合理的，但是也存在一定的缺点，就是忽略了大量的其他行业中的个股机会。在基金并不看好的行业中，也可能存在许多个股机会，而被基金公司等机构投资者普遍看好并集中投入的个股却并不一定能持续上涨。毕竟众多基金同时买进，极可能造成所看好的个股股价阶段性被高估，从而导致股价长时间高位整理。这虽然不影响其作为长期投资的选择，但必然造成机会损失，同时也抬高了资金的时间成本。

2. 认为基本面因素比技术面因素更重要

中长线选股时，基本面分析和技术面分析哪个更重要？有人说，基本面分析决定选取品种，技术面分析决定买进时间。实际上，这与证券市场发展的成熟程度有关。技术面并不是仅在决定买进时点时才有用，在选品种时同样非常重要。在成熟的证券市场中，投资者相对理性，基本面分析重于技术面分析；在新兴的证券市场中，早期技术面分析重于基本面分析，在其逐步成长和走向成熟的过程中，基本面分析开始变得重要起来，但是还不足以像成熟市场那样重于技术分析，只是基本面分析上升到与技术面分析同等重要的程度罢了。

在中线选股时，不能偏废个股的技术性因素，基本面与技术面分析同等重要。中线选股在从基本面上考虑的同时，还必须结合考虑所选个股的技术性因素以及当前市场运行的特征，如股本、流通市值、股价水平等，其中流通市值的高低尤其值得关注。

3. 认为老股中不易产生中线黑马

中线牛股并不完全在新股和次新股中产生，在境内股市运行了30多年之后，股指总体长期上升趋势确立，一些上市时间比较长的个股更有可能成为中线牛股。

其实在牛市中，新股定位常一步到位，上升空间相对较小，而老股中则更易产生中线黑马股。

13.5　买点的选择

股民从众多的股票中选出几只自己关注的股票，接下来就是要寻找一个好的买点开始建仓。

13.5.1　什么是好的买点

通常来说，一个好的买点要符合以下两个条件。

首先，好的买点相对安全。走势很强，可能短线还有很大盈利空间的股票，由于上涨幅度太大，主力已经有了很可观的利润，随时可以出货；甚至前几个交易日成交量已释放，主力有出货嫌疑，这时对于中长线操作而言不是好的买点，最多做做短线甚至超短线。

其次，好的买点应离启动点不远。那些买进去看上去是底部、股价也不高的买点，确实比较安全。但是主力还要不断地盘整、震荡、吸筹、洗盘，不能确定什么时候进行拉升操作，这种买点使资金的利用率大大下降，不是好的买点。

一般来讲，选择中长线买点可以进行以下考虑。

- 在股价上穿长期均线并企稳后进场。
- 股价无量回探至长期均线并企稳时进场（前提条件是长期均线都开始向上）。
- 低位箱顶突破时进场。
- 次低位平台突破时进场。
- 慢牛吸筹后无量深跌洗盘时也是很好的进场机会。

13.5.2　是否该在突破时进场

中长线选股很多时候在股价突破时进场，这时需要注意以下几种情况。

1．假突破

这是股民需要提防的一种情况。股价在前高点附近有一个突破，吸引跟风盘一部分筹码出掉后，股价重新下跌，或者开启一段磨人的震荡期。因此，突破的时候成交量不能太大，即使有也只能是突破那一天，如果成交量连续放大，那么要么有主力吸引跟风盘出货的嫌疑，要么容易发展成下面介绍的"猛拉突破"的情况。

2．猛拉突破

向上猛拉形成突破是短线最好的买点，由于猛拉股价，通常会出现大的成交量，并且股价突破主力建仓平台，这种走势往往只能跟进做短线。由于成交量太大，不知道主力是否在悄悄地出货；另外，由于猛拉后，股价快速上涨幅度较大，获利盘比较多，一般还需要进行盘整消化这些获利盘，因此这种情况适合做短线。

3．温和放量，突破回调确认再升

这种走势最适合中长线，股民也比较好把握买点。对于这种情况，股民要注意以下几点。

- 平常交易的换手率不能太高，最好小于 6%，突破时的换手率不要连续在 10% 以上。
- 股票最好是在超过前期高点 20% 左右开始回调。如果超过前期高点的幅度太小，意味着主力突破不坚决，遇上风吹草动随时变成假突破。如果超过前期高点的幅度太多（如超过 50%），则可能又会是一步到位，再回调时主力可能出货，或者进行高抛低吸，在这种情况下，如果股民以中长线思路持有该股，就会有坐电梯的感觉。
- 最好在回调后在 5 日均线上方附近重新掉头向上的时候买进，这是小资金的最佳买点。在这里买的好处是主力已经开始启动，不用持股太久。

13.6　卖点的选择

会买的是徒弟，会卖的才是师父。买入的股票必须要通过卖出才能获利。有股市中，投资者的理想状态：在见底时逐步建仓，在起涨时满仓，在见顶时全部卖出。这是一种理想状态，在实际操作中，绝大部分投资者都不会把节奏把握得这么好，特别是对见顶不容易判断准确。这是因为主力通常需要在很短的时间内出货，若出货时间太长，消息扩散后可能就卖不掉了。

投资者要想在股价见顶时就卖出，需要结合大盘走势、基本面信息和个股技术走势等方面进行分析，并在实际投资中进行灵活运用，才能最大限度地保留利润。

13.6.1　止盈卖出

在股票赚钱时卖出，说起来容易，但在实战中很难做到。有的时候看到股票大涨，就赶紧卖出，结果股价还在一路上涨，造成只获得一点微利，大的主升浪部分被放过了，这是很多股民遇到过的。

对于中长线股民来说，止盈卖出股票一般可按以下方式来考虑。

- 股价前期大涨，然后成交量连续放大时，可考虑卖出。
- 大盘走势变坏时，在个股冲高时卖出。
- 连续涨停的股票，涨停板打开时卖出。
- 技术图形出现滞涨时卖出。

止盈操作，对股民来说是一个心理考验，看着股票在不断赚钱却要卖出，这是不容易下定决心的。一般所说的止盈目标都是一个静态的价格，是在买入股票时就制订好的计划。例如，股价涨到某一价位附近时就止盈卖出。这种方式比较呆板，遇到行情好时，股价的涨幅往往会大幅超过买入时的计划，如果按静态设置的价格止盈，可能会丢失掉很大一部分利润。这时可使用动态止盈方法。所谓动态止盈，就是指随着股价的上涨，将止盈价格也不断上调，一般可使用某一条均线所示价格作为动态止盈价格。

13.6.2　止损卖出

股民精心选择买入的股票不能保证就一定赚钱，很多时候，股票的走势可能与股民开始预测的不同，这时就需要股民制订好应对方案。在制订操作计划时，除了设置止盈位之外，更重要的一点是设置止损位，当股价下跌到止损位时，必须坚决卖出止损。

设置止损位的方法很多，如设置一个静态的止损位，当股价跌到止损位时就卖出；也可采用动态止损的方法，可指定某一条均线所示价格作为止损位，如设置 10 日均线为止损位，买入股票后一直持有，如果股价上涨则不动，若下跌时跌破 10 日均线就卖出止损。当股价经过长时间的上涨，10 日均线所示价格已经远远高于买入时的成本，跌破 10 日均线时止损，股民通常不会有本金的损失，仍然有利润。

13.7　持有股票期间应该做的事情

要在股票市场赚大钱，就要学会持有股票，不管你是否有水平研究指数，是否有水平选择股票，能使你赚到钱的真功夫就是会持股。

中长线炒股有一个最大的特点：亏小赢大，不重视盈亏的数量，而重视盈亏的质量。这是中长线与短线的最本质区别。

对于中长线股民来说，长期持股要忍受很多折磨，主要体现在以下几方面。

- 市场的大幅波动可以轻松地吃掉原有持仓的大部分利润，最难以忍受的是这种来回折腾，往往还是股民认为确实要发生的情况，眼睁睁地看着账面的利润消失。

- 中长线股民要放弃很多有把握的获利机会来换取长期利润。
- 中长线炒股交易的机会较少，一年之中大部分时间市场在震荡，震荡时中长线股民有时一直在亏损，并且往往是在持仓获利的情况下转为亏损的。
- 中长线炒股最重要的是保持客观和遵守纪律，在很多情况下要放弃自己的想法和判断，但成功结束一次中长线操作却可以获取令人羡慕的回报，这也是中长线令人向往的原因。

中长线持股需要股民具有耐心，并能克服人性的弱点。

股民持股时需要具有极大的耐心。当你买入股票之后，只需要隔一段时间关注一下大盘和个股的走势、基本面变化等方面的信息，如果没有重大变化，就一直耐心持有即可。

持股时还需要股民克服人性的弱点，这个弱点就是"恐惧"。当看到股价上涨时，就恐惧某一天会下跌，将前期的利润吃掉。由于这种心理，股民通常止损难、止盈易。

持股期间，股民必须严格按照买入股票之前制订的计划操作，达到止盈位时进行止盈卖出，达到止损位时进行止损卖出；如果未达未盈位或止损位就一直持有，不要受其他因素的影响。

13.8　中长线炒股案例

经过 2015 年 6 月的股指大跌，上市公司的股价几乎全部下跌。但我们对股票要有个区分：有些被高估的股票，下跌只是回归正常价值；有些并非被高估的股票，随大盘下跌只是市场的短期效应。下面以比亚迪股票为例进行说明。

13.8.1　比亚迪基本面分析

比亚迪公司主营业务：包含新能源汽车及传统燃油汽车在内的汽车业务、手机部件生产及组装业务、二次充电电池及光伏业务。在我国新能源汽车技术领域，比亚迪综合实力排名第一梯队。

比亚迪公司 2020 年财报数据：汽车及相关产品业务营收 839.93 亿元，占总营收 53.64%；手机部件及组装等业务营收 600.43 亿元，占总营收 38.34%；二次充电电池及光伏业务营收 120.88 亿元，占总营收 7.72%。

巴菲特 2008 年拿下比亚迪 8.8% 的股份，成本约为每股 8 港元，而比亚迪也一度成为巴菲特的重仓股。截至 2020 年 11 月 10 日，比亚迪收盘价为 184.5 港元。查理·芒格（Charlie Munger）更是说王传福是管理界的杰克·韦尔奇、科技界的托马斯·爱迪生，赞誉极高。

2020 年 7 月 12 日，比亚迪全新安全智能新能源旗舰轿车比亚迪汉正式上市。新车共有 3 款电动车以及 1 款插电式混合动力，共 4 种车型，销售指导价为 21.98 万～27.95 万元。

前有消费刺激政策，后有新款车型上市，故新车一上市便热销。新款车型为什么火爆，是因为它是全球首款搭载刀片电池的量产车。那什么是刀片电池？市场上常用的电池主要分为两种：磷酸铁锂电池、三元锂电池。

当时比亚迪的核心产品之一是磷酸铁锂电池，优点是性能好、不易爆炸、寿命长，缺点是能量密度低。同等重量下，供电比三元锂电池少很多，续航能力差。

而宁德时代是生产汽车电池的龙头企业，当时的核心技术之一是三元锂电池，特点与磷酸铁锂电池恰好相反。安全性相对较低，但能量密度大，续航能力强。

在这场技术竞争中，谁能解决自身的缺点，谁将赢得最大的战役。刀片电池，是磷酸铁锂电池的改良版，它解决了磷酸铁锂电池的问题，在保证安全性的前提下，能量密度提高了 50%，整车寿命可达百万公里以上，续航里程和采用三元锂电池基本相同。并且刀片电池的成本也比三元锂电池低。但刀片电池能不能保持领先优势，还要看两种技术的后续竞争。

如果你熟悉欧奈尔的 CANSLIM 选股法，刀片电池就是 CANSLIM 中的 N，即新产品。

有汽车的消费刺激政策、本身是新能源汽车的领军企业、在关键技术上有所突破、在风口上有新车型上市，比亚迪股票的上涨就是水到渠成的事了。

13.8.2 行业基本面

汽车行业特别是汽车整车行业的股票，近些年除跟随大盘上涨外，几乎没有特别亮眼的表现。

从图 13-2 所示的汽车指数（931008）月 K 线走势图可以看出，该指数从 2017 年下半年到 2018 年下半年几乎一路下行，2020 年下半年则开启了一波上涨行情。

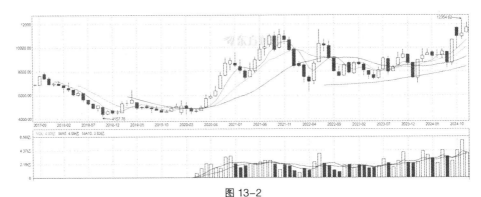

图 13-2

2019 年 8 月 27 日，国务院办公厅发布《关于加快发展流通促进商业消费的意见》：要逐步放宽或取消汽车限购，释放汽车消费潜力，实施汽车限购的地区要结合实际情况，探索推行逐步放宽或取消限购的具体措施。

仅 2020 年 3 月，关于刺激汽车消费的政策就有 7 条之多，平均不到 5 天就有 1 条。如果有兴趣，可以搜索更多关于汽车消费的消息。至此，比亚迪所在的汽车整车行业基本面已经可以看得很清楚了。

13.8.3　技术分析

图 13-3 所示为比亚迪（002594）2020 年 1 月至 2020 年 11 月的日 K 线走势图，共出现两次均线兜底买进的机会。比亚迪股价涨至 75.74 元后回落，在回落的过程中，MA60、MA120、MA250 并未呈现出多头排列；成交量萎缩，形成缩量坑后，三均线才逐渐形成多头排列；股价回踩均线，放出的成交量打破了缩量坑中不断降低的秩序，为坑后量；时间为 2020 年 6 月 2 日，当日收盘价 61.00 元，为第一次买进信号。比亚迪股价涨至 97.85 元后，重演了缩量-回踩-放量的过程，在 2020 年 8 月 26 日的收盘价 83.42 元，为第二次买进信号。

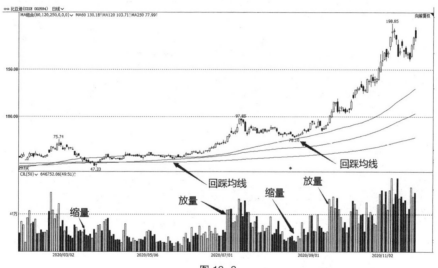

图 13-3

只要政策还倡导汽车消费，只要均线多头排列没有走乱，便可以一直持有从逻辑上看好的长线标的。

2021 年 2 月 3 日，比亚迪创出现阶段最高价 273.37 元，如图 13-4 所示，在随后的调整走势中，最低下跌至 2021 年 3 月 25 日的 155.60 元。但要注意的是，均线还在多头排列中，如果股价再次回踩中长期均线，并且中长期均线给予有效支撑且成交量放大，便又是一次加仓的好机会。

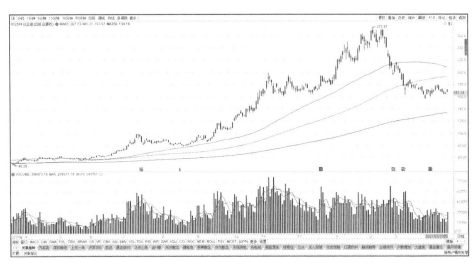

图 13-4